Hermann Weisweiler · Das Geheimnis Karls des Großen

Hermann Weisweiler

unter Mitarbeit von Dr. Günther Hennecke

Das Geheimnis Karls des Großen

Astronomie in Stein: Der Aachener Dom

C. Bertelsmann Verlag

Astronomische Beratung: Joachim Herrmann

Hinweis für den Leser

Der Buchstabe A im Text oder am Seitenrand bezieht sich auf die durchgehend numerierten Zeichnungen. Einige Zeichnungen befinden sich aus technischen Gründen nicht im Text an der Stelle, wo sie behandelt werden, sondern auf den Kunstdruckseiten 121–132, und zwar A 1, 28–34, 43 und 46.
Der Buchstabe T im Text oder am Seitenrand bezieht sich auf die durchgehend numerierten Fotos auf den Kunstdrucktafeln Seite 153–224.

Redaktion: Dr. Dieter Struss, Grafing bei München
Gestaltung: Dago Mayr, Wels

Gesamtherstellung: Welsermühl, Wels
ISBN 3-570-02454-7 · Printed in Austria 54321

Inhaltsverzeichnis

Es gibt mehr Ding' im Himmel und auf Erden,
als Euere Schulweisheit sich träumt.

Horatio im »Hamlet« von William Shakespeare

Einleitung

Gäbe es den Karls-Preis nicht, den an verdiente Europäer zu verleihen Aachen sich zur Ehre gedeihen läßt, und hätte es nicht den häufigen und historisch unsinnigen Streit gegeben, ob er nun Franzose oder Deutscher, Charlemagne oder Karl der Große, war: Des Franken Name wäre trotzdem sicher bekannt; aber auch mehr? Mag sein, daß sich die Zahl 800 wegen ihrer Einfachheit eingeprägt hat, jenes Jahr, in dem er in Rom zum Kaiser gekrönt wurde. Mag auch sein, daß sein blutiger Kampf gegen die Sachsen – für die einen Christianisierung, für die anderen Reichserweiterung und Grenzsicherung gen Osten – in der Erinnerung haftet. Aber schon die Frage, welche erlauchten Geister aus ganz Europa es waren, mit denen er sich am Aachener Hof umgab, wird nur verschwommene Antworten finden. Und daß er gar beste diplomatische Beziehungen zum Kalifenhof in Bagdad unterhielt, dessen Geschenk in Gestalt eines Elefanten auf seiner Reiseroute durch Europa nach Aachen ganze Völkerstämme zum Staunen brachte, ist so unbekannt wie wichtig.

Wahrscheinlich muß man Aachener sein, um ob dieser Ignoranz nur den Kopf schütteln zu können. Doch wer Karls Oktogon, dieses erste Bauwerk mit steinerner Kuppel nördlich der Alpen, ständig vor Augen hat, mag das Recht dazu haben. Schließlich bietet dieser Bau noch immer mindestens so viele Fragen, wie er im Laufe der Geschichte beantwortet hat. Daß jeder Aachener gleichwohl eine ganz besondere Beziehung zu diesem Bau hat, betont Hermann Weisweiler nicht nur für sich. So mag denn auch diese »besondere Beziehung« schließlich die notwendige Neugier, gemischt mit Ideenreichtum und den richtigen Fragen zur richtigen Zeit, erweckt haben, die dieses Buch entstehen ließ.

Nun ist dieser Hermann Weisweiler zwar Aachener und arbeitet auch in seiner Geburtsstadt, er lebt und wohnt allerdings gerade jenseits der Grenze im heute belgischen Eupen. Fotograf ist er und als solcher entweder im Dienst der Mode auf Traumreisen in der westlichen Hemisphäre unterwegs oder in eigener Mission auf Achse. In dieser Mission hat er es auf mittlerweile 20 Bildbände gebracht. Dabei hielt es ihn meist in der engeren Heimat: die Mosel und die Ardennen etwa zeigen in diesen Büchern ihre Reize, aber auch Aachens Kunstschätze. Die Arbeit an einem Aachen-Buch, in dem Karl und das Oktogon zu den Schwerpunkten gehören, löste denn auch das vorliegende Buch aus.

Sprudelnd vor Ideen und fasziniert von der Fülle seiner Entdeckungen im Oktogon: So saß er mir eines Tages in Eupen gegenüber. Etliche Jahre zuvor hatten wir uns kennengelernt: er hinter der Kamera, ich davor als Student, der sich sein Studium als Modell für Mode und Werbung verdient. Jetzt stand mir ein von seinen Entdeckungen überschäumender Fotograf gegenüber und setzte mich einem Bombardement von geradezu sensationell anmutenden Behauptungen aus. Begriffe wie Azimut, Analemma und Einfallswinkel flogen mir nur so um die Ohren, und alles gipfelte in der Feststellung, Karls Oktogon sei in Wirklichkeit ein Kalenderbauwerk, nachweisbar an Hand vorliegender Fakten. Ob ich nicht all das in eine verständliche Form, sprich lesbare Sprache, bringen könne und wolle. Kurz: Das »Geheimnis Karls des Großen« solle in gemeinschaftlicher Arbeit gelüftet werden.

Abenteuerlich klang das alles. Doch schließlich wurde ein Duo geboren, das sich der Sache mit Vehemenz annahm. Zu Anfang mehr als skeptisch, habe ich mich auf die Dauer den Argumenten und drückenden Beweisen nicht mehr entziehen können, daß es sich beim Oktogon Karls des Großen in Aachen um eine Sonnenuhr handelt, daß alles in diesem Bauwerk aufeinander bezogen ist und daß sogar dem gesamten Aachener Stadtgebiet – und weit darüber hinaus – eine faszinierende Gesamtkonzeption zugrunde liegt. Da gibt es kaum ein historisches Bauwerk aus karolingischer Zeit, der Zeit vor Karls Regentschaft und dem Mittelalter, das nicht in ein verblüffendes Winkel- und Liniennetz einbezogen ist.

Wie kommt nun gerade ein Fotograf zu solchen Erkenntnissen? Alles fing an dem Tag an, an dem er im Dom vor dem aus dem 2. Jahrhundert n. Chr. stammenden Proserpina-Sarkophag – so genannt, weil der Proserpina-Mythos (griech. Persephone) an ihm in Marmor abgebildet ist – mit aufgebauter Kamera stand, um ihn in Gänze und im Detail für den Band »Kunststadt Aachen« abzulichten. Ein Christ, ein Heiliger zumal, Karl der Große, hatte sich als Grabstätte – es spricht einiges dafür – einen mit heidnisch-mytholo-

gischen Figuren umzogenen römischen Marmorsarkophag ausgesucht? So wunderte sich Weisweiler bereits während dieser Arbeit.
Seine Neugier war freilich erst ganz erwacht, als er während einer Pause durch die Oberkirche im Oktogon streifte und dabei feststellte, daß das durch die Fenster fallende Sonnenlicht auf seinem Weg in die Kirche die karolingischen Bronzegitter berührte und dadurch auffallende Schatten auf den Boden warf. Das Winkelverhältnis von Licht, Gitter und Schatten war es, was ihn faszinierte. Damit begann der immer wieder aufs neue verblüffende Weg einer Entdeckung, die Thema dieses Buches ist.
Daß es das Licht und sein Pendant, der Schatten, waren, die die Neugier anfachten, ist bei einem Fotografen nicht weiter verwunderlich. Aber Weisweiler hatte sich außerdem vor seiner Karriere als Fotograf dem Studium des Maschinenbaus an der Aachener Technischen Hochschule gewidmet. Jedenfalls steht er mit Mathematik, Zeichenbrett und Rechencomputern nicht gerade auf Kriegsfuß.
Noch eins ist in diesem Zusammenhang von Bedeutung: Die Begegnung mit den kelto-germanischen Resten, die seine fotografischen Arbeiten an den bereits erwähnten Bildbänden recht oft beeinflußten. Daß zudem der Aachener Dom trotz aller wissenschaftlichen Mühen noch eine beachtliche Anzahl offener Fragen bot, war ihm natürlich ebenfalls bekannt.
Das Lothar-Kreuz, das in diesem Buch von so überragender Bedeutung ist, stand ihm übrigens bereits zu Anfang seiner Berufslaufbahn als Fotograf zur Seite: 1958 gewann er mit einem Foto von diesem Kreuz bei einer Amateurveranstaltung des Essener Folkwang-Museums den ersten Preis. Kompaß und Taschenrechner, ebenfalls wichtige Utensilien beim Knacken des Oktogon-Geheimnisses, gehören seit eh und je zur Ausstattung des Fotografen Hermann Weisweiler. Zumal Kompaß und Uhr halfen und helfen ihm noch immer, das erworbene Wissen über den Sonnenstand zu bestimmten Stunden des Tages für optimale Modefotos zu nützen.
An den Beweisen für die Kernbehauptung dieses Buches, daß sich der Bau des Oktogons an astronomischen Erkenntnissen orientiert, daß er als Kirche *und* als Observatorium konzipiert wurde und in seiner Symbolkraft den Kaiser bewußt in die Rolle eines Priesterkönigs salomonischen Formats hob, scheint kein Zweifel möglich. Daß zu etlichen mathematisch-astronomischen Fakten konsultierte Fachleute die Kernaussagen bestätigen, erhärtet diese Arbeit von uns zwei Laien.

Aus dem die Entdeckungen Weisweilers begleitenden Schreiber wurde ich schließlich im Laufe der Arbeit auch zum tätigen Mitarbeiter. Das Kapitel »Kalenderbauwerke« versucht, die Aachener Entdeckungen in einen historisch verständlichen Zusammenhang zu stellen. Auch der Versuch, mit dem Auge eines gewußt sehenden und erlebenden Reisenden Aachen und sein keltisch-germanisches Umfeld vor der Wende zum 9. Jahrhundert zu veranschaulichen, half mir und hilft hoffentlich dem Leser, die Voraussetzungen zu verstehen, die zur »Aachener Konstruktion« führten.

Den »Weg des astronomischen Wissens« nach Aachen nachzuzeichnen, wegen nicht vorhandener wissenschaftlicher Ergebnisse vermeintlich mein schwerster Part, erwies sich recht schnell als wesentlich einfacher denn befürchtet: Die leicht nachweisbare Kenntnis der Werke des Vitruv und des Plinius des Älteren am Aachener Hof, dazu die philologisch erhärtete Tatsache, daß Aachen für nicht wenige Handschriften und Abschriften gerade der astronomischen Kapitel dieser beiden Schriftsteller und Naturwissenschaftler Dreh- und Angelpunkt der handschriftlichen Überlieferung war, geben Weisweilers Entdeckungen den theoretisch-historischen Hintergrund.

Karls »Geheimnis« in eine jedem Laien verständliche Sprache zu kleiden, war von Beginn an das Ziel dieses Buches. Dabei gebot es natürlich die Sache, die Fakten auch für den Fachmann stichhaltig und nachprüfbar darzubieten. So besteht die Hoffnung, daß die Aachener Entdeckungen für Laien wie für Experten verständlich und nachvollziehbar sind.

Der Laie kann daraus auch die Anregung schöpfen, selbst mit Kompaß, Uhr, Taschenrechner, Grundriß und Landkarte auf Entdeckungsreise zu gehen. Es sind sicher noch viele Geheimnisse zu entschlüsseln.

Spekulationen, die gleichwohl verblüffende Perspektiven bieten, sind bewußt in den Anhang »Aachener Rechenkunststücke« verbannt. Hier sind Dinge erfaßt, die sich nicht in die jeweils aufeinander aufbauenden und aufeinander bezogenen Kapitel über das Oktogon, Aachen und das Lothar-Kreuz einfügen ließen. Es mag allerdings sein, daß weitere Forschungen auf diesem Gebiet auch hier Zusammenhänge deutlich werden lassen.

Dr. Günther Hennecke

Ein Fotograf auf Entdeckungsreise im Aachener Dom

Licht und Schatten sind die wichtigsten Voraussetzungen für Maler und Fotografen. Besonders Fotografen sind auf das Licht angewiesen. Was die Kamera aufnimmt, muß der Fotograf vorher gesehen haben, und zwar entsprechend den Gesetzmäßigkeiten des Lichts.

Es war der 17. April 1977, als ich mit meinem Assistenten im Aachener Dom an der Arbeit war. Die Kamera war gerichtet auf den antiken Proserpina-Sarkophag aus dem 2. Jahrhundert n. Chr. Die römische Arbeit, die auf der Vorderseite und den beiden Seitenteilen eine der bedeutendsten Mythen der griechischen Antike erzählt, hatte Karl der Große von Rom nach Aachen geholt. Als eigene Grabstätte? So geht die Mär. Doch ob er je darin lag, weiß mit Gewißheit niemand. So stand der Sarkophag – ein heidnisches Zeugnis in einer christlichen Kirche – etwas abseits in der Karlskapelle. Heute steht er in der atombombensicheren Schatzkammer und gibt allen Betrachtern durch seine Existenz Fragen über Fragen auf. T 2a S. 154

Was weiß man heute vom Aachener Dom? Die Pfalzkapelle, deren Kern das Oktogon enthält, ist eines der wenigen Zeugnisse aus Karls Zeit, einer großen Zeit der europäischen Geschichte. Sieht man einmal von den Denkmälern in Form karolingischer Elfenbeinarbeiten und Buchmalereien ab, so ist der Dom tatsächlich ein ganz seltenes steinernes Zeugnis, das heute zu uns sprechen kann und Auskünfte gibt über jene Zeit vom Ende des 8. Jahrhunderts.

Abbild des Himmlischen Jerusalem nannte und nennt man das Aachener Oktogon. Da wir außerdem von Notker wissen, welch starken Einfluß Karl selbst auf Planung und Bauausführung nahm, dürfen wir schließen, daß die Pfalz programmatischen Charakter für ihn hatte. T 39 S. 193

Der Krönungsstuhl, die Architektur des Oktogons und des 16eckigen Umgangs der Pfalzkapelle, dazu der riesige, 48 Kerzen tragende Leuchter inmitten des Runds, der mit seinen acht Kreissegmenten und seinen 16 Türmen die Architektur des Doms wiederaufnimmt, blieben für Wissenschaftler mit vielen Fragezeichen versehen, obwohl Aachen zu Karls Zeiten ein Mittelpunkt des europäischen Geisteslebens war, in dem die erlauchtesten Gelehrten ihrer Zeit lebten. Warum wissen wir trotzdem so wenig?

Das Aachener Rätsel wartet noch auf manche Antwort. Und wenn irgendwo der Schlüssel zu diesem Geheimnis liegt, dann in der Pfalzkapelle. Sie direkt zu befragen, darin sah ich eine reizvolle Aufgabe.

Beschäftigung mit einer Sache erweckt Neugier, zumal dann, wenn viele Fragen noch nicht beantwortet sind. So erging es mir auch an jenem Tag im April des Jahres 1977 vor dem Sarkophag im Aachener Dom. Und da ich wußte, daß man über das ganze Bauwerk sehr wenig weiß, stieg meine Neugier. Nicht von ungefähr war ich im Dom, fotografierte nicht nur Details aus diesem Sarkophag.

Mitten in der Arbeit zu dem Buch »Kunststadt Aachen«, eingespannt zwischen die Pole Karl der Große und Neue Galerie/Sammlung Ludwig, stand ich im Magnetfeld von alter und moderner Kunst, und da ich schon manche Parallelen in der Kunst über die Jahrhunderte hin entdeckt hatte – mein Buch »Kunststadt Aachen« macht es deutlich –, war meine Neugier geschärft.

Noch immer war das Kamera-Objektiv in der Karlskapelle aufs Detail gerichtet. T 3a S. 155 Im Visier waren Hades' Rosse, die Quadriga des Fürsten der Unterwelt. Sie sind mit Lichtsymbolik verknüpft, Pferde ziehen auch Apollon über die Lichtbahn, sorgen dafür, daß des Tages Licht Fruchtbarkeit verbürgt. Außerdem sind die vier Pferde des Hades Sinnbilder der vier Jahreszeiten.

Doch die Sonne versteckte sich hinter Wolken. Zeit für mich zu pausieren, die Kamera zu verlassen und im Dom auf Motivsuche zu gehen. Wie banne ich dieses Oktogon überzeugend auf die Platte? Ich wußte um die Schwierigkeit, das Achteck zu fotografieren. Doch nicht nur die oktogonale Form erforderte viel Überlegung. Auch das wenige Licht im Raum bereitete Schwierigkeiten. Es erschien fast aussichtslos, ohne direktes Sonnenlicht zu arbeiten, aber selbst die Sonne könnte das Innere des Doms nur ausschnittweise sichtbar machen.

Nun, Warten hat auch seine guten Seiten: Während ich suchend durch den Dom ging, entdeckte ich ein interessantes Motiv. Von der wieder aufglänzenden Sonne getroffen, warf ein Gitter – Abschluß zum inneren Domrund – einen Schatten auf den Fußboden. Ich spürte den Reiz, der in diesem Motiv steckte, ließ des Hades Rosse fahren, rief den Assistenten mit der Kamera und wechselte zum Gitter.

Meine wachsende Nervosität an diesem 17. April war freilich nicht nur mit der sich nur spärlich zeigenden und jetzt endlich auftauchenden Sonne zu erklären, sondern auch durch das Winkelverhältnis vom Gitter zum Schatten. Die Sonne fiel nämlich so genau auf das herrliche Gitter, daß sich der Schatten exakt im 90°-Winkel auf dem Boden bildete. Und da das, was nicht alltäglich ist, mich allemal reizt, war ich ganz Auge. Leider aber waren Aachens mitteleuropäische Wolken schließlich doch schneller zum Verhüllen bereit als meine Kamera zum Enthüllen: Zwar gelang es mir noch in aller Eile, ein Polaroid-Foto zu machen, doch dann verschwand die Sonne wieder. Das Polaroid-Foto hatte jedoch das Schattenspiel festgehalten, das sich an diesem 17. April 1977 um 14.45 Uhr MEZ am und hinterm Nordostgitter ergeben hatte.

T 2b
S. 154

Was soll's? mag sich der Leser fragen. Was ist daran ungewöhnlich, daß die Sonne einem Gitter einen Schatten entreißt? Und der Winkel von 90°? Ein Zufall, was sonst! Doch meine Neugier war stärker. Erst stand ich fragend vor dem Sarkophag, nun ebenso fragend vor dem 90°-Phänomen.

Steckte mehr dahinter? War es Zufall, daß der Sonnenstrahl durch das relativ kleine Südwestfenster genau so fiel, daß das Nordostgitter getroffen, direkt getroffen wurde? Und das zu einer Zeit, die dem Gefühl nach in der Mitte zwischen dem mittäglichen Sonnenhöchststand und dem Sonnenuntergang lag? War das Zufall? Oder standen vielleicht Sonnenstand, Fenster und Gitter in einer gewollten Konstellation zueinander?

Ich mußte in den Quellen etwas über Karls Leben und vor allem über seine Gewohnheiten und Vorlieben nachlesen, und wer hatte ihm nähergestanden als Einhard. In dessen »Vita Caroli«, der Lebensbeschreibung Karls des Großen, fand ich schließlich einen sehr aufschlußreichen Satz: »Unter allem Wissensdrang, den Karl der Große an den Tag legte, galt seine Bewunderung und seine größte Liebe dem Lauf der Gestirne, der Astronomie.« Mein Gang zum nächsten Buchhändler hatte sich gelohnt.

Aber er hatte sich nicht nur wegen dieses Fundes gelohnt. In der »Vita« findet sich auch der Hinweis – wenn auch verklausuliert –, daß sich der Frankenkönig nachts bis zu fünf Mal von seinem Lager erhob, genug, um den nächtlichen Sternenhimmel zu beobachten. Karl scheint überhaupt ein Nachtarbeiter gewesen zu sein: Einhard berichtet in diesem Zusammenhang, daß sein Herrscher gerade nachts gerne daranging, schwierige Rechtshändel zu entscheiden und Urteile zu fällen.

Diese Konstellation ließ mich nicht mehr los. Sie schien mir ungewöhnlich. Doch es vergingen fast drei Monate, ehe am 16. Juli 1977 die Sonne schien und ich Zeit hatte. Und so wollte ich vom Langen Turm (LT) aus, einem Wachtturm aus der mittelalterlichen Stadtbefestigung, der fast genau westlich von Pfalz, dem Dom (1) und Rathaus (7) liegt, den Sonnenaufgang hinter dem Dom festhalten.

Ich war früh aufgestanden. 3.30 Uhr war es, als ich meine Wohnung in Eupen in Richtung Aachen verließ. Ich wußte, daß es kurz nach 4.00 Uhr soweit sein mußte: Die Sonne mußte – vom Standpunkt Langer Turm aus gesehen – hinter der Pfalz aufgehen. Das jedenfalls glaubte ich. Denn geht die Sonne nicht im Osten auf? Doch die Sonne schien mir einen Streich zu spielen und ging statt an der erwarteten Stelle rechts der Kirche St. Salvator (6) auf, die wesentlich weiter nördlich liegt. Mein Kompaß, voller Unglauben befragt, sagte
A 1 S. 121
aus, daß die Sonne rund 40° nördlich des Ostpunkts aufgegangen war. Die Wahl des westlich des Doms gelegenen Langen Turms für das Foto »Sonnenaufgang hinter der Pfalz« verursachte so zunächst nichts als eine herbe Enttäuschung.

Doch nicht nur das: Das Erlebnis dieses Morgens war für mich auch Anlaß zu totaler Verwirrung. Sonnenaufgang im Nordosten? Meine bisherige Vorstellung über das, was sich am Himmel Tag für Tag ereignete, war erschüttert.

Enttäuscht und verwirrt sammelte ich Kamera, Stativ und Filme wieder ein und zog mich in mein Studio zurück. Es war mir nicht gelungen, was ich gewollt und erhofft hatte, um den Bildband über die »Kunststadt Aachen« mit einem faszinierenden Sonnenfoto zu ergänzen.

Im Studio angekommen, gewann allerdings die Neugier die Oberhand: Wenn schon nicht das erwünschte Foto entstanden war, so wollte ich wenigstens wissen, wann und vor allem wo die Sonne denn nun an diesem Tag genau im Osten stehen würde. So fragte ich meinen Kompaß und kehrte zwei Stunden später zum Langen Turm, dem Ort meiner morgendlichen Enttäuschung, zurück.

Es war nach wie vor ein herrlicher Tag, in dessen leichtem Dunst die Sonne ihre frühe Bahn über Aachen zog. Und während sie sich immer mehr aus diesem Dunst erhob, brachte ich meine Kamera erneut in Position. Wie sich später erwies, entstanden herrliche Fotos, denen das Weitwinkelobjektiv zudem noch den Reiz der Unwirklichkeit verlieh. Alle zehn Minuten belichtete ich den Film zwischen 7.50 und 9 Uhr MEZ, ich »schoß« – mit dem Auslöser in T 7 der einen, dem Kompaß in der anderen Hand – Serienfotos, eine Stundense- S. 159 quenz in schönen Grauabtönungen.

Irgendwann in dieser Zeit, das wußte ich, mußte auch ein Foto entstanden sein, das die Sonne genau im Ostpunkt festhielt. Der Kompaß gab schließlich diese Auskunft: Der Ostpunkt war etwa um 9 Uhr erreicht. In diesem Moment griff ich zu einem Hilfsmittel, um den Einfallswinkel zu ermitteln. Ein Gitter am Langen Turm, dessen Schattenwurf und der Kamerariemen als Meßhilfe gaben Auskunft: Der Winkel betrug annähernd 40°.

Warum ich mir nun die Frage stellte, wie sich diese Situation – Sonne exakt im Osten – an diesem Tag im Dom selbst auswirkte, ist nur aus meiner Neugier und aus einer dunklen Ahnung heraus zu erklären. Dieser Eingebung folgend, machte ich mich sofort auf den Weg zum Dom. Die bisherigen Erfahrungen zogen mich ins Oktogon. Ich wollte wissen, was sich in dieser Zeit des Oststandes der Sonne innerhalb dieses rätselhaften Baues getan haben könnte.

Wieder eine Enttäuschung: denn zu der Zeit, zu der die Sonne im 40°-Winkel zur Erdoberfläche im Osten stand, hatten ihre Strahlen keine Chance, auf direktem Weg ins Innere des Oktogons zu fallen: Das Ostfenster im oberen T 28 Dom war durch den späteren Anbau des gotischen Chors im Osten an die alte S. 182 achteckige Zentralkirche zugemauert worden. Es kommt als Durchgang für das Sonnenlicht nicht mehr in Frage.

Trotzdem ließ mich die Frage nicht mehr ruhen: Was wäre, wenn? Was hätte der Weg des Lichts bewirkt, wenn die Sonnenstrahlen durch dieses Ostfenster wie zu Karls des Großen Zeit gelangt wären? Ich besorgte mir Planzeichnungen vom Dom, legte Winkel und Lineal an und machte eine frappierende Entdeckung: An jenem 16. Juli, als ich etwa um 9 Uhr das Foto machte, das die Sonne im Osten des Doms zeigte, wären die Strahlen der Sonne im 40°-Winkel durch dieses zugebaute Ostfenster genau auf den Krönungsstuhl Karls des Großen gefallen.

Nun waren nicht nur Interesse und Neugier geweckt. Zum ersten Mal stellten sich mir, obwohl ich zu dieser Zeit noch immer nicht mehr im Sinn hatte, als einen überzeugenden Bildband über Aachen und seine Kunstschätze zu machen, Fragen nach möglichen Gesetzmäßigkeiten, Fragen danach, ob dieses Bauwerk mehr als reine Architektur war.

Ich bemühte einen befreundeten Navigator, dem exakte Ortsbestimmung etwas Selbstverständliches und Lebensnotwendiges ist. Mit einem programmierbaren Taschenrechner bestimmte er für ebenjenen 16. Juli am Langen Turm den exakten Ostpunkt zur exakten Uhrzeit und ermittelte die Sonnenhöhe. Das Ergebnis revidierte meine laienhafte Rechnung mit Hilfe von Gitter, Schatten, Kompaß und Kamerariemen um einige Grade: Statt 40° betrug der Sonneneinfall nur 28,6°, als die Sonne genau im Osten stand; der exakte Ostpunkt war nicht erst um 9 Uhr erreicht, sondern bereits exakt um 8 Uhr. Doch an meiner Überraschung änderte sich dadurch nur graduell etwas. Prinzipiell blieb es dabei: exakt im Osten stehend, fielen die Strahlen zu Karls Zeiten auf den oberen Teil des Kaiserstuhls. Das hieß, daß Karl mit Oberkörper, Kopf und Kaiserkrone im Glanz der gleißenden Morgensonne aus dem Osten gesessen haben mußte. Ex oriente lux!

Die Tage, an denen ich bisher meine Beobachtungen machte, waren Zufallstage. Keiner von ihnen war ein besonderer, weder hinsichtlich astronomischer Bedeutung noch sonstiger Daten. Gab es jedoch außerhalb dieser Zufälle Gesetzmäßigkeiten, bewußte Konstruktionen, die diese christliche Kirche über die übliche Bedeutung hinaushoben? War etwa dieser Dom, dieses Oktogon so etwas wie eine Uhr im Riesenformat? Steingewordenes Wissen um die Geheimnisse der Gestirne? Es schienen Phantastereien, zumal in Verbindung mit dem Aachener Dom noch nie jemand auf eine ähnliche Deutung gekommen war, niemand je zuvor ernsthaft die Idee erwogen hatte, es könnte sich bei diesem Oktogon um ein Kalenderbauwerk handeln.

Astronomische Literatur, Gespräche mit dem bereits erwähnten befreundeten Navigator und eigene Überlegungen hatten inzwischen mein Bild in wichtigen Punkten revidiert. Sind nicht die meisten Menschen – wie ich zunächst auch – davon überzeugt, daß die Sonne in unseren Breiten, nördlich des nördlichen Wendekreises, bestenfalls knapp südlich des Ostpunktes aufgehen und entsprechend südlich des Westpunktes untergehen und nie mehr als die Annäherung an einen Halbkreis auf ihrem Tagesweg beschreiten kann? Nur diese unter Laien weitverbreitete Vorstellung konnte mich in die Verwirrung vom 16. Juli stürzen, als die Sonne im Nordosten auf- und im Nordwesten unterging.

In diesem Punkt war ich mittlerweile klüger geworden.

Zwischenzeitlich hatte ich erfahren, daß die Sonne überall auf der Welt und damit auch in Aachen nur zur Tagundnachtgleiche – also im März und September – für den Betrachter auf der Erde exakt im Osten aufgeht. Zu allen anderen Zeiten verschiebt sich der Punkt von Auf- und Untergang je nach Jahreszeit nach Norden oder Süden. Nördlich des exakten Ostpunktes geht die Sonne in der Zeit zwischen der Tagundnachtgleiche, zwischen März und September, auf. Die größte Abweichung des Sonnenauf- und -untergangs vom exakten Ost- und Westpunkt nach Norden zeigt sich am 21. Juni, dem Tag der Sonnenwende, an dem für die nördliche Hemisphäre längsten Tag, an dem die Sonne mittags den höchsten Stand erreicht.

Entsprechend umgekehrt verhält es sich in der Zeit von September bis März, in der der Sonnenaufgang südlich des exakten Ostpunktes erfolgt. Und auch hier ändert sich die Gradabweichung zwischen Ostpunkt und Sonnenaufgangspunkt je nach Monat und Tag. Am 21. Dezember, dem Tag der Sonnenwende am südlichen Wendekreis, ist die Südabweichung naturgemäß am größten.

Dieses für mich neue Wissen hatte zwar meine Verwirrung gelöst, aber meine Neugier auch weiter angestachelt, und so ging ich mit meiner nächsten Fotoaktion schon planmäßiger vor. Das war für mich nicht einfach, denn ich bin als Mode- und Werbefotograf nicht immer Herr über meine Zeit, aber gerade die Zeit begann eine große Bedeutung zu gewinnen.

Doch mein Hauptberuf war gnädig und gab mir die erhoffte Chance am erwünschten 25. August 1977, an dem ich erneut im Dom fotografieren wollte. Diesen Tag hatte ich mir als Tag X notiert, weil er genauso viele Tage vom Zeitpunkt der Sommersonnenwende (21. 6. 77) entfernt ist wie jener 17. April, an dem ich das 90°-Erlebnis im Dom hatte.

Was ich errechnet, erwartet und erhofft hatte, traf auch ein: Zur annähernd gleichen Uhrzeit wie im April – um 14.48 Uhr – traf das einfallende Sonnenlicht aus Südwesten das gleiche Nordostgitter im gleichen 90°-Winkel. T 27 S. 181 Bereits am Vormittag des gleichen Tages war eine weitere Vermutung Gewißheit geworden: Um 10.28 Uhr MEZ – die gleiche Zeit vom Mittagshöchststand der Sonne entfernt – fiel das Licht durch das Südostfenster genau auf das gegenüberliegende Nordwestgitter. T 26 S. 180

Damit war ich zum ersten Mal, eigenen Berechnungen folgend, fündig geworden: Diese Kirche ist mehr als Kirchenarchitektur! Für mich war nun klar, daß sie mehr verbarg. Ich glaubte nicht mehr an Zufälle, sondern stürzte mich nun ganz in die Vorstellung, so etwas wie eine steinerne Uhr, ein Kalenderbauwerk vor mir zu haben.

Was lag näher, als jetzt nach dem Einfall der Sonne in das Innere des steinernen Achtecks an Tagen zu fragen, die nicht nur für den Astronomen, sondern auch noch für jeden Laien so etwas wie Fixpunkte im Ablauf der Jahreszeiten sind: Sommersonnenwende und Wintersonnenwende auf der einen, Tagundnachtgleiche auf der anderen Seite. Also Sommer- und Winteranfang, der Beginn von Frühling und Herbst. Oder noch anders: die Tage, an denen die Sonne über dem nördlichen und dem südlichen Wendekreis steht, und die, an denen sie exakt den Äquator überschreitet und mittags senkrecht direkt über ihm steht.

Die nächste Chance, darüber etwas zu erfahren, bot mir der 23. September 1977, das Datum der herbstlichen Tagundnachtgleiche. Was mochte an diesem Tag im Dom passieren? Doch wieder einmal machte mir das mitteleuropäische Wetter einen Strich durch die Rechnung: Die Sonne versteckte sich hinter Wolken und schien das ganze Unternehmen platzen zu lassen. Aber ich gab nicht auf und begnügte mich mit dem darauffolgenden Tag. Schließlich war ich noch nicht soweit, ganz exakte Rechnungen und Beobachtungen anstellen zu können, und für erste Beobachtungen mochte auch der Tag nach einer Tagundnachtgleiche noch gewichtige Auskünfte geben.

Dieser Tag, der 24. September, bescherte mir die Bedingungen, die ich brauchte. Bei klarem Himmel erwartete ich, wieder einmal vom Langen Turm aus, den Sonnenaufgang direkt hinter dem Dom. Mein Wissen wurde bestätigt: Hinter der Pfalz, exakt im Osten, erhob sich die Sonne und gestaltete Dom und Rathaus zum Schattenriß. Mein Kompaß und mein Taschenrechner hatten die richtige Antwort gegeben. Was mir freilich besonders wichtig war, hielt der Film fest: Um 6.31 Uhr Ortszeit Aachen war die Sonne
T 11 aufgegangen. (Erst viel später wurde mir klar, daß die Sonne an diesem Tag
S. 164 genau über dem Grannusturm aufgeht, über der mutmaßlichen Sternwarte Karls des Großen. Offensichtlich bilden Langer Turm, Grannusturm und die
A 46 heutige Fernsehantenne am Donnerberg eine Visur, zur annähernden Be-
S. 132 stimmung von Ost und West.)

Die vom Wetter erzwungene Verschiebung meiner Pläne vom 23. auf den 24. September brachte freilich auch einen Nachteil: Mein Modefotojob erzwang noch am Morgen des gleichen Tages eine Flugreise nach Malaga. So war mir verwehrt, einen weiteren Plan in die Tat umzusetzen: Ich wollte an diesem Tag exakt zur Mittagszeit, dem Zeitpunkt des höchsten Sonnenstandes dieses Tages, im Innern des Domes die Kamera aufbauen. Mein Ziel:

zu sehen und festzuhalten, was die Sonnenstrahlen zu diesem Zeitpunkt in der Kapelle bewirkten. Nach meinen Berechnungen und meinem mittlerweile erweiterten Wissen mußte am Tag der Tagundnachtgleiche das Sonnenlicht zur Mittagszeit (Meridian-Durchgang) so exakt durch das Südfenster fallen, daß das gegenüberliegende Nordgitter den bereits bekannten 90°-Schatten warf.

In der Zeit danach hatte ich noch oft Gelegenheit, Querverbindungen herzustellen und meine Phantasie einzusetzen. So wurde ich später gerade an dem Tag, an dem ich in der Neuen Galerie/Sammlung Ludwig mit Stativ und Kamera vor dem Indiana-Bild »Der lachende Mond« stand – meine Arbeit am Aachen-Kunstbuch ging weiter –, einmal mehr auf die offenen Fragen der Karlskapelle aufmerksam. Was wußten Karl und seine Zeit von den Gestirnen? Bilden wir uns heute nicht allzuviel ein? Konnten die Franken um 800 Sonnen- und Mondbahn schon exakt ausrechnen und hielten sie im Aachener Dom dieses Wissen fest, um andererseits auf dieser steingewordenen Basis wieder neue Erkenntnisse über die Bahn der Gestirne zu sammeln?

Der nächste Termin, meine Septemberenttäuschung zu verwinden und aufs neue ans Werk zu gehen, kam mit dem 21. März 1978. An diesem Tag fand ich nicht nur die gleichen Bedingungen wie ein halbes Jahr zuvor vor – Tagundnachtgleiche –, sondern es schien auch die Sonne. So konnte die Kamera
endlich einfangen, was die Sonne im Dom bewirkte: Genau um 12.43 Uhr T 24
MEZ, der errechneten Zeit des Sonnenhöchststandes in Aachen an diesem S. 178
Tag, warf das Nordgitter auf den Winkelgrad genau den erwarteten Schat- T 34
ten: Das Gitter stand zur Sonne im Winkel von 90°. Karl der Große und seine S. 188
Astronomen waren dadurch in der Lage, selbst z. B. das genaue Osterdatum zu fixieren: der Sonntag nach dem Vollmond, der auf die Tagundnachtgleiche folgt.

Vermutung und Neugier hatten mich zwar noch nicht zu gesicherten Ergebnissen und Lösungen geführt, aber immerhin zu Beobachtungen, die vor mir bisher wohl noch keiner gemacht hatte. Von nun an war ich geradezu darauf versessen, meine Idee weiterzuverfolgen, das bisher Beobachtete auch auf anderen Wegen zu erhärten. Ich begann noch mehr über Aachen, Karl den Großen und seine Pfalz zu lesen, erfuhr von Gelehrten, die aus der gesamten damaligen europäischen und arabischen Welt an seinem Hof in Aachen versammelt waren, und erfuhr auch, daß gerade Astronomie und Astrologie an diesem Ort in hoher Blüte standen.

Fasziniert war ich von dem Gedanken, daß orientalisches Wissen um Mathematik, im Abendland weitgehend verloren, in Aachen und seinen Dom übersetzt, Stein geworden sein könnte. Für mich erhielt vor diesem Hintergrund deshalb ein orientalisches Geschenk eine nicht unwesentliche Bedeutung: Ein Elefant trug eine kostbare Wasseruhr, ein fürstliches Geschenk des Kalifen Harun al-Raschid aus Bagdad an Aachen. Er sandte aller Wahrscheinlichkeit nach auch die christlichen Reliquien nach Aachen, die den Dom in den Rang des größten Wallfahrtsortes nördlich der Alpen im Mittelalter erhoben: die Windeln Christi und sein Lendentuch am Kreuz, das Kleid Mariens und das Tuch, in dem das Haupt des Johannes aufgenommen wurde. Diese vier großen Heiligtümer belegen wichtige kalendarische Daten. Der glanzvollste und mächtigste Herrscher seiner Zeit im Orient stand in Kontakt mit dem machtvollsten Herrscher des Abendlandes – und nicht nur in Kontakt, denn solche Geschenke lassen darauf schließen, daß die Beziehungen mehr waren als nur politische Kontakte.

Noch eine Tatsache bezog ich in meine Überlegungen ein: Der Sohn eben dieses orientalischen Fürsten übersetzte Ptolemäus, den bedeutendsten Allround-Wissenschaftler der Antike, ins Arabische und – was noch viel bedeutsamer sein könnte – »knackte« die Cheops-Pyramide. Für mich war es nun nicht mehr schwer, den Weg astronomischen Wissens von Bagdad nach Aachen nachzugehen.

Noch warteten viele Fragen auf Antwort, aber das Ergebnis war schon zu ahnen, der Weg vorgezeichnet. Meine Recherchen sollten weitergehen, und die Überraschungen ließen denn auch nicht lange auf sich warten.

Der Dom in seiner historischen Entwicklung

»Sind die lebendigen Steine zur Einheit friedlich verbunden,
Stimmen in jeglichem Teil Maß und Zahl überein,
So wird leuchten das Werk des Herrn, der die Halle geschaffen;
Frommen Volkes Bemühen krönt der vollendete Bau.
Bleibende Zierde menschlicher Kunst, wird er ragen auf ewig,
Wenn des Allmächtigen Hand gnädig ihn schirmend regiert.
Deshalb bitten wir Gott, daß er schütze den heiligen Tempel,
Welchen uns Kaiser Karl baute auf sicherem Grund!«

Dieser Weihespruch im Aachener Oktogon stammt aus der Feder des Angelsachsen Alkuin. Er steht nicht allein. Auch der Hofdichter Angilbert pries in überschwenglichen Worten das Werk, das als die höchste Leistung der damaligen Zeit anerkannt war.

Diese Wertschätzung hat sich das Aachener Oktogon in den zwölf Jahrhunderten seiner Existenz erhalten können. Im Jahr 1979 reihte die UNESCO die Pfalzkapelle des großen Karl unter die Werke, die von Bedeutung für die ganze Menschheit sind. Als erstes Werk in Europa!

». . . und auf die gleichen Zahlen sich alles harmonisch eint . . .« Diese wörtliche Übersetzung des zweiten Alkuin-Verses deutet unmittelbar auf die Idee der Zeit, aus der heraus das Oktogon geschaffen wurde: Die Beschreibung des Himmlischen Jerusalem in der Offenbarung des Johannes stand Pate in Aachen. Danach gilt die Zahl 8 – Maß des Oktogons – als die Zahl der Harmonie und Vollendung. Der Umfang des Achtecks mit seinen 144 Fuß deutet wiederum auf die Johannes-Apokalypse hin, in der die Zahl 12 Meßzahl für das Himmlische Jerusalem und die Zahl 144 (= 12 × 12) das Maß der die Stadt umgebenden Mauern ist, jeweils in Ellen. Es sind die Zahlen des Engels, der mit einem »goldenen Meßrohr« die ganze Stadt, ihre »Tore und Mauern«, vermißt. In diese Zahlensymbolik ist auch das 16eck zu fassen. Es hat nicht nur die doppelte Seitenzahl, sondern auch den

T 39
S. 193

doppelten Durchmesser und ist zudem so regelmäßig wie das Oktogon als Kern des Baus.
Daß diese Zahlen nicht zufällig auftauchen und der Bezug zur Offenbarung des Johannes bewußt gesehen wurde, zeigt eine andere Inschrift im Dom, die fast 400 Jahre jünger ist als die Alkuins. Zugleich macht sie indirekt deutlich, daß auch zu dieser Zeit, in der zweiten Hälfte des 12. Jahrhunderts, die Konzeption Kaiser Karls für sein Menschheitswerk noch bekannt war. Es ist die Inschrift an dem 4,20 m im Durchmesser großen »Barbarossa-Leuchter«, den Kaiser Friedrich I. zur Ehre Mariens und zum Schmuck des achteckigen Bauwerks als einzige der großen Lichterkronen der Zeit in achteckiger Gestalt stiftete. Er hat 48 = 4 × 12 Lichter und 2 × 8 Platten unter den Türmen, die das Leben Jesu und seine Lehre in 8 Seligpreisungen darstellen. Die erhaltene Inschrift lautet:

»Hier erscheinst du im Bild, Jerusalem, himmlisches Sion,
Zelt des Friedens für uns und Hoffnung seliger Ruhe!
Christi Lieblingsjünger Johannes, der Herold des Heiles,
Sah dich, ewige Stadt, die der Vorväter Mund, die Propheten
Und der Apostel Schar im Glauben lebendig verkündet,
Funkelnd niedersteigen aus sterneglänzenden Fernen.
Schimmernd in lauterem Gold und leuchtend von kostbaren Steinen.
Führ' in die himmlische Heimat uns alle, Mutter Maria!
Friedrich, des römischen Reiches katholischer Kaiser, gelobte,
– mit dem Geheiß zu beachten, daß Zahl und Gestalt mit den Maßen
Hier des erhabenen Tempels harmonisch sich einend ergänzen –,
Diese Lichterkrone – achteckig – als fürstliche Gabe!
Nunmehr weiht er sie fromm, Dir, heilige Jungfrau Maria!«

Erhabene Harmonie, auf Maß und Zahl beruhend, bildete den Grund für die Bewunderung, die dem Aachener Bauwerk vor allem im frühen Mittelalter zuströmte. Ganz offensichtlich war Schönheit ohne Mathematik nicht denkbar, war die Ästhetik eng mit heiligen Zahlen und ihrer Umsetzung in Stein verbunden. Beeindruckt in hohem Maße waren freilich auch spätere Jahrhunderte, die sich mehr dem äußeren Eindruck oder auch einzelnen Details zuwandten, ohne noch um die mathematische Grundkonzeption zu wissen.

Abb. 2: Der Aachener Dom im Jahre 1520 in der Nordansicht, vom Rathaus aus gesehen. Albrecht Dürer, begeistert vom Oktogon (in der Bildmitte) Karls des Großen, zeichnete das Blatt während seines Aufenthalts zur Königskrönung Karls V. in Aachen.

Albrecht Dürer ist einer von denen, die das Lob des Oktogons verkündeten. 1520 schrieb er als Zeuge der Krönung Karls V. in Aachen: »Zu Aach hab ich gesehen die proportionirten Säulen mit ihren guten Capitälen von Porphit grün und rot und Gossenstein, die Carolus von Rom dahin hat bringen lassen und do einflicken. Diese sind werklich nach Fitruvius Schreiben gemacht«, und: »da hab ich gesehen alle herrlich Köstlichkeit, desgleichen Keiner, der bei uns lebt, köstlicher Ding gesehen hat.«
Das »Wunderwerk der Kirche zu Aachen«, wie Einhard es bereits zu Karls Zeiten rühmte, erschließt sich dem heutigen Besucher nicht unbedingt auf den ersten Blick, ist es doch von 1350 bis zum Ende des Mittelalters um einen Turm ergänzt, anstelle des karolingischen Altarraums um einen gotischen

T 10 S. 163 Chor bereichert und mit einem Kranz von Anbauten um den ehrwürdigen Kernbau herum geschmückt worden.

Die warmen Quellen, die schon Steinzeitmenschen, Kelten und Römern bekannt waren, waren sicher einer der Gründe, die Karl dazu bewogen, Aachen zu seiner Residenz auszubauen. Außerdem wissen wir aus den Annalen, daß Aachen spätestens seit 765 als Königsvilla galt.

Eine Residenz ohne Kirche ist undenkbar, und so begann Karl mit dem Bau des Oktogons, einem der markantesten Meilensteine am Weg der abendländischen Entwicklung. Zugleich wurde Karls Kirche – er baute sie nach der Aussage eines Mönches von St. Gallen »nach eigenem Plan, herrlicher als die alten Werke der Römer« – ein Wendepunkt in der Geschichte der europäischen Architektur. Denn sie folgt zwar in ihrer Ausgestaltung den Vorbildern oströmischer Kaiser, zeigt aber zum ersten Mal – mit einer Kuppelhöhe T 32 S. 186 von exakt 30,49 m – den Drang nach oben. Karls Pfalzkapelle war zudem die erste außerhalb des Mittelmeerraumes stehende Kuppelkirche und sollte lange Zeit hindurch der höchste steinerne Kuppelbau nördlich der Alpen bleiben.

Die Stelle, über der Karl seine Pfalzkirche errichtete, war schon vorher bedeutsam gewesen: Zur Zeit der Römer hatte hier ein Bad bestanden, später war in diesem alten Thermenbereich ein Bekennergrab, dann ein kleines fränkisches Heiligtum, dessen Altar sich an der gleichen Stelle befand wie der Hauptaltar der karolingischen Kirche, schließlich hatte Karls Vater Pippin hier eine kleine Kapelle errichten lassen.

Die Tradition des Ortes war Karl heilig und wichtig. So selbstverständlich diese Feststellung sein mag, so wenig selbstverständlich ist Karls Entscheidung, seine neue Pfalzkapelle genau nach Osten zu orientieren. Damit wich er offensichtlich und bewußt von dem Vorgängerbau und seiner Ausrichtung ab, die sich an dem vorhandenen keltisch-römischen Straßennetz orientierte. In der Praxis heißt das: Die Achse wurde um nahezu 45° verschoben. Und nicht nur das: Karl legte nach dieser neuen Orientierung die gesamte Planung des monumentalen Pfalzbezirks an.

Daß Karl selbst maßgeblich an den Plänen für seine Pfalz und für die oktogonale Kapelle beteiligt war, steht außerhalb jeden Zweifels. Sicher hatte er seine Baumeister und Techniker, die die hochfliegenden Pläne in Stein umsetzten. Doch allein schon die Verschiebung der Hauptachse der Kirche spricht für seine ordnende Hand. Und was wäre für einen Herrscher nach Art

des großen Karl wichtiger, als sich durch die Baukunst in die Geschichte einzuschreiben und seinen Untertanen ein alles beherrschendes Beispiel zu geben?
Für diese Behauptung sprechen auch die schriftlichen Zeugnisse seiner Zeitgenossen. So deutet Alkuin in einem Brief darauf hin, in dem er die gesamte Pfalz einschließlich des Oktogons anspricht: »Opus, quod vestra dictavit sapientia.« Er spricht von einem »Werk, das deine Weisheit vorgeschrieben hat«.
Drei Namen stehen darüber hinaus in den Annalen über die Ausführung der Kaiserpläne. Da ist einmal der aus dem Kloster St. Vandrille in der Normandie stammende Ansegenis, der bereits vor und schließlich auch nach dem Aachener Bau in seiner Heimat wichtige Bauten begleitete. Wir wissen, daß sein Kloster bereits seit der Mitte des 7. Jahrhunderts ein Zentrum architektonischer Ideen und praktischer Bautätigkeit war.
Der zweite, sicher noch weit wichtigere Name, der eng mit der Entstehung des Oktogons verbunden ist, ist der des Einhard. Der spätere Biograph des Kaisers, dem wir das meiste über das Leben und die Tätigkeiten Karls verdanken, gehörte nicht nur zum engsten Vertrautenkreis des Herrschers; Einhard hatte offensichtlich auch lange Zeit hindurch die Oberleitung über den Pfalzbau. Darauf deutet nicht zuletzt der Beiname Einhards hin, den er – übrigens trugen alle Männer um Kaiser Karl einen charakteristischen biblisch-antiken Beinamen – im erlauchten Kreis am Aachener Hof führte: Bezaleel, den Namen des Erbauers der Stiftshütte im Alten Testament. Zudem wissen wir, daß dieser Vertraute Karls sich mit Eifer dem Studium des Vitruv verschrieben hatte, dem wohl bedeutendsten Bautheoretiker Roms. Dabei setzte er seine baulichen Kenntnisse, Vitruv folgend, nicht selten in Elfenbeinmodelle um.
Odo ist der dritte im Bunde, der mit dem Oktogon und seiner Entstehung in Verbindung gebracht wird. Er, von dem nicht viel mehr bekannt ist, als daß er in Metz begraben wurde, wird in einer urkundlichen Notiz als Vollender des Bauwerkes genannt.
Am Bau des ersten Kuppelbaus nördlich der Alpen waren wohl fast nur Baumeister beteiligt, die außerhalb des Mittelmeerraums ihre geistige Heimat hatten. So muß es auf den ersten Blick überraschen, welche Kunstfertigkeit in Aachen plötzlich zu Hause war. Auf den zweiten Blick freilich sind diese Kenntnisse nicht mehr gar so überraschend, schließlich führten Karls

Verbindungen weit über seinen Herrschaftsbereich hinaus, nach Ostrom und sogar bis weit in den islamisch-arabischen Orient hinein.
Die meisten Wissenschaftler sehen in der Kirche St. Vitale in Ravenna das Vorbild der Pläne Karls des Großen in Aachen. Diese Beziehung ist schon deswegen eindeutig, weil ein großer Teil des Baumaterials für den Aachener Dom, etwa Säulen und Mosaike, mit Erlaubnis Papst Hadrians I. aus Ravenna – und aus Rom – nach Aachen kam.
Andererseits sind die Unterschiede zwischen St. Vitale in Ravenna und anderen oströmischen Kirchen zu Aachen nicht zu verkennen: Dem byzantinischen, fein gegliederten Baustil von St. Vitale folgte in Aachen ein herberer, sachlicherer Stil. Außerdem besteht die Grundkonzeption von Ravenna in einem Achteck ohne jede Andeutung eines 16ecks. Doch gerade dieses 16eck, das die Empore für Herrscher und Hofstaat in der Oberkirche erst ermöglicht und damit die Reichsvorstellung Karls und seiner Zeit in Zeichen umsetzt, ist für Aachen von großer Wichtigkeit.
Von besonderer Bedeutung für die weitere Entwicklung der abendländischen Architektur sind zudem noch andere Aachener Merkmale: Da ist der Rundbogenstil der Romanik bereits in Andeutungen vorhanden, ist das System der Gotik zu ahnen und beginnt die Vorherrschaft der Vertikalen im unübersehbaren Gegensatz zur Bedeutung der horizontalen Linien in der Antike.
Die Suche nach Vorbildern hat freilich auch in den Norden geführt: zur oktogonalen, nur von Pfeilern getragenen Kathedrale von York auf der britischen Insel. Sie wurde in dieser Form etwa in den Jahren 740 bis 780 erneuert, einige wenige Jahrzehnte vor dem Bau der Aachener Kuppel. Bedenkt man die große Bedeutung angelsächsischer Gelehrter und Wissenschaftler an Karls Hof, so ist dieser Hinweis nicht ohne Bedeutung.
Das Oktogon, jüngstes Bauwerk im Aachener Dreiklang von Palastaula, Kaiserbad und Kapelle, wurde nach der Legende 805 durch Papst Leo III. geweiht und offiziell seiner Bestimmung übergeben. Doch bereits einige Jahre zuvor scheint der Bau als Kirche genutzt worden zu sein. Vermutlich war der Rohbau bereits 798 vollendet und wurde als Kirche seit etwa 800 genutzt. 14 Jahre später, 814, wurde Karl der Große in seiner Kapelle beigesetzt, die dadurch zur bedeutendsten Grabkirche des Reiches wurde. Die Würde des Raums, die vielen Reliquien und die kostbaren Geschenke der Nachfolger machten den Dom zur bedeutendsten Wallfahrtskirche des

Abendlandes und seit 1349 zum Ziel der alle sieben Jahre stattfindenden Aachener Heiltumsfahrt.

Herz und Seele des heutigen Doms, der im Verlaufe der Geschichte immer wieder verändert, erweitert oder renoviert wurde, ist nach wie vor der Kern- T 9
bau, das Achteck. Mag es dem Betrachter der Außenhaut auch schwerfallen, S. 162
diese Behauptung zu verstehen, so bestätigt ein Besuch des Inneren diese Aussage auf eindeutige und überwältigende Weise, sobald man die tonnengewölbte karolingische Eingangshalle von Westen her durchschritten und den 16eckigen Umgang rund um das Achteck hinter sich gelassen hat: Der Blick geht nun – über den Barbarossa-Leuchter und seine Kette hinweg – frei hinauf in die über 30 m hohe Kuppel. Dabei kann das Auge ungehindert die herrlichen Brüstungsgitter und die Säulen in den oberen Bogenöffnungen erblicken. Über diesen Bögen dienen acht Rundbogenfenster (Tambour-Fenster) als Lichtquellen. Von hier unten aus folgte das Volk dem Gottesdienst und hatte zugleich freien Blick hinauf ins Hochmünster, auf den Kaiserstuhl und das kaiserliche Gefolge.

Den oberen Umgang, das sogenannte Hochmünster, konnte Karl der Große T 25
von seinen Gemächern aus unmittelbar über einen Säulengang erreichen und S. 179
so schließlich zu dem Ort gelangen, der heute den sechs Stufen über dem Erdboden stehenden marmornen Stuhl zeigt. Das Hochmünster wird durch eine eigene Fensterreihe ins Licht getaucht. Gleichzeitig fällt das Licht aus der Höhe des zentralen Kuppelbaues in dieses Hochmünster ein.

Zum Innenraum hin, dem steil aufstrebenden Oktogon, wird der Umgang des Hochmünsters durch die kunstvoll gearbeiteten Bronzegitter aus karolingischer Zeit abgeschlossen, durch die im Wechsel der Tages- und Jahreszeiten das Sonnenlicht einfällt und zu bestimmten Zeiten interessante Schattenspiele auf dem Boden verursacht.

Diese Bronzegitter aus Aachener Werkstätten zeichnen sich durch die Mannigfaltigkeit ihrer Formen aus. Auffallend ist, daß sie vier Paare bilden. Drei Paare sind gleich oder doch einander ähnlich und stehen sich jeweils gegenüber. Das westliche Gitter vor dem Krönungsstuhl und das ihm gegenüberliegende östliche Gitter zeigen jedoch verschiedene und noch weit kunstvollere Zeichnung und Bearbeitung.

Noch ein Wort zum Krönungsstuhl: Als Kaiser Otto I. 936 Aachen zum Ort T 66
seiner Krönung bestimmte, begann die 600jährige Geschichte der Krönun- S. 223
gen von 30 Königen und 12 Königinnen. Für alle gilt – bis 1531 – wohl die

Notiz des Widukind von Corvey: »Er wurde zum Thron hinaufgeführt, der zwischen zwei marmornen Säulen von herrlicher Schönheit errichtet ist, so daß er von hier aus alle sehen und von allen gesehen werden konnte.«
Die Pfalzkirche mit dem zentralen Oktogon, dem es umgebenden 16eck und dem alles beherrschenden Kaiserthron gibt dem Weltbild des karolingischen Erneuerers Karl dem Großen monumentalen architektonischen Ausdruck. Es ist der Typ Herrschaftskirche: In der Unterkirche ist der Platz für Dienstleute und das gemeine Volk, während sich darüber der Hofstaat um den Kaiser schart, der seinerseits herausgehoben von seinem Thron aus alle Teile der Kirche überblickt. Selbst im Westen sitzend, ist sein Blick während der Messe gen Osten gerichtet: Dort ist nicht nur der Altar für die Meßzeremonie, sondern auch der Ort, wo die Sonne aufgeht: ex oriente lux, das Licht kommt aus dem Osten.
T 65 S. 222 Der Stuhl Karls des Großen, Herrschersitz so vieler Kaiser des christlichen Mittelalters, hat seit jeher die Phantasie der Betrachter beflügelt. Noch nach dem Zweiten Weltkrieg schrieb Theodor Haecker in »Vergil, Vater des Abendlandes«: »In Aachen steht der Stuhl Karls des Großen. Es ist kein bequemer Stuhl, und er war es auch im Anfang nicht. Er ist aufgerichtet aus Marmorplatten, die (vielleicht) aus der Stadt Rom nach Aachen gebracht worden waren. Auf einer der Platten sieht man noch ein Mühlespiel eingekritzelt. Römische Soldaten oder Kinder mögen auf dieser Platte gespielt haben. Der Stuhl Karls des Großen steht in einer Kirche, und vor und über ihm wölbt sich die Kuppel mit der thronenden Majestas Domini (dem segnenden Weltheiland). Aus dem Imperium Romanum (dem römischen Reich) ward das Sacrum Imperium (das Heilige Reich) des christlichen Abendlandes. Dieser Stuhl ist das schauererregendste, inhaltsvollste Nationalheiligtum der Deutschen.«
Gleichwohl ist und bleibt das Aachener Kunstwerk in erster Linie ein Werk aus dem Geist altbiblischer Zahlenmystik, das in Stein gehauene Himmlische Jerusalem eines Herrschers, der Zeichen setzen wollte, Zeichen des christlichen Heils und zugleich seiner gottgegebenen Macht.
Doch sind die Maße des Baus zu Aachen überschaubar, ist der Kuppelbau voller Maß, und das im doppelten Sinn: Einmal sind die gesamten Ausmaße des Doms eher bescheiden, zum anderen sind die angewandten Maße nie dem Zufall überlassen. Das gilt nicht nur für den inneren Umfang des Oktogons, der 144 Karolingische Fuß beträgt und damit das Maß der Himmels-

stadt der Apokalypse übernimmt, sondern auch für Breite, Höhe und Länge des Zentralbaus. Die Breite beträgt außen 33,33 m, was bei einer Ungenauigkeit von nur einem Prozent genau 100 Karolingischen Fuß entspricht. Annähernd gleiches Maß bietet die Höhe des Oktogons bis zur Dachspitze – mit der Kugel, die bereits 813 herunterfiel. Die Möglichkeit, daß diese Kugel im Barbarossa-Leuchter wieder verwendet wurde, scheint aufgrund der astronomischen Daten an diesem Bau nicht unwahrscheinlich.

Zweifellos war auch die Länge des Baus maßvoll. Nachzumessen ist sie heute jedoch nicht mehr, denn die Ostapsis des karolingischen Werks ist dem gotischen Chorbau gewichen.

Johannes' Engel mit dem goldenen Rohr mißt das Himmlische Jerusalem, dessen Höhe, Breite und Länge gleich sind. Und auch Ezechiel ist für die Aachener Maße bedeutungsvoll, werden doch bei ihm Länge und Breite des Tempels ebenfalls gleich genannt. Mehr noch: Das Maß beträgt 100 Ellen!

Über 550 Jahre lang änderte sich nichts am Erscheinungsbild des wuchtigen Rundbaus, der der Stadt ihr Gepräge gibt. Erst von der Mitte des 14. Jahrhunderts an sorgten neue architektonische Ideen und Baumeister dafür, daß der Aachener Dom sich veränderte: Ein Kranz von Anbauten, ein gotischer A 3
Chor und einige Kapellen umgeben heute den karolingischen Kernbau. S. 33

Zwei Gründe mögen um 1350 dafür ausschlaggebend gewesen sein, das karolingische Werk anzutasten, es zunächst um den faszinierenden gotischen Chorbau zu erweitern: Einmal war der Strom der Pilger nach Aachen so stark angewachsen, daß der altehrwürdige Kernbau die Massen nicht mehr aufnehmen konnte, zum anderen hatte die Pest in den Jahren und Jahrzehnten zuvor viele Menschen dahingerafft und bei den Überlebenden eine neue Frömmigkeit geweckt. Aus dieser Zeit stammen die schönsten Bauten gotischer Kunst: So wurden 1350 die Kölner Domtürme in einem Aufriß aufgezeichnet, begann in Freiburg im Breisgau mit der Grundsteinlegung 1354 der Bau zum Chor des Münsters.

Man schrieb das Jahr 1355, als sich in Aachen das Krönungskapitel für die T 10
Errichtung eines gotischen Chors an der Ostseite des Kernbaus entschied. S. 163
Vieles deutet darauf hin, daß die Aachener Bauherren dabei auch in Richtung Paris schielten, denn die Ähnlichkeit mit der Ste. Chapelle ist unübersehbar. Dem Chor mußte die Apsis weichen, die in zwei Etagen übereinander die karolingischen Altäre enthalten hatte.

So unterschiedlich die beiden ineinander verwobenen Baukörper in sich auch sind, so faszinierend ist freilich auch das dadurch erzeugte Spannungsverhältnis. Der gotische Chor, wegen seiner riesigen Fenster auch als »Glashaus von Aachen« bekannt und gerühmt, ist 25 m lang, 13 m breit und 32 m hoch, ist also in seinen Ausmaßen – außer in der Höhe – kleiner als der Kernbau aus karolingischer Zeit. Um so bemerkenswerter sind vor diesem Hintergrund die Fensterflächen, die rund 1000 m^2 umfassen.

Der Chorbau ist in drei Teile gegliedert: Da ist einmal der westliche, der sich in der Form eines Trapezes darbietet; darüber hinaus liegt in der Mitte das Rechteck des eigentlichen Gottesdienstraumes. Im höchsten Maße bewundernswert, auch als Bauform der Gotik einmalig, ist der östliche Teil: Er ist aus neun Seiten eines 14ecks gebildet. Diese bauliche Konzeption läßt die gesamte Chorhalle als Andeutung eines Kreuzes erscheinen.

Bei allen Unterschieden zwischen dem Bau Karls des Großen und dem der Gotik ist freilich eine Parallele augenfällig: Der Chor des 14. Jahrhunderts ist mit seinen 16 Seiten eine Wiederaufnahme des 16ecks, des Oktogon-Umgangs, oder auch eine Verdoppelung des Oktogons selbst.

Die 16 Seiten des Chorhauses werden gebildet durch die neunfenstrige Halbrundung im Osten des Chors, das von Fenstern viermal durchbrochene Langhaus des Chors, zwei über das 16eck des Kernbaus hinweggehende und das Oktogon umfassende Spitzbögen und den offenen Abschluß zum Achteck Karls hin. Mag diese Parallele vielleicht auch nicht bewußt geplant gewesen sein, eine Tatsache ist sie gleichwohl.

Das Wagnis, diesen Chor an den karolingischen Kernbau anzuhängen, war und ist nicht hoch genug zu veranschlagen, denn in gewisser Weise ist er tatsächlich ans Oktogon angehängt: Ein Ankersystem verbindet ihn mit dem Karlsbau und sorgt dafür, daß das lichtdurchflutete gotische Werk nicht in sich zusammenfällt.

Abb. 3: Grundriß des Aachener Doms heute. Fast sechs Jahrhunderte lang hatte sich nichts am Erscheinungsbild des Oktogons Karls des Großen geändert. Erst um 1350 entstanden Pläne, das karolingische Werk (Achteck mit dem ihm umgebenden 16eck inmitten aller Anbauten) um einen gotischen Chor (oben im Bild) zu erweitern. Diesem grandiosen Werk mußte die Apsis des karolingischen Baus an gleicher Stelle weichen. Zwischen 1414 und 1767 kam noch ein Kranz von Kapellen hinzu, die heute den Kernbau umgeben. Zeichnung: Dombaumeister Dr. Hugot.

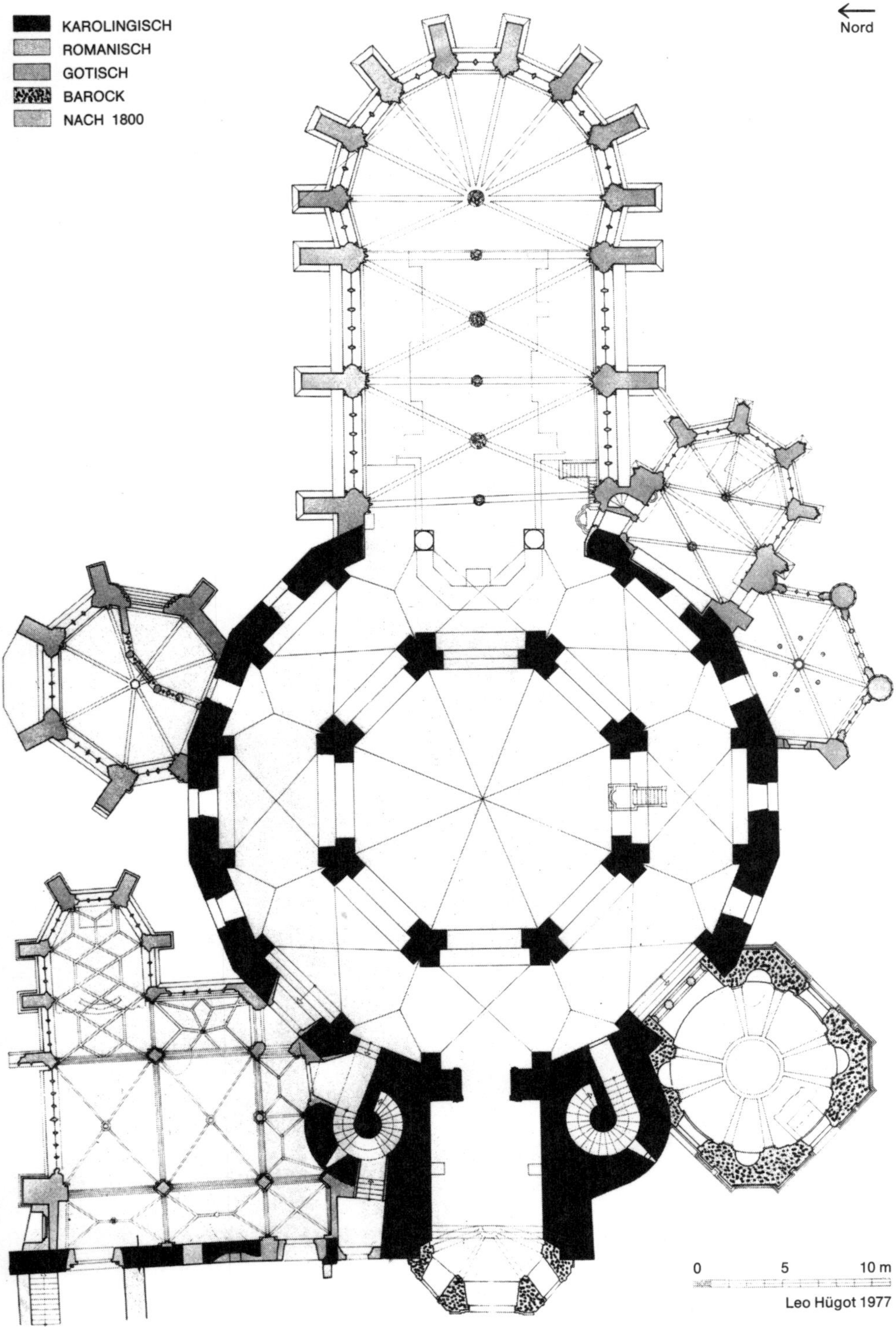
KAROLINGISCH
ROMANISCH
GOTISCH
BAROCK
NACH 1800
Nord
0
5
10 m
Leo Hügot 1977

Wie entscheidend diese Verankerung für den Fortbestand des Chorhauses ist, zeigte sich 1779, als sie aus noch immer unerfindlichen Gründen entfernt wurde: Die Folge waren riesige Bauschäden in der Halle. Erst seitdem kurz nach dem Ersten Weltkrieg der Chor wieder an das nach wie vor standhafte, fast 1200jährige Oktogon mit einem neuen Ankersystem befestigt worden war, konnte der Zerfall vorübergehend gestoppt werden, aber nicht für lange Zeit.

Neue Schäden verursachten die Bombenangriffe auf Aachen während des Zweiten Weltkriegs. Dabei wurden nicht nur die kostbaren Glasfenster des Chors völlig zerstört, auch die Statik des gotischen Chors wurde in Mitleidenschaft gezogen. Heute sind zwei mächtige Metallbänder um das gotische Bauwerk gespannt und im 16eck und dem Oktogon verankert. Ob Karls Werk allerdings auf Dauer dadurch nicht in Mitleidenschaft gezogen wird, ist eine noch offene Frage. Es ist jedenfalls nicht auszuschließen, daß es dadurch Schaden erleidet.

Das Aachener Kunstwerk umfaßt heute auch noch den Kapellenkranz, der sich an Karls Kernbau anschmiegt, auf ihn ausgerichtet ist und ohne Anbindung an ihn nicht denkbar wäre. Es sind dies – gegen den Uhrzeiger – die Ungarische Kapelle von 1767, die Annakapelle von 1449, die Matthiaskapelle von 1375, die Karls- und die Hubertuskapelle von 1474, die Nikolaus- und die Michaelskapelle von 1487.

Die Ungarische Kapelle, ursprünglich von Ludwig I. von Ungarn im Jahre 1374 für die Pilger gestiftet und in den Jahren 1756 bis 1767 nach dem Entwurf von Moretti aus Mailand neu errichtet, liegt rechts vom Haupteingang, der Wolfstür. Sie ist ein frühes Zeugnis für die Verehrung, die den Aachener Heiltümern allenthalben in Europa gezollt wurde. Hier waren es die ungarischen Könige, die ihren Tribut zollten. Sie ist recht klein, nur gut 9 m im Durchmesser und als Rundbau im Barockstil erbaut.

Die Annakapelle, an der Südseite des Kernbaus gelegen, wurde im Jahre 1449 geweiht und ist heute Sakristei und Aufbewahrungsort der heiligen Öle der Bischofskirche.

An der Nahtstelle zwischen dem gotischen Chor und dem Kernbau, unmittelbar neben der Annakapelle und zum Teil an sie angebaut, liegt die Matthiaskapelle. Dieser älteste Bau des Kapellenkranzes diente ursprünglich als Sakristei und Ankleideraum für den Herrscher vor seiner Krönung im Aachener Heiligtum.

Abb. 4: Ein Aufriß des Münsters in seiner heutigen Gestalt. Links das Westwerk mit dem neugotischen Turm und dem barocken Vorbau, der Ungarischen Kapelle. Vor dem gotischen Chor links liegt die Matthiaskapelle, der älteste Bau des Kapellenkranzes, daneben links, zwischen Chor und Zentralbau (Oktogon), die im Jahr 1449 geweihte Annakapelle.

Die doppelstöckige Karlskapelle ist nordöstlich an das Oktogon angebunden. Im oberen Bereich verbrachte der zu krönende König die Nacht vor der Krönung. Ihre Grundfläche ist ein unregelmäßiges Siebeneck. Sie wurde im August 1474, 19 Jahre nach Baubeginn, eingeweiht.
Ebenfalls doppelstöckig ist der Anbau im Nordwesten des karolingischen Kernbaus: Im großen Fenster der unteren Nikolauskapelle sind die 15 Geheimnisse des Rosenkranzes dargestellt, in den kleinen die Legenden des hl. Lambertus und des hl. Nikolaus. Insgesamt ist dieser Komplex im Vergleich zu den anderen Kapellen der größte und sicher auch originellste aus der späten Gotik der zweiten Hälfte des 15. Jahrhunderts.
Das Aachener Bauwerk zeichnet sich allerdings nicht nur durch seine vielfältigen Bauten, die sich darin ausdrückenden Stile und seine Vielfalt aus. Seine Bedeutung für das christliche Abendland lag viele Jahrhunderte lang vor allem in den »vier großen Heiltümern«: Das Kleid Mariens, die Windeln und das Lendentuch Jesu und das Tuch Johannes' des Täufers, alle sieben Jahre den Gläubigen gezeigt, machten Aachen zum bedeutendsten Wallfahrtsort nördlich der Alpen.
Diese Wallfahrt gilt natürlich auch dem großen Karl, der diese Reliquien nach Aachen brachte. Nicht zu vergessen sind auch die Nachfolger Karls, die Herrscher des Heiligen Römischen Reichs Deutscher Nation, die ihrer Krönungskirche sechs Jahrhunderte lang einzigartige Kunstwerke vermachten. Sie, aber nicht nur sie, gaben dem Domschatz eine Bedeutung, die nirgends in der Welt übertroffen wird.

Aachen zur Zeit Karls des Großen

Es strotzte von Selbstbewußtsein, das Aachen Karls des Großen. Der Angelsachse Alkuin sah ein »Athen des Nordens« erstanden, und Modoin von Autun pries das in Aachen wiedererstandene Altertum mit der Hymne:

»Und so erneuern sich hier antike Welt und Gesittung,
Siehe, dem Erdkreis gebiert neu sich ein goldenes Rom.«

Hielt die Wirklichkeit dem stand? Vielleicht, was das geistige Leben am Hof anging. Der Alltag freilich, das Leben der Sklaven und Bauern, der Unfreien und Händler, Aachens Hütten außerhalb der steinernen Pfalz und das Umfeld des »neuen Rom« boten kaum etwas, was die hochfliegenden Vergleiche auch nur im entferntesten rechtfertigte. Im Gegenteil: In die Wälder geschlagen, war Aachen ein Dorf. Zwar voller Leben, aber ein neues, goldenes Rom? Mitnichten.
Der Weg nach Aachen war mühsam. Von woher es auch den Reisenden in die Stadt Karls lockte, stets war er auf seinem Weg von dichten Wäldern umgeben, in denen Wölfe und Bären noch ungestört hausten, aufgescheucht nur auf den Jagden der Herrschenden. Nur langsam ging es auf nicht selten morastigen Wegen Richtung Kaiserpfalz. Reisen war Mühe und Abenteuer.
Mühseliger noch als Reisen war freilich das Leben auf den Nutzflächen, den Äckern und Weiden, den Wäldern durch Roden und Abbrennen abgetrotzt. Dieses Leben hatten zu Karls Zeiten die meisten zu führen, ob sie nun freie Bauern, Sklaven auf den großen Domänen der Gutsherren oder Kolonen waren, die auf dem Eigentum der Domänenherren wie Bauern lebten, aber etwa bei Eheschließungen und dem Wunsch, die Domäne zu verlassen, dessen Erlaubnis einholen mußten. Die Kolonen lebten in einem Zwischenbereich von Freiheit und Abhängigkeit. Meistens Besitzer eines Hofs von des Herrn Gnade, waren sie abgabepflichtig und zugleich als Bürger zum Militärdienst verpflichtet. Anders als die Sklaven hatten sie jedoch Zugang zu den Gerichten, konnten klagen und als Zeugen auftreten.

War nun der Landarbeiter, dem der Reisende bei seiner harten Arbeit auf dem Felde zusehen konnte, ein Sklave, Kolone oder freier Bauer? Die Antwort war schwer, fast unmöglich. Denn die Arbeit der Menschen auf dem Land unterschied sich kaum voneinander.

Je näher der Reisende Aachen kam, desto häufiger öffneten sich die nahezu undurchdringlichen Urwälder zu Ackerland, das kleine Dörfer oder Domänen mit Behausungen für Tier und Mensch umgab. Hütten aus Lehm oder geflochtenen Reisern, die kaum Wind und Wetter standhielten, machten die kleinen Weiler aus. Was friedlich schien, war dem Urwald abgetrotzt und mußte ihm immer wieder neu entrissen werden.

Die Menschen in Aachens Umfeld lebten in Enklaven innerhalb der Wälder, die das Gesicht Germaniens und Galliens um die Zeit vom 8. zum 9. Jahrhundert und noch lange danach bestimmten. Hungersnöte waren häufig: Der Boden, nur mangelhaft bearbeitet, gab zuwenig fürs ganze Jahr her. Was wir heute aus den Annalen wissen, spürte der Reisende und Zeitgenosse am eigenen Leib: Hungersnöte, Epidemien und Tierseuchen waren Übel, die sowohl nach Zahl wie nach Wirkung die Schlachten und Kriege der Zeit weit überboten. Auf jeder Reise bot sich tagelang dasselbe Bild: Ein radloser Pflug, dessen Pflugschar nur selten aus Eisen war, kratzte gerade nur die Erde an, pflügte sie nicht um. In einigen Dörfern gab es Ochsen und Kühe und damit bereits einen Hauch von Wohlstand. Doch sie dienten weniger als Fleischlieferanten denn als Zugtiere (die Ochsen) für Pflug und Karren oder als Milchlieferanten (die Kühe). Die Milch wurde zu Käse verarbeitet, einem der Hauptnahrungsmittel der Untertanen des großen Karl und auch außerhalb seines Reiches.

Schweine und Schafe gehörten außerdem zu den Haustieren der Zeit. Die einen lieferten Fleisch, die anderen die Wolle für die Kleidung in den harten Wintern und ebenfalls Milch. Doch obgleich auch noch Hühner, Enten und Gänse die bescheidenen Gehöfte und Dörfer bevölkerten, galt die Hauptsorge der Menschen auf dem Land dem Getreide. Und so sah der Reisende vor allem Weizen- und Roggenfelder, Gerste und Hafer in Mengen. In dieser Reihenfolge auch geschätzt und preislich fixiert, waren diese Getreidearten nicht nur dem Bauern täglicher Anblick. Sie lieferten, in Brot- und Breiform, auch dem Reisenden und Städter das »tägliche Brot«. Doch gab der Boden nur rund 40 % mehr an Getreide zur Ernte her, als ihm bei der Saat anvertraut worden war. Ein wahrlich hartes tägliches Brot!

Ein Aachen-Reisender wurde auf seinem Weg freilich auch von einer technischen Erfindung begleitet, die dem Bauern einen Teil seiner schwersten Arbeit abzunehmen begann. Nicht, daß es sie nicht schon vorher gegeben hätte, aber in diesem letzten Jahrzehnt des 8. Jahrhunderts wurde sie wiederentdeckt, und das nicht zuletzt deswegen, weil es mittlerweile Menschen gab, die sich den kostspieligen Bau leisten konnten. Die Rede ist von den Wassermühlen. Von reichen Eigentümern erbaut, wurden sie von Pächtern betrieben und von den Bauern der nahen und ferneren Umgebung genutzt.
Bauern, Sklaven und Kolonen, die darauf warteten, ihre herangeschafften Körner als Mehl wieder mit nach Hause zu nehmen, nutzten die Mühlen als Treffpunkt. Schnäpse und Bier, aber auch Wein machten die Runde in dem kleinen Schankraum, der sich an oder in der Mühle befand. Trinkfreudig und trinkfest waren sie alle, die Zeitgenossen des großen Karl: Ob Bauer oder Edelmann, Sklave, Priester oder Händler, sie tranken geradezu leidenschaftlich Wein oder Kräuterbier. Und obgleich die Alkoholdestillierung noch nicht bekannt war, reichten die Getränke, die Zungen zu lockern.
Für diese Menschen spiegelte sich in dem großen Karl, in dem Wunderwerk der Kaiserpfalz und dem von Menschen wimmelnden Aachen die große Welt wider. Voller Respekt und Ehrfurcht, fast mit Liebe sprachen die Bauern von dem Herrscher, der gar nicht weit entfernt von ihnen residierte. Karl war ein Mann, der Zeit für die Sorgen der kleinen Leute hatte. Nicht selten tauchte er in ihrem Leben auf und ließ manchen harten Arbeitstag zum Festtag werden. Es waren die Jagden Karls, die ihn und seinen ganzen Hofstaat aufs Land führten und bei denen schon mancher Bauer als Treiber eingesetzt war. Da waren viele hohe Herren aus allen Ländern Europas und ein Gewirr von Sprachen, die keiner der Bauern verstand. Bischöfe und Dichter jagten mit den adligen Herren und Karl oft tagelang Bär und Auerochs, Fuchs und Wolf; und wenn die Jagdgesellschaft am Ende eines Tages den ärmlichen Hütten der Bauern durch ihre Anwesenheit Glanz verlieh, war so manche Härte des Landlebens vergessen.
Die Menschen dieses Landstrichs im Schatten der Pfalz waren weder reine Germanen noch reine Kelten. Sicher, es war fränkisches Land, aber damit war die Herkunft der Menschen kaum erklärt. Schon zur Zeit der Römer war der keltische Stamm der Eburonen nördlich der Ardennen germanisch unterwandert. Als die Römer schließlich um 400 abzogen, war die Mischung ganz vollzogen. Aus dieser Zeit hatten sich manche Kultgebräuche, Namen

und Anschauungen erhalten. Daran vermochte auch das fränkische Element nichts Wesentliches zu ändern. Als die Franken im 7. und 8. Jahrhundert zum Teil aus Frankreich zurückfluteten, war die keltisch-germanisch-heidnische Mischung tief in die Landschaft eingegraben.

T 12 S. 165 Wenn man sich von Süden dem »neuen Rom« im »Tal an den Quellen« näherte, erinnerte bereits der Name Ardennen dieses ehemaligen Grenzwalls zwischen Kelten und Belgern an keltische Vergangenheit, und wie die meisten Flußnamen im weiten Rund um Aachen keltischen Ursprungs waren, so erinnerte auch die schmale Inde, die man von Süden her überschreiten mußte, an diese Herkunft. In den Namen Wurm (von Bormo = warm) und Rur z. B. hatte sich die keltische Herkunft erhalten.

Doch nicht nur Flußnamen erinnerten an die heidnische Vergangenheit. Wie dünn der christliche Firnis über diesen Ursprüngen war, zeigt der Ellenter-Berg. Dort fanden noch immer insgeheim heidnische Kultumzüge statt. Schon der Name war verräterisch, hieß doch »ellen« mannbar und mutig und »ter« Baum. Es war also ein »Berg des Baumes der Mannbarkeit«. Man kannte solche Bäume im ganzen germanischen Kultbereich als Opferpfähle, mit denen Mannbarkeitsriten verbunden waren. In ihrem Mittelpunkt stand Wotan, dem zu Ehren Umzüge stattfanden.

T 14 S. 168 T 23 S. 177 Wer sich der Kaiserstadt auf drei Kilometer genähert hatte, hatte Anlaß, den Namen zu bedenken: Aquis Grani, bei den Wassern des Granus, war die lateinische Version. War nicht Granus der alte keltische Gott Grannus? Noch eine Generation zuvor war er hier verehrt worden, und erst Karls Vater Pipin hatte den Kult ausgerottet und verboten. Aachen soll so etwas wie das Zentrum des Grannus-Kultes gewesen sein.

Auch die keltische Sirona, zur römischen Fortuna umgedeutet, war noch in die Annalen von Aquis Grani eingeschrieben: Sie war die Schützerin des Orts. War es Zufall, daß die heidnische Glücksgöttin Sirona-Fortuna durch Maria abgelöst wurde, die als christliche Himmelsgöttin die Schirmherrschaft über Aachen übernommen hatte?

»Ahha«, Wasser, hieß es bei seinen Bewohnern, die als freie Bauern unabhängig neben der Pfalz lebten. Im Prinzip unterschied sich Ahha, der »vicus Aquensis«, das Dorf, kaum von anderen Dörfern im fränkischen Reich. Nur seine Größe mit seiner Ausdehnung von etwa 300 × 600 m stach hervor. Doch die Häuser waren wie überall aus Holz, Lehm und ähnlichen Materialien. Stein war der Pfalz vorbehalten.

Die Scherpstraße, die schon in der Vorzeit bekannt war, war rauh und ungepflegt, obwohl sichtbar die Hauptstraße des Dorfes. Es gab kaum eine freie Fläche zwischen den Häusern, sie war die am stärksten bebaute Straße. Das Vieh wurde durch die Straßen getrieben und versperrte immer wieder den Weg, Misthaufen verströmten den charakteristischen Dorfgeruch, und vor den Häusern waren viele Frauen mit Handarbeiten beschäftigt.

Etwa 250 m war die enge Gasse lang, ehe sich am Ende, unmittelbar im Schatten der Pfalz, die Sicht auf den Dorfanger öffnete. Hier tagte das Schöffengericht und beriet über Wohl und Wehe der dörflichen Gemeinschaft; an anderen Tagen war dieser Platz Treffpunkt der Jugend zu Tanz und Spiel.

Die Straße der Schmiede schloß sich unmittelbar an. Dieses älteste dörflich ausgerichtete Handwerk war hochgeachtet und stand in höchster Blüte. Nicht weit entfernt arbeiteten die Radmacher und Wagenbauer.

War das Dorf fast autark, lebten seine Menschen mehr oder weniger neben der Pfalz her, so wimmelte es im Gegensatz zu seiner ländlichen Ruhe und Beschaulichkeit im engsten Dunstkreis des kaiserlichen Hofes von Geschäft und Geschäftigkeit. Weitläufigkeit und Weltoffenheit bestimmten wie überall in ähnlichen Orten das Bild.

Über die Rennbahn gelangte man ins Judenviertel, das sich nordwestlich vom eigentlichen Pfalzbereich ausdehnte. Die Juden waren Händler und sorgten dafür, daß es im »nova Roma« an nichts von dem fehlte, was die Welt zu bieten hatte.

Gold aus Griechenland, kostbare Stoffe, Wein und fremde Früchte lagen aus, Silber hatte den Weg aus Böhmen und Ungarn hierher gefunden, Leder, Wachs und Honig waren aus Rußland zu den Quellen des Grannus gelangt. Es duftete nach Gewürzen aus dem Orient: Ingwer und Pfeffer, Gewürznelken und andere fremde Gaumengenüsse gaben dem Viertel sein Gepräge. Biberfelle, Zobel und Hermelin waren zwar noch selten, hatten aber gleichwohl in einzelnen Exemplaren von Skandinavien und Rußland her den Weg in den Westen gefunden. Ein anderes Importgut war der Wein, der von Frankreich, Italien und vom Rhein her nach Aachen befördert worden war. Salz und Getreide füllten die Lager der Händler nicht weniger als Textilien aller Art: Hier in Aachen fand man so etwas wie eine permanente Messe internationaler Stoffe und Tuche.

Da waren die einfachen Woll- und Leinenstoffe von den Domänen rund um Aachen genauso vertreten wie das als Luxusstoff geltende friesische Manteltuch, das Kaiser Karl an Harun al-Raschid, Kalifen von Bagdad, gesandt hatte. Auch der Papst nutzte das Luxustuch aus dem Friesischen für seine Prachtgewänder.

Der Aachener Basar bot aber auch wertvolle Waffen, fränkische Panzerhemden, orientalische Seidenwaren und andere Kostbarkeiten.

Die jüdischen und nichtjüdischen Händler und Kaufleute wußten, wo sie sich niedergelassen hatten: Der Aachener Hof war Mittelpunkt Europas geworden. Das bewies auch der Markt, der sich nördlich der Königsburg erstreckte und auf dem einmal in der Woche das Treiben rund um die Pfalzanlage seinen Höhepunkt erreichte.

Im Osten der Pfalz bewunderte der Fremde schließlich noch die Paläste, die als Luxusherbergen den Reichsfürsten dienten, die oft für längere Zeit dem König in Aachen ihre Aufwartung machten.

Es war Markttag in Aachen, kein Tag wie jeder andere, sondern ein Festtag: Es war Einkaufszeit, ein Gewimmel von Menschen und Wagen in den Gassen und herrschaftlichen Straßen wie sonst nie. Da sah und traf man sie wieder, die Bauern und Sklaven vom Lande, Trinkgefährten aus der Mühle. Man sah ihnen das Staunen an, das Staunen über den Betrieb und die Bewohner der Hauptstadt: Die Barbiere hatten ihre Läden weit geöffnet, die Ärzte waren bei der Arbeit zu sehen, und neben den jüdischen Händlern mit ihrer typischen Kleidung und Kopfbedeckung fielen besonders die Bediensteten der Pfalz, Adlige und Geistliche, im Treiben des Marktes auf.

Das war nicht mehr die in sich geschlossene und aufeinander angewiesene Gemeinschaft einer Domäne oder eines Dorfes, das war internationale Welt, Sprachen- und Völkergemisch ganz Europas. Neben den kleinen Bauern, die ihre Tauschgeschäfte machten, waren Männer, die mit Münzen ihre Geschäfte beglichen. Der Denar war seit Karls Regierungsantritt in Gebrauch. Er war ein 1,27 g leichtes Silberstückchen, das als zwölfter Teil eines Gold-Solidus galt, der gebräuchlichsten Münze in weiten Teilen Galliens.

Der Glanz dieses Konglomerats von Dorf, Handelsmetropole, Kaisersitz und internationalem Bad übte selbst auf einen weitgereisten Fremden einen ungewöhnlichen Eindruck aus. Dieser Glanz zog natürlich auch die Elemente an, die in dieser Goldgräberatmosphäre auf halbseidene und kriminelle Art ihr Geld zu machen gewohnt sind, denn den Gästen von nah und fern, ob Händlern, Kaufleuten, Handwerkern, Geistlichen oder Adligen, saß das Geld locker.

So erlebte der Fremde, wie an diesem Markttag zwei Dieben je ein Auge öffentlich ausgestochen wurde: Sie hatten sich räuberisch in Aachen betätigt. Seit 779 steht auf Karls Strafverzeichnis für Räuber beim ersten Delikt: ein Auge.

Im Glanz der aufstrebenden Metropole verdingten sich Handlanger, lungerten Bettler an den Ecken herum, hatten die Kneipen Hochkonjunktur. Es gab viele davon rund um die Pfalz. Und erneut konnte sich ein Reisender davon überzeugen, daß hier wie andernorts viel, sogar sehr viel getrunken wurde. In und rund um die Kneipen herum wimmelte es von Wahrsagern, Schwindlern und fliegenden Händlern, die für jede Krankheit ein Mittelchen bereithielten, die Balsam und Salben verscherbelten. Nicht zu übersehen waren die Verkäufer von Glücksbringern und Reliquien. Heidnische Glücksbringer, wenn auch manchmal christlich umgedeutet, waren weit verbreitet.

Ein besonderes Kapitel war die Moral der Zeit: In kaum einer anderen Ansiedlung konnte ein Reisender – der üblicherweise auch von diesem Angebot Gebrauch machte – so viele gefällige Mädchen sehen wie rund um die Aachener Pfalz. Da selbst der hochgelobte Herrscher der Stadt an den Grannus-Quellen dieses Angebot – trotz seiner zahlreichen Ehefrauen und Konkubinen im Palast – nicht überging, hatten die Mädchen hier in Aachen ein gutes Pflaster für ihre freudenbringende Beschäftigung gefunden. Gefragt waren sie allenthalben, da es auf ihrer Ebene keine gesellschaftlichen Vorurteile gab. Auch die Bauern vor den Toren der Stadt erzählten von diesen Vergnügungen.

Was öffentlich geduldet war, machte auch keinen Halt vor dem eigentlichen Pfalzbereich. Es waren mehr als nur Gerüchte, daß die Freudenmädchen bis in die Pfalz vorgedrungen waren, um dort weltlichen und geistlichen Herren nach ihren Möglichkeiten zu dienen.

Inmitten dieses Treibens ruhte steinern die herrschaftliche Pfalz. Mochte auch das Leben drumherum schon jeden Reisenden immer wieder aufs neue beeindrucken, so war doch das Erlebnis dieses architektonischen Wunderwerkes Höhepunkt einer jeden Reise nördlich der Alpen. Jeder wußte von dieser Anlage, vom Bau des Oktogons, der Pfalzkapelle. Doch Hören und Sehen waren zwei verschiedene Dinge, das galt besonders für diesen kurz vor der Vollendung stehenden Kuppelbau inmitten der Wälder.

Doch nicht nur die Kapelle konnte beeindrucken, sondern auch der Palast: teils aus unbehauenen Steinen, teils aus Holz waren die Wände des großen

Empfangssaals zu ebener Erde. Szenen aus der Heiligen Schrift, der fränkischen Geschichte und von der Jagd – Karls Jagdleidenschaft wurde von allen am Hof geteilt – belebten die riesigen Gobelins an den Wänden. Über den mit dicken Teppichen ausgelegten Fußböden hingen riesige Silberkronen, die man über Rollen hinaufziehen oder herablassen konnte, um sie mit brennenden Öllampen zu bestücken.
Ein Wandgemälde schien selbst die Dienerschaft sehr zu beeindrucken: Im Eßsaal, dem allabendlichen gesellschaftlichen Zentrum bei Hofe, erhob sich vor aller Augen ein mächtiger Baum aus einem stilisierten Erdkreis. Mit seiner Spitze berührte er das Sternenfirmament. Um den Baum schwebte ein Chor, die sieben freien Künste, die artes liberales der Antike symbolisierend. Mit einer Peitsche ausgerüstet, saß die Grammatik auf einem der Äste. Die Gestalt der Eloquentia, der Redekunst und der Dialektik, hatte sich auf einem anderen Ast niedergelassen, die für die vier Kardinaltugenden auf einem dritten. Nach oben hin umfaßte die Arithmetik den ganzen Baum, während Musik und Geometrie in den oberen Zweigen ruhten, ergänzt durch die Astronomie. Weisheit und Logik, Ethik und Physik vervollständigten das monumentale Bild. Unter den Wissenden war es kein Geheimnis: Das Gemälde war so etwas wie ein Programm des weltaufgeschlossenen und weltoffenen Karl. Theodulf von Orléans hat dieses Gemälde in einem Lied besungen.
Beide, die Kapelle und die eigentliche königliche Pfalz, lagen in erstaunlichem Abstand voneinander. Immerhin mußte man rund 120 m hinter sich bringen, um von der Kapelle zu dem 8 m höher gelegenen Palast zu gelangen. Geschützt war man auf diesem Weg durch einen beide Gebäude verbindenden überdachten Gang.
Gelang es einem Fremden auch nicht ohne weiteres, in Karls erlauchte Königshalle vorzudringen, so stand ihm doch wenigstens der Weg zum Bad an den heißen Quellen offen. Ihretwegen hatte Karl den Weg nach Aachen gefunden und die Pfalz zu seiner Regierungsburg und zu seinem Lieblingsplatz gemacht: vom heidnischen Quell zum regenerierenden Bad.
Dieses Bad war für damalige Zeiten ungewöhnlich groß: Etwa 100 Personen konnten sich gleichzeitig darin bewegen.
Ein Handwerker, der in der Pfalz zu tun hatte, z. B. wenn der Kaiser mit seinem Gefolge gerade auf der Jagd war, wäre nach Durchschreiten des Torbogens als erstes an der Münze vorbeigekommen, wo das Porträt des Herr-

schers in Silber geschlagen wurde. Über der Münze befand sich der Gerichtssaal. Hinter der Münze lagen die Wohnungen der Geistlichen, die den Gottesdienst im Dom besorgten. Darauf folgte der Lateran, der an das Oktogon nach Süden angebaut war. In dem Repräsentationssaal dieses Palastes wurden die kirchlichen Synoden abgehalten. In diesem Palast findet der Handwerker auch eine Musterschule, wo die »sieben freien Künste« gelehrt und gelernt wurden, u. a. auch die Astronomie. Daran schließt sich die berühmte Aachener Sängerschule an, die nicht nur im Dom für Musik, sondern auch für die Aufzeichnung von Volksmelodien sorgte.

Im Osten der Pfalz findet unser Handwerker das Hospiz und kommt an den Wohnungen der Hofdienerschaft vorbei. Hinter dem bereits erwähnten Bad liegt das Theater, in unmittelbarer Nähe der kaiserlichen Wohngemächer. Hier ist auch der kaiserliche Marstall voller Pferde von nie gesehener Schönheit und Rasse. Daran schließt sich im Norden der Pfalz der Turnierplatz an, wo Reiterspiele veranstaltet wurden. Vor der Pfalz liegt der Garten, mit einer Fülle von Heilkräutern und Gewürzen, aber auch von Blumen. Dicht T 11 S. 164 dabei stand der Grannusturm, die Sternwarte Karls des Großen, voller Instrumente, die ein gewöhnlicher Handwerker dieser Zeit noch nie gesehen hatte.

Hier im Norden der Pfalz war auch das Frauenhaus, das von Eunuchen bewacht wurde. Nordlichtfenster, nach Angaben des römischen Architekten Vitruv von Einhard gebaut, besaß das Skriptorium, die berühmte Mal- und Schreibstube, in der vermutlich auch die Urkunden und Evangeliare entstanden, die wir heute in den Museen und Archiven bewundern.

Nicht hier, aber beim täglichen Gang zum Gebet in der königlichen Kapelle konnte der Fremde den Herrscher beobachten: Er war keine Schönheit, aber mit seiner etwas über das normale Maß hinausgehenden Größe, einem breiten Kopf, einer leicht gebogenen Nase und einem eher kurzen Hals wirkte er wuchtig und voller Vitalität. Dieser Eindruck wurde auch kaum durch einen unübersehbaren Bauchansatz geschmälert. Was freilich so gar nicht zu dieser vierschrötigen Gestalt passen wollte, war die Stimme des Mannes, der für den größten Teil Europas der Herrscher und Erneuerer schlechthin war: Sie war hoch – wie die Bismarcks – und stand in merkwürdigem Kontrast zu der männlichen Gestalt.

Wie gelang es diesem Mann, dessen Aussehen so gar nicht an einen Mann von Geist denken ließ, sein Reich zusammenzuhalten und die erlauchtesten

Geister seiner Zeit aus ganz Europa an seinen Hof zu binden? Eine Antwort auf diese Frage ist nur schwer zu finden. Daß diese Geister die Elite darstellten, war ihm bekannt. Davon hatte er überall gehört. Vernommen hatte er von Alkuin und den anderen, die die äußere Macht mit dem Glanz der Wissenschaften, des Geistes und der Dichtkunst begleiteten.
Von diesem Zirkel sprach man in Italien genauso wie in Irland, in Spanien wie in England, in Frankreich und weit über die Grenzen des eigentlichen Machtbereichs Karls hinaus. Selbst in arabischen Landen, im Bagdad Harun al-Raschids, hatte sich die Kunde von Karls Hofakademie verbreitet. Außerdem war überall da, wo sich Händler trafen, dieser Kreis Tagesthema.
Es war ein sehr enger Kreis, in den einzudringen schwer war, aber Alkuin, Petrus von Pisa, Paulus Diaconus, Einhard, Angelbert und all die anderen sah man tagtäglich auf den Straßen, im Bereich der Pfalz, an den Baustellen oder bei den Vorbereitungen zu einer Jagd, ob allein oder im Gespräch.
Alkuin war – so wird er übereinstimmend geschildert – wohl der führende Kopf dieses erlauchten Kreises. Er war nicht nur der Mann unvorstellbaren Wissens, sondern auch der, der auf Karl spürbar und sichtbar den größten Eindruck machte und auch den stärksten Einfluß hatte. Es schien kaum einen Bereich der Wissenschaften zu geben, in dem er nicht mitreden konnte. Man erzählte sich schier unglaubliche Dinge von ihm, keiner konnte ihm das Wasser reichen. Ohne den Angelsachsen von der Insel hätte der Karlsrunde wohl der entscheidende und ausschlaggebende Berater gefehlt.
Fasziniert schien der große Karl von Alkuin besonders dann, wenn Alkuin das Thema Astronomie anschnitt. Dann hing der Kaiser, so wird berichtet, wie ein Schuljunge voll Begier an den Lippen des schon recht betagten Allround-Wissenschaftlers. Der Lauf und die Gesetzmäßigkeiten der Gestirne hatten es dem Herrscher offensichtlich besonders angetan, und wenn beide in deren Geheimnisse vertieft waren, galt allen anderen möglichen Gesprächsthemen wenig Interesse. Dabei kam es nicht selten vor, daß Karl und Alkuin sich von der großen Runde absetzten und unter vier Augen weitersprachen. Karl war, wie Einhard schreibt, ein Nachtarbeiter. Er hatte daher Gelegenheit, nachts auch selbst Sterne zu beobachten.
Doch nicht nur dem Geist wurden Flügel gesetzt. Zwar hielt sich – so erfuhr man außerhalb des Palastes und war darüber nicht wenig erstaunt – Karl selbst beim Trinken stark zurück. Alle anderen, Alkuin eingeschlossen, spra-

chen dem Wein und Bier in großer Palastrunde hingegen mehr zu, als zum Durstlöschen nötig war. Als Alkuin auf einer Reise zu den Britischen Inseln das gewohnte Getränk vom Kontinent ausgegangen war, forderte er aus Aachen Nachschub in Form von zwei Fudern Wein. Daß während seiner Abwesenheit einer seiner Schüler seine Trinkgewohnheiten in der Palastrunde übernehmen sollte, erheiterte zur gleichen Zeit jedermann bei Hofe.
In diesem Männerbund, so vermutet man, offenbarte sich auch ein erheblicher Schuß Homoerotik. Zärtlichkeiten zwischen Männern waren selbstverständlich. Man eiferte auch darin der Antike nach, deren Literatur ebenfalls zum größten Teil durch Alkuin vermittelt wurde.
15 Jahre älter als der bereits nicht mehr ganz junge Alkuin war der Dichter und Grammatiker Paulus Diaconus, der Karl ebenfalls stark in seinen Bann zog. Besonders sein historisches Wissen wurde aufs höchste gepriesen. Bekannt war in der ganzen Pfalz vor allem seine »Tierfabel«: König Löwe, sprich Karl, war darin Mittelpunkt in einem Kreis von Bären, Wölfen, Füchsen und anderen »hohen Tieren«. Ganz offensichtlich sprach Paulus damit auch eine Warnung an Karl aus: vor den Intrigen der Mächtigen in seinem Dunst- und Herrschaftskreis. Ein wahrlich ungewohnter Zug, der jenseits aller Freundlichkeiten und Freundschaften am Hofe die Kehrseite des karolingischen Machtzentrums zeigte. Denn im magischen Tierkleid erschienen die hohen Herren in all ihrer Gefährlichkeit, voller List und Tücke, Haß und Intrigen. Paulus zeigte die Kehrseite der Aachen-Medaille, ganz offensichtlich war er deswegen auch nicht gerade überall beliebt.
Dann war da noch der Mainfranke Einhard, dem Karl die Leitung beim Bau seiner Pfalz aufgetragen hatte. Er war es auch, den ein Fremder am meisten außerhalb des Palastes sah, wenn er den Fortschritt der Arbeiten an den Bauten Karls beaufsichtigte. Nicht zuletzt deswegen führte er, wenn die Gelehrten und Wissenschaftler im erlauchten Kreis an den langen Abenden in der Königsburg unter sich waren, den Übernamen Bezaleel, genannt nach dem Architekten der Stiftshütte. Bei diesen Gelegenheiten hieß Karl übrigens David, trug Alkuin den Familiennamen des römischen Dichters Horaz, Flaccus. Diese Sitte hatte wiederum Alkuin nach Aachen gebracht.
So relativ einsam der skeptische Paulus Diaconus im Kreis der trinkfesten Intellektuellen war, so relativ verloren schien auch Einhard bei Hofe zu sein. Er gehörte zwar zweifellos zum engsten Kreis der Getreuen Karls, hatte aber wegen seiner geringen Körpergröße und seiner sprichwörtlichen Häßlichkeit

manche Spöttelei zu hören. Selbst die Dienerschaft hielt mit ihrem Spott nicht zurück. Doch selbst die Spötter konnten ihren Respekt nicht verhehlen: Einhard war ein zutiefst unabhängiger Geist und anerkannter Bauherr, der in seinen Ämtern souverän herrschte.
Das spanische Element vertrat bei Hofe vor allem Theodulf von Orléans, der bedeutendste Dichter der Runde um Karl. Er beeindruckte nicht nur durch die Macht seiner Sprache, sondern besonders durch seine beeindruckende Persönlichkeit. Der »Pindar« bei Hofe war zugleich Karls Kanzler. Doch jedem aufmerksamen Beobachter der Szene mußte die Distanz Karls zu Theodulf auffallen. Ihm, dem führenden spanischen Kopf seiner Zeit gegenüber, zeigte selbst Karl sichtbaren Respekt. Das war freilich auch allen Beobachtern ein Beweis für die Fähigkeiten Karls, jenseits aller persönlichen Gefühle den Besten die Chance zu geben, im Interesse des ganzen Reichs für eben dieses Reich zu arbeiten.
Nicht wenig mußte es den fremden Beobachter verwundern, daß so viele Iren am Hofe wirkten, um den Kontinent in der korrekten Aussprache des Latein zu unterrichten. Zu ihnen gehörten Dicuil, der zudem große geographische Kenntnisse besaß, und der Grammatiker Clemens von Irland.
Kurz: Karl hatte sich mit den führenden Gelehrten seiner Zeit umgeben, und nach den Berichten derer, die dabeisein konnten, funkelten die Abende in der Königshalle zu Aachen, einige Meter über der Basis des Dorfes und der Pfalz gelegen, vor Witz und philosophischen Erörterungen, Wortgefechten, Merksprüchen und Rätseldichtungen. Im Überschwang dieser Erfahrung dichtete dann auch Modoin von Autun, ein anderer der Dichter, die bereits eingangs zitierten Verse:

»Und so erneuern sich hier antike Welt und Gesittung,
Siehe, dem Erdkreis gebiert neu sich ein goldenes Rom.«

Aachen war zwar nicht Byzanz. Doch selbst dem handeltreibenden Reisenden offenbarte sich in diesem Aachen, nach vielen Jahren fränkischer Kriegszüge, ein Ort des geistigen Aufbruchs, der sich auch in den Bauwerken, zumal im Oktogon, manifestierte.
Die stabile politische Lage kurz vor Beginn des letzten Jahrzehnts vor der Jahrhundertwende versprach Hoffnungen auf die Zukunft. Eine neue Zeit schien geboren, für die das vollendete einmalige Oktogon der Pfalzanlage ein vielbewundertes Zeugnis bot: einmalig in diesem Teil der bekannten Welt.

Der Weg der Astronomie nach Aachen

Die Hymne auf die »Erneuerung« der antiken Welt und Gesittung, auf das sich dem »Erdkreis« neu gebärende »goldene Rom« in den keltisch-germanischen Wäldern zwischen Ardennen und Rhein ist nicht nur Ausdruck poetischer Überhöhung. Aachen war Zentrum der Auseinandersetzung mit antikem Wissen, auch aus dem naturwissenschaftlichen Bereich. Hier wurde Wissen »gestaltet« und in Stein gehauen. Karl fällt das Verdienst zu, die »richtigen« Männer zur richtigen Zeit an seinen Hof gebunden und ihrem Wissensdrang Ziele gesetzt zu haben, er war auch ein großer Förderer der Wissenschaften.

Zufall ist es nicht, daß astronomische Kenntnisse eine so große Bedeutung für das »Neue Rom« gewannen. Alkuin und Einhard, Dungal und Dicuil fühlten sich der antiken Welt verpflichtet und vertieften sich vor allem in die naturwissenschaftlichen Werke römischer Herkunft. Bemerkenswert war, daß die geistige »Erneuerung« in erster Linie von Angelsachsen und vor allem von Iren getragen wurde. Der Strom des zu Karls Zeiten noch vorhandenen antiken Wissens führte über Irland und die Britischen Inseln auf das mitteleuropäische Festland.

Einhard erwähnt beiläufig, daß die interessantesten und ausführlichsten Gespräche zwischen Karl und Alkuin der Astronomie, der Bewegung und den Gesetzmäßigkeiten der Gestirne, gewidmet waren. Wir sind jedoch nicht nur auf sein Wort angewiesen, zumal damit ja noch nichts über den Umfang des astronomischen Wissens an Karls Hof ausgesagt ist. Bei dem Versuch, eine Antwort auf die Frage nach dem Umfang zu erhalten, stößt man auf die beiden wichtigsten naturwissenschaftlichen Autoren der römischen Antike, auf Lucius Vitruvius Mamurra und Plinius den Älteren. Beide, der in Diensten Cäsars und später Oktavians stehende, im 1. Jahrhundert v. Chr. lebende Vitruv und auch der von 24 bis 79 n. Chr. lebende Plinius, kamen an Karls Hof zu neuen Ehren; ihre Schriften wurden gelesen, übersetzt und – alles spricht dafür – in sichtbare Werke umgesetzt.

Einen ersten Hinweis darauf, daß Vitruvs Schriften in Karls Pfalz eine wichtige Grundlage wissenschaftlicher Tätigkeiten bildeten, bietet ein Brief Alkuins an Karl, in dem er zwei Anekdoten erzählt, die er nur in den Schriften des Römers gefunden haben kann. Außerdem ist bekannt, daß Einhard selbst nach den Vorschriften Vitruvs eine Capsella, einen Schrein für die Gebeine eines Heiligen, anfertigte. Er mußte dazu die römische Fachsprache kennen und seinen Vitruv gelesen haben.
Den Philologen gilt Alkuin als Ausgangspunkt einer karolingischen Vitruv-Renaissance und eine von ihm benutzte Handschrift angelsächsischer Herkunft als Urschrift aller anderen noch heute erhaltenen Abschriften der Vitruv-Werke. Alkuins Quelle wiederum – so vermuten die Altphilologen – ist eine Vitruv-Handschrift, die von Missionaren unter Leitung des Augustinus im Auftrag des Papstes Gregor d. Gr. im Jahr 597 nach Canterbury gebracht worden war. Kurz: Die wichtigste uns erhaltene Handschrift Vitruvs, auf der die gesamte Überlieferung fußt, beruht auf einem von England nach Deutschland gebrachten Exemplar, und alles weist darauf hin, daß diese Blätter aus dem Grenzgebiet zwischen Ost- und Westfranken stammen, genauer: aus Aachen.
Ähnlich verhält es sich mit der Plinius-Überlieferung. Ist für die Überlieferung des Vitruv Karls Intimus Alkuin, geboren im angelsächsischen Northumbrien, Dreh- und Angelpunkt, so wird für die Kenntnis des Plinius der Ire Dicuil zur zentralen Figur: Er übernahm aus einer englischen Handschrift ganze Teile des Plinius-Werkes in sein Buch »Über die Maße des Erdalls«. Und noch ein Hinweis in diesem Zusammenhang: Im 8. Jahrhundert wurden aus den naturwissenschaftlichen Büchern des Römers Auszüge gemacht, die sich nur mit astronomischen Aspekten beschäftigen. Ihre Herkunft: Northumbrien, die Heimat des 730 dort geborenen Alkuin. Es ist offensichtlich, daß gerade in England das Interesse an Astronomie besonders ausgeprägt war. Mag sein, daß dieses Interesse nicht zuletzt durch überlieferte Kenntnisse aus der eigenen Heimat gestützt und angefacht wurde. Schließlich findet sich auf den Britischen Inseln das berühmteste Kalenderbauwerk der Steinzeit: Stonehenge. Doch was boten Vitruv und Plinius den Astronomiejüngern an Karls Hof? Welche Kenntnisse konnten sie vermitteln?
Vitruv, Architekt und Ingenieur, schrieb ein zehnbändiges Werk über das Bauwesen, das – und das ist das Erstaunliche – ein ganzes Buch einem Abriß der Astronomie widmet. Es ist Buch IX, in dem der universal gebildete und

auf den Kenntnissen der Griechen aufbauende Autor eine Darstellung der Himmelskunde gibt. Darin beschreibt er zweimal einen Gnomon, eine Schattensäule, mit dessen Hilfe man Jahreszeiten und auch die Mittagslinie bestimmen kann. Und an beiden – was von besonderer Bedeutung und für Aachen und seinen Kalenderbau noch sehr wichtig wird – beschreibt Vitruv die Herstellung eines Analemmas. Mit dessen Hilfe ist an jedem Ort der Erde entsprechend seiner besonderen Lage eine Uhr herstellbar. »Wie ... transportable Reiseuhren gemacht werden können ... und wer dies wünscht ... wird nach den Schriften ... Uhrenverzeichnungen (subiectiones) entwerfen können, wenn er nur der Herstellung der Analemmafigur kundig ist.« Vitruv gibt die Anleitung dazu, eine Anleitung, deren Ausformung in der Wirklichkeit für die karolingischen Geister am Aachener Hof ein leichtes war. Daß sie die Anleitung kannten, ist nicht zu bezweifeln.

Im gleichen Buch spricht Vitruv über den Gnomon-Schatten, der für die Zeitbestimmung im Laufe eines Jahres wichtig ist, an verschiedenen Orten. Er nennt Athen, Alexandria, Rom und Piacenza.

Hätten die Aachener Gelehrten nichts über Astronomie gewußt, mit Vitruv in Händen hätten sie die Himmelskunde erlernen können. Daß der Römer von Anfang an eine so große Bedeutung in Aachen gewann, ja daß von hier aus eine literarische Renaissance seiner Werke, besonders des Buches über Uhren und Astronomie, ausging, läßt vermuten, daß die Gelehrten ihren Vitruv kannten, bevor sie nach Aachen kamen. Vielleicht läßt auch die Ballung astronomischer Gelehrter in Aachen den Schluß zu, daß der karolingische Herrscher dem Wissen um die Himmelskunde besonderes Augenmerk widmete. Nirgends sonst in Europa wußte man so viel über Astronomie wie in Aachen und nirgends sonst stand sie so sehr im Mittelpunkt wissenschaftlicher Neugier.

Des Plinius »Naturgeschichte«, ein umfassendes Werk von 37 Büchern, befaßt sich bereits im zweiten Band mit der Astronomie. Darin beschreibt Plinius beispielsweise die Sonnenfinsternis vom 30. April 59 und setzt sich eingehend mit physikalischer Geographie auseinander, außerdem mit den Schattenlängen je nach Sonnenstand. Poseidonios und Vitruv gehören nicht nur auf diesem Gebiet zu seinen Quellen. Daß Augustinus – nach Einhard Lieblingsautor des großen Karl – zu den »Ausbeutern« plinianischen Wissens gehörte, läßt sich leicht nachweisen. Doch der Strom seines astronomischen Wissens kam erst mit den Angelsachsen und Iren von der Insel nach

Aachen. In die Tradition des Plinius gehört übrigens auch der in Irland geborene und in Aachen tätige Dungal. In einem Brief an Karl setzt er sich – wahrscheinlich auf dessen Aufforderung hin – mit der totalen Sonnenfinsternis vom 30. November 810 auseinander.
Wären nur die beiden Römer, es reichte schon aus, die astronomischen Kenntnisse am Aachener Hof sehr hoch einzuschätzen. Doch die gelehrten Informationsquellen sprudelten auch an anderer Stelle, und zwar am Hof des Kalifen von Bagdad. Harun al-Raschid dort, Karl der Große hier: Die beiden Herrscher waren nicht nur die herausragenden Persönlichkeiten ihrer Zeit, sie standen auch in freundschaftlichen Beziehungen zueinander, und das, obwohl es auf den Schlachtfeldern, etwa in Spanien, zwischen muselmanischen Arabern und christlichen Europäern wenig Pardon gab. Doch jenseits aller religiöser Konflikte verbanden Wissenschaft und schöne Künste die Fürsten von West und Ost, darüber hinaus persönliche Hochschätzung. Den Beweis dafür liefern u. a. Geschenke aus dem Land von »Tausendundeiner Nacht« an den europäischen Herrscher: ein Elefant und eine sehr komplizierte Wasseruhr. Der Elefant fürs staunende Volk, die Wasseruhr für die astronomisch interessierten Hofgelehrten?
Wie diese Wasseruhr funktionierte, ist – wie so vieles – bei Einhard nachzulesen. Angetrieben wurde sie durch eine Klepshydra, ein Wasserrad. Wir wissen, daß die morgenländische Wasseruhr nach dem Ablauf einer jeden Stunde ein eisernes Kügelchen in ein Becken fallen ließ. Es waren insgesamt zwölf an der Zahl, die durch ihr »Geläute« die Stunden des Tages angaben. Sicher ist auch, daß sich gleichzeitig der Reihe nach zwölf Fenster öffneten, aus denen Ritter heraustraten. Gingen sie wieder zurück, schloß sich gleichzeitig auch das Fenster wieder.
Wie das im einzelnen funktionierte, ist unbekannt. Daß es dazu eines recht komplizierten Räderwerkes bedurfte, ist sicher, und sicher ist auch, daß der Transport vom Orient in den Okzident, von Bagdad nach Aachen, beachtliche Schwierigkeiten mit sich brachte und Sorgfalt erforderte.
Doch nicht nur die Wasseruhr ist der Beachtung wert. Wichtiger noch ist in diesem Zusammenhang der Hinweis auf die vier Heiligtümer von Aachen, fanden doch auch sie ihren Weg aus dem Orient in den Westen. Dabei mag es dahingestellt bleiben, ob sie ihren Weg direkt aus dem Kalifenreich nach Aachen fanden oder über Byzanz dorthin gelangten. Alle vier Heiligtümer von Aachen stehen für kirchliche Feiertage im katholischen Raum: das Ent-

hauptungstuch Johannes des Täufers für den 24. Juni, die Windeln Christi für den 25. Dezember, das Kleid Mariens für das Fest Mariä Verkündigung am 25. März, und Christi Lendentuch steht zweifellos für das Osterfest. Hier stehen verehrte Gegenstände für ganz bestimmte, auch astronomisch wichtige Daten: In dem um 781 vollendeten »Godesscale Evangeliar« befindet sich ein Kalendarium, in dem die Sommersonnenwende identisch ist mit dem 24. Juni, die Wintersonnenwende mit dem 25. Dezember und die Tagundnachtgleiche mit dem 25. März. Es ist das Evangeliar, das Karl dem Großen als Gebetbuch diente.

Zurück nach Bagdad. Geistige Verbundenheit heißt vor allem: Gedankenaustausch, und es wäre verwunderlich, wenn es ihn zwischen dem Kalifen und dem Kaiser nicht gegeben hätte. Daß dabei die Astronomie eine wichtige Rolle spielte, ist kaum zu bezweifeln: Denn was den Aachenern Vitruv und Plinius, das war dem hochgebildeten Araber der Mann, dessen Hauptwerk bis zu Kopernikus als Standardwerk und Grundlage der abendländischen Astronomie galt: Ptolemaios und sein »Almagest«.

Wir wissen, daß zwischen dem Karolinger und dem Araber ein reger Gesandtenaustausch stattfand, und es ist mehr als unwahrscheinlich, daß dabei das ptolemäische Wissen nicht zur Sprache kam, zumal der Bau einer Uhr, einer Wasseruhr, exaktes Wissen über die Gestirne und ihre Gesetzmäßigkeiten voraussetzt.

Wie Karl das Studium des Vitruv und des Plinius förderte, so wurde der Kalifenhof zu einem zentralen Angelpunkt der Ptolemaios-Überlieferung. Unter der Herrschaft Harun al-Raschids wurde von seinem Sohn das astronomische Handbuch des im ägyptischen Alexandria lebenden Ptolemaios vielfach aus dem Griechischen ins Arabische übersetzt. Arabische Kommentare gibt es zuhauf, und ohne die Araber wäre das Werk des größten Kompilators der griechischen angewandten Mathematik wohl im Dunkel der Geschichte verschwunden.

»Die große Zusammenfassung« des Griechen in Alexandria, nach den arabischen Übersetzungen als »Almagest« bekannt, entstand in der ersten Hälfte des 2. Jahrhunderts n. Chr. in Ägypten. 14 Jahre lang, von 127 bis 141, hatte der Allround-Wissenschaftler – er lieferte eine Bestimmung von 8000 Orten nach Breiten- und Längengraden mit den ältesten Erwähnungen der Friesen, Langobarden, Sachsen und Sudeten – eigene himmelskundliche Beobachtungen angestellt.

In seinen »Almagest« brachte Ptolemaios neben eigenen Beobachtungen auch Kenntnisse anderer Astronomen ein. Hipparchos und Appolonius gehören dazu. Doch der größte Teil stammt aus eigener Forschung, und deren Ergebnis ist größtenteils von erstaunlicher Präzision: Die Tage der Sommer- und Wintersonnenwende und die der Tagundnachtgleiche, die Äquinoktien und Solstitien weichen von den exakten Daten nur um einen bis eineinhalb Tage ab. Dieser Fehler bewirkt in seinen Sonnentafeln – auch in Mond-, Stern- und Planetentafeln, die er an die Sonnenbeobachtungen anschloß – eine Abweichung von 1°.

Daß für Claudius Ptolemaios die Erde unbeweglich im Mittelpunkt des Weltalls stand, sei nur angemerkt. Für die Berechnungen der Bewegungen von Sonne, Mond und Sternen hat diese Festschreibung, die das Weltbild des gesamten Mittelalters bestimmte und erst durch Kopernikus abgelöst wurde, keine Bedeutung.

Eine andere wichtige Schrift zum Thema Astronomie ist des Ptolemaios Arbeit »Über das Analemma«. Diese wichtige Figur, die den Karolingern bereits durch Vitruv bekannt war, erlaubt die exakte Konstruktion einer Sonnenuhr oder auch eines Kalenderbauwerkes an jedem Ort der Erde: Eine Darstellung seiner Funktion wird später im Zusammenhang mit Aachen gegeben werden.

Wie umfangreich das Wissen war, das die karolingischen Gesandten aus Bagdad mit nach Europa brachten, läßt sich nicht bestimmen. Des Ptolemaios Kenntnisse dürften allerdings dabeigewesen sein, denn des Kalifen eigener Sohn hatte Aufzeichnungen und Arbeiten ins Arabische übersetzt. Vielleicht berichteten die rückkehrenden Gesandten Karl und seinem Gelehrtenhof auch darüber, daß dieser Sohn es war, der die Geheimnisse der Cheops-Pyramide kannte: Er öffnete sie und drang ins innerste Geheimnis der königlichen Grabstätte ein.

Kurz: Das Wissen am Hof zu Bagdad muß umfangreicher gewesen sein als irgendwo sonst auf der Welt westlich des indischen Kontinents. Von diesem Wissen wird auch Aachen profitiert haben, das »neue Rom«, in dem sich »antike Welt und Gesittung« erneuerte, sprich: das Wissen der Antike zu neuer Blüte gelangte und in seit Jahrhunderten nicht mehr gesehenen Bauwerken seinen sichtbaren Ausdruck für die westliche Welt fand.

Doch auch im Norden, abseits der literarischen Überlieferung aus Rom, Hellas und dem Vorderen Orient, war ein reicher Erfahrungsschatz astronomischen Wissens vorhanden. Dafür spricht nicht nur das älteste europäische Kalenderbauwerk in Stonehenge, dafür legen nicht nur die Externsteine in Westfalen Zeugnis ab, dafür sprechen auch viele Überreste keltischer Kultur an Mosel und Saar, in der Eifel und den Ardennen. Oktogonale Tempel sind in großer Zahl über das ganze keltische Gebiet in Mitteleuropa verstreut, und in der Nähe von Trier ist ein keltischer Kultplatz so eindeutig auf den Punkt hin ausgerichtet, an dem am Tag der Sommersonnenwende sich die Sonne über den Horizont erhebt, daß es keinen Zweifel geben kann: Den Kelten waren himmelskundliche Erfahrungen vertraut.

Ein anderes keltisches Zeugnis bietet eine keltische Viereckschanze bei Holzhausen in Süddeutschland: Die äußersten Auf- und Untergangspunkte der Sonne liegen an der Stelle, an der sich die am weitesten nach Norden gedrehten Schanzentore befinden. So war bereits vor dem Auftauchen der Römer astronomisches Wissen vorhanden und Gegenstand des Kults. Optische Zeugnisse dafür gibt es genügend, aber da eine schriftliche Überlieferung fehlt, sind genaue Angaben nicht möglich.

Kalenderbauwerke des Altertums

Ordnung in die scheinbare Unordnung zu bringen, das vermeintliche Chaos der Welt überschaubar zu machen und die Fülle der Erscheinungen in Gesetzmäßigkeiten zu bringen, kurz: sich Überblick über die Welt zu verschaffen, das war stets das Streben des Menschen. Sei es, daß er das Walten von Göttern verantwortlich machte oder reine Naturgesetze am Werk sah, immer suchte und erkannte er Strukturen, die ihm Halt gaben und halfen, die feindlich scheinende Umwelt zu bewältigen und zu begreifen. So wandte der Mensch auf dieser seiner Suche auch stets den Blick nach oben, denn wo waren Gesetzmäßigkeiten leichter und überzeugender auszumachen als am Himmel über ihm. Es ist nicht übertrieben zu behaupten, daß die Kenntnisse von Sonne und Gestirnen von Anfang an den Weg des Menschen bei seiner Bewußtwerdung begleiteten.

Den meisten von uns sind der Sternenhimmel und der Lauf der Sonne fremd. Ein Blick auf eine Uhr genügt, um zu wissen, welche Stunde es geschlagen hat. Ein Blick auf den gedruckten Kalender befriedigt die Neugier nach Monat und Tag so selbstverständlich, daß ein weitergehendes Interesse nach dem, was diesen Kalender ermöglichte, gar nicht erst aufkommt. Und dennoch: Ohne Kenntnisse vom Lauf der Gestirne gäbe es weder Uhren noch Kalender, lebte der Mensch zeit- und geschichtslos.

Das Wort von der »Entfremdung von der Natur« hat hier seinen Platz. Wo die Zeit gleichsam auf Knopfdruck abrufbar ist, ist die Frage nach ihrer Gesetzmäßigkeit und »Herkunft« in astronomische Fernen gerückt. Doch gerade die astronomischen Kenntnisse bilden die notwendige Voraussetzung zur Zeitbestimmung. Unser Wissen ist abrufbar, Steinzeitmenschen mußten es jedoch erst gewinnen. Daher scheint es kaum übertrieben zu behaupten, daß die himmelskundlichen Grundkenntnisse der meisten Laien heute geringer sind als zu Beginn des 2. Jahrtausends v. Chr. die der »Astronomen«, die ein Kalenderbauwerk wie etwa Stonehenge im südlichen England erbauten.

Mit systematischen Himmelsbeobachtungen begannen Chinesen, Inder, Ägypter und Babylonier viele tausend Jahre vor unserer Zeitrechnung. Die Babylonier waren es, die den zwölfteiligen Tierkreis einführten und nach 2000 v. Chr. die Ekliptik erkannten. Seit jeher war die Zeitbestimmung eine der wichtigsten Aufgaben der Priester-Astronomen.
Der einleuchtendste Grund für den Wunsch, eine möglichst genaue Zeitbestimmung vornehmen zu können, liegt auf der Hand: Sie war lebenswichtig im wahrsten Wortsinn. Schließlich war etwa der Ackerbauer der Steinzeit auf einen funktionierenden Kalender angewiesen, um Saat und Ernte zur richtigen Zeit nachzugehen. Sein Leben konnte davon abhängen. Zwangsläufig mußte er den Wechsel der Jahreszeiten und Monde im Visier haben. Darüber gab ihm der Sternenhimmel beredte Auskunft. Hinzu kam, daß der Kult das Einhalten »fester« Tage für religiöse Feste erforderte. Die Beobachtung der Gesetzmäßigkeiten des Himmels war zu ihrer Bestimmung unumgänglich. Der steinzeitliche und antike Mensch beobachtete. Wo darüber keine schriftlichen Urkunden vorliegen, zeugen Steine wie etwa die von Stonehenge.
Schon zur Zeit des »Neandertalers« muß der Himmel eine Rolle gespielt haben, denn der Kopf der Toten ist auffallend oft dem Sonnenauf- oder -untergang zugewandt. Gäbe es keine sichtbaren Zeugnisse für die Bedeutung, die das Wissen von den Gestirnen hatte, könnte die vergleichende Sprachwissenschaft aufklärend wirken: Nicht wenige Wissenschaftler leiten das Wort Mond, das vielen Worten mit ähnlicher Bedeutung zwischen Westeuropa und Innerasien ähnelt, vom indogermanischen me = messen ab. Der Schluß liegt nahe, daß der Mond seit Tausenden von Jahren bereits einen Grundstein für die Kalendereinteilung bildete und seine Beziehung zur Sonne seit langem bekannt war. Auffallend ist auch in der Religion fast aller Völker die große Bedeutung der Zahlen 3, 7 und 12.
»Die Tempel sind nach Osten und gegen die Sonne gerichtet«, hält Plutarch in seinen »Lebensbeschreibungen« die West-Ost-Ausrichtung religiöser Bauten fest. Doch sie waren nicht nur im allgemeinen Sinn in Richtung der aufgehenden Sonne angelegt. Denn schließlich verschieben sich die Orte, in denen die Sonne im Laufe eines Jahres auf- und untergeht, von Tag zu Tag, da die Ekliptik zwischen den beiden Sonnenwenden eine langsame Pendelbewegung beschreibt. Je nach Jahreszeit und Sonnenstand zwischen nördlichem und südlichem Wendekreis geht die Sonne nördlich oder südlich des

exakten Ost- und Westpunktes auf und unter. Nur zweimal im Jahr liegen Aufgang und Untergang genau in Ost und West: an den Tagen der Tagundnachtgleichen, wenn die Sonne über dem Äquator mittags im Zenit steht.
Das wußten auch bereits die Alten. So verzeichnet der jerusalemische Talmud die Tatsache, daß an den Tagen der Äquinoktien – 21. März und 23. September – die Strahlen der aufgehenden Sonne durch das östliche Tor in Salomos Tempel schienen, und zwar fielen die Strahlen bis ins Innerste des Tempels. Interessant ist in diesem Zusammenhang, daß dieses Tor nur an den Tagundnachtgleichen geöffnet war, den Rest des Jahres hingegen verschlossen. Ähnlich konstruiert waren auch die Tempel Babylons: Sie hatten ein »Tor der aufgehenden Sonne« und ein »Tor der untergehenden Sonne«.
Das östliche Tor im Tempel Salomos, auch Sonnentor genannt, gab freilich nicht nur Auskunft über die Tagundnachtgleichen, sondern beantwortete auch die Frage nach den Sonnenwendtagen: An diesem Tor war eine Art Scheibe angebracht, um die ersten Sonnenstrahlen zur Sommersonnenwende – im Nordosten – und zur Wintersonnenwende – im Südosten – zu reflektieren. Wie diese Einrichtung funktionierte, ist uns nicht bekannt. Wir wissen nur, daß die alten Priester einige Schwierigkeiten hatten, sie richtig arbeiten zu lassen.
Tempel ließen einen Lichtstrahl ein und gaben so Auskunft über die Jahreszeit, den Lauf der Erde in Relation zur Sonne. Obelisken und Säulen bilden die Ergänzung zum Tor: Ihr Schattenwurf ist es, der die gleiche Auskunft gibt. Zwei Säulen standen vor dem Tempel Salomos. Was sie bedeuteten, ist in der Heiligen Schrift nirgends vermerkt. Obgleich noch heute über verschiedene Aspekte der Obelisken keine völlige Klarheit herrscht, gab schon Plinius eine Antwort: »Der Obelisk, der (aus Ägypten) auf dem Marsfeld errichtet worden ist, wurde von dem verstorbenen Kaiser Augustus zu einem ganz besonderen Zweck aufgerichtet: dem nämlich, den von der Sonne geworfenen Schatten zu messen und so die Länge der Tage und Nächte zu zeigen.«
Man weiß aus antiken und mittelalterlichen Quellen von der Riesenuhr des Kaisers Augustus, dem Jahreskalender mit dem 30 m hohen »Gnomon«, einem Obelisken aus Ägypten. Doch eine erst im Jahre 1976 veröffentlichte Arbeit zu diesem Thema brachte Licht in das Dunkel der Augusteischen Sonnenuhr, hellte ihre Funktion und Gangart auf, kurz: hob den Schleier von einem der faszinierendsten und unbekanntesten Bauwerke der römischen Antike.

Dabei kamen weitere verblüffende Ereignisse ans Tageslicht. So war das Werk des Augustus nicht nur eine Uhr, deren »Zifferblatt« auf dem riesigen Gelände des Marsfeldes Auskunft über Jahreszeiten, Monate, Tage und auch Stunden geben konnte: Das Solarium war zugleich ein ganz persönlicher Kalender des Kaisers, markierte Zeugungs- und Geburtstag des Herrschers T 56 S. 212 und war durch seine Zuordnung zur Ara Pacis, dem Altar des Friedens, ein Werk von großer Symbolkraft: Augustus und seine Zeit als Garant T 57 S. 213 des weltlichen Friedens.

Kalenderbauwerke aus Vorzeit und Altertum gibt es in Mengen. Des Augustus Werk freilich war in Dimension und Präzision – wenn auch nur für einige Jahrzehnte – unübertroffen. Des Kaisers Solarium, dem Sonnengott geweiht, beherrschte den Nordteil des Marsfeldes außerhalb des antiken Rom. Sol mußte gnädig sein, denn ohne sein Erscheinen blieb die Uhr gewissermaßen stehen: Sie zu lesen, bedurfte es des Schattens, den ein rund 30 m hoher Zeiger auf den horizontalen Boden davor warf. Dieser Zeiger war ein Obelisk aus Heliopolis, sein Transport aus Ägypten nach Rom äußeres Zeichen des Sieges über die Lande am Nil.

Der Obelisk steht noch heute, wenn auch an anderer Stelle, in veränderter T 54 S. 209 Form und Höhe – vor dem heutigen Parlament – ohne jede Zeitfunktion. Die Beschäftigung mit der Augusteischen Meisterleistung durch Edmund Buchner, den Direktor des Deutschen Archäologischen Instituts, begann mit einer verblüffenden Erkenntnis: Nirgends in der Literatur über antike Sonnenuhren ist das römische Werk auch nur eines Wortes gewürdigt, und das, obgleich zumindest der »Zeiger«, nach seiner Entdeckung im Jahre 1748 und der Neuaufrichtung 1792 – rund 200 m südlich von seinem antiken Standort –, seitdem in allen Karten Roms auftaucht. Auch heute noch gibt es weiße Flecken in den Wissenschaften.

Erstaunen muß die Abstinenz der modernen Sonnenuhrforscher gegenüber dem Geniestreich um so mehr, als kein Geringerer als der bereits zitierte römische Naturforscher und Architekt Plinius mit seinem Lob nicht zurückhält, in seinen »Naturales« recht intensiv auf die Uhr hinweist und erklärt: »Dem (Obelisken) fügte ... Augustus eine wunderbare Verwendung hinzu, zur Erfassung der Schatten der Sonne und so der Größe der Tage und Nächte, indem er einen mit Steinplatten belegten Platz schuf, ... und dieser (Schatten) sollte allmählich über eingelegte Bronzelinien an den einzelnen Tagen abnehmen und dann wieder zunehmen.«

Das riesige Zifferblatt muß einem unregelmäßigen und verzerrten Schachbrett geglichen haben, auf dem das Schattenende Monat, Tag und Uhrzeit verzeichnete.
Schweigsam ist Plinius, wenn es um die Darstellung weiterer Details und möglicher entscheidender und wichtiger Schattenlinien geht. Man muß jedoch bedenken, daß die Uhr zu seiner Zeit, rund zwei Generationen nach ihrer Einrichtung, bereits falsch ging, und das wußte er. Es spricht alles dafür, daß ein Absinken des Marsfeldes an dieser Stelle – durch Hochwasser oder ein Erdbeben bewirkt – dafür verantwortlich zu machen ist.
Doch auch die astronomischen Koryphäen aus ganz Europa, die sich zwei Jahre nach der Entdeckung des Obelisken, im Jahre 1748, an die Lösung des Uhr-Rätsels heranmachten, scheiterten. Es vergingen mehr als zwei Jahrhunderte, ehe das Geheimnis mit deutscher Hilfe gelüftet werden konnte. Denn erst Buchner bietet eine faszinierende Antwort auf die Frage, wie das Kalenderwerk arbeitete und welche Symbolkraft in ihm steckte.
Daß das Ergebnis der Forschungen auch die Ara Pacis und das Augustus-Mausoleum in das Solarium einbezieht, ist die eigentliche Sensation und stärkt Buchners Thesen über Aussehen und Funktion der Sonnenuhr.
Die Rekonstruktion des Obelisken in seiner ursprünglichen Augusteischen Form ist die Ausgangsbasis für die heutige Forschung, das Sonnenuhr-Rätsel zu lösen. Zwei unumstößliche Fakten bieten dabei Hilfestellungen: Einmal gibt es keinen Zweifel an der Höhe des eigentlichen, von Ägypten eroberten Obelisken: Das Beutestück hat eine jederzeit nachprüfbare Höhe. Hinzu kommen die von Augustus hinzugefügten Basisinschriften. Sie zeugen von der Echtheit. Außerdem ist die Höhe des Sockels, auf dem das ganze Werk ehemals stand, ebenfalls bekannt. Wir kennen auch den ursprünglichen Standort des Schattenwerfers.
Standort und Höhe des Gnomon – mit der bei Plinius erwähnten Kugel, die, weil man ihren exakten Umfang nicht kennt, ein Unsicherheitsfaktor bleibt, ergibt sich eine Höhe von rund 100 Römischen Fuß = 29,42 m – sind denn auch die wichtigsten Voraussetzungen, dem Zifferblatt Leben einzuhauchen. Die veranschlagte Gnomon-Höhe von 100 Fuß wurde auf sensationell anmutende Weise bestätigt und ließ den erwähnten Unsicherheitsfaktor vergessen.
Doch hier sei zuvor kurz auf die »Lesart« der Augustus-Uhr hingewiesen: Das Ende der Schattenlänge, das unter den jeweiligen Bedingungen des

Sonneneinfalls zu den verschiedenen Jahreszeiten variierte, wies auf der Horizontalfläche vor dem Gnomon jeweils auf ein bestimmtes Segment oder eine Linie, die für eine bestimmte Zeit im Jahresablauf standen.

An zwei Tagen des Jahres, an den Tagen des Frühlings- und Herbstanfangs, den Tagundnachtgleichen, Äquinoktien genannt – und nur an diesen beiden Tagen! –, geht an allen Orten der Erdkugel die Sonne stets exakt im Osten auf und ebenso exakt im Westen unter – und das wiederum wirkt sich auf die Sonnenuhr des Augustus aus: Das sich von West nach Ost im Verlauf dieser beiden Tage verlagernde Schattenende, bewirkt durch den Gnomon, wandert entlang einer völlig geraden Linie. An allen anderen Tagen des Jahres ist diese Linie von Sonnenauf- bis Sonnenuntergang mehr oder weniger gekrümmt.

Der Effekt: Das Zifferblatt muß mit seiner Linienführung wie die ausgespannten Flügel einer Schwalbe ausgesehen haben.

Buchners sensationelle Entdeckung setzt die erwähnte schnurgerade Äquinoktional-Linie voraus. Ebendiese so gewonnene Linie verläuft in ihrer abendlichen Verlängerung genau durch die Mitte des 300 Fuß (ca. 90 m) entfernt stehenden Friedensaltars. Das kann kein Zufall sein. Im Gegenteil: Damit ist zum ersten Mal nachgewiesen, daß Solarium und Ara Pacis aufs engste miteinander verknüpft waren. T 56 S. 212

Daß beide, Altar und Uhr, zueinander gehören und aufeinander bezogen sind, läßt sich zudem durch ein historisches Faktum stützen: Altar und Solarium wurden zur gleichen Zeit erbaut. Jedenfalls deuten alle Zeugnisse darauf hin, daß beide Monumente am gleichen Tag, dem 30. Januar des Jahres 9 v. Chr., eingeweiht wurden. Und noch eins weist auf die Zuordnung hin: Die Ara steht ausdrücklich für kriegerische Erfolge im Westen, in Gallien und Spanien, der Obelisk für den Sieg im Osten. Beide Ereignisse waren nach der Meinung der Zeit die Basis für die angestrebte »Ära eines langen und dauerhaften Friedens in der antiken Welt«. T 57 S. 213

Der Friedensaltar wird freilich nicht nur durch die ihn durchlaufende Äquinoktional-Schattenlinie in das Solarium eingebunden. Auch die Linie, die zur Wintersonnenwende vom Verlauf des Schattenendes gezogen wird, erhält besondere Bedeutung: Zieht man nämlich um den Punkt, den das Schattenende zum mittäglichen Sonnenhöchststand am 21. Dezember fixiert (dem Tag der Wintersonnenwende), einen Kreis mit dem Radius, der durch den Abstand von diesem Punkt zum Punkt des Schattenendes zur zweiten und

zehnten Tagesstunde am gleichen Tag entsteht, so läuft auch diese Kreislinie mitten durch den Altar des Friedens.
Zwei Tage sind es also, die für die Verbindung von Ara Pacis und Solarium von besonderer Bedeutung sind: Der der Wintersonnenwende und der Tag der Tagundnachtgleichen. Des Rätsels Lösung ist leicht gefunden und gibt auf sensationelle Weise der gesamten Anlage die höheren Weihen einer ausgeklügelten astronomischen Symbolik: Am Tag der Herbst-Äquinoktien ist des Friedenskaisers Geburtstag, der Tag der Zeugung neun Monate zuvor ist der Tag der Wintersonnenwende. Auf diese beiden Tage ist das römische Werk auf dem Marsfeld abgestellt.
Kein Zweifel: Das Solarium Augusti ist mehr als eine Jahresuhr, mehr als Darstellung von Zeit im Raum – wenn auch diese Funktion schon um ihrer Ausmaße willen Bewunderung verdiente. Des Augustus Uhr ist Symbolik in Vollendung, steingewordenes Zeichen eines Herrschers, der sich als Friedenskaiser und Heilsbringer seiner Epoche und der Zeit danach verstand. Mit seiner Geburt am 23. September ging nicht nur die Sonne auf – er ist sogar paulo ante solis exortum geboren, kurz vor Sonnenaufgang –, an seinem Geburtstag wanderte die Schattenspitze des Gnomon vom Morgen zum Abend rund 150 m weit entlang der schnurgeraden Äquinoktial-Linie bis

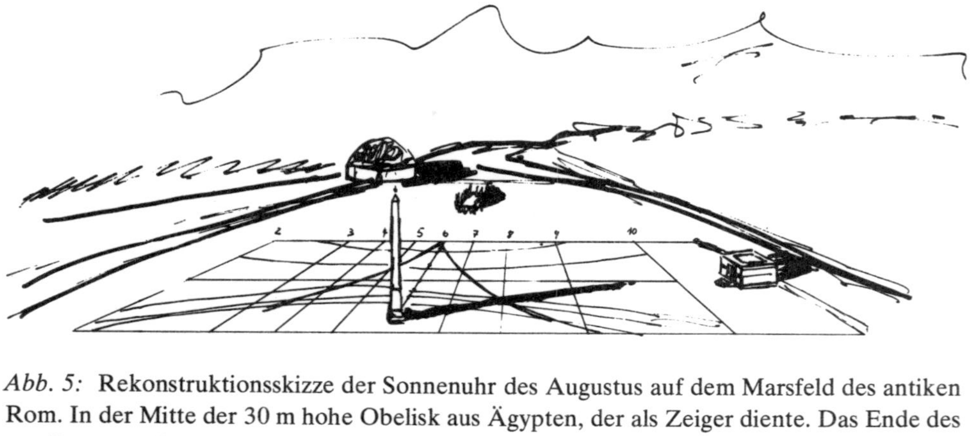

Abb. 5: Rekonstruktionsskizze der Sonnenuhr des Augustus auf dem Marsfeld des antiken Rom. In der Mitte der 30 m hohe Obelisk aus Ägypten, der als Zeiger diente. Das Ende des von ihm geworfenen Schattens zeigte die Uhrzeit an. Am Tag der Tagundnachtgleiche lief dieses Schattenende entlang einer geraden Linie, die durch den Altar des Friedens (rechts) lief. Das Zifferblatt, schwalbenschwanzähnlich, fixierte feste Tage im Verlauf des Jahres. Im Hintergrund, im rechten Winkel zu Altar und Zeiger liegend, das Mausoleum des Augustus. Auf der Mittagslinie (Linie 6) vermutlich die Einäscherungsstätte des Friedenskaisers.

zum Altar des Friedens. Kurz: Sein Leben ist von Geburt, von Tagesbeginn an bis zum Untergang der Sonne, auf Frieden ausgerichtet. Ein politisches Programm war damit in Stein gemeißelt, eingebunden in die Abläufe der Zeit.

Es war der 6. August 1979, an dem ich, nach einigen Tagen Urlaub bei Freunden in Terracina, zum ersten Mal die Reste von Augustus' Sonnenuhr sah: Ich fuhr nach Rom und traf Edmund Buchner während seiner Ausgrabungsarbeiten. T 58a S. 214

Den Obelisken hatte ich beim Durchgang der Sonne durch den exakten Ostpunkt bereits morgens in aller Frühe fotografiert, ehe ich bei einem anschließenden Rundgang über das »Marsfeld« über eine Baugrube in einer kleinen Nebenstraße stolperte. Was nach Kanalarbeiten aussah, waren in Wirklichkeit archäologische Ausgrabungen: T 58b S. 214 Es war der Ort, wo Buchner am vermuteten Äquinoktialpunkt des Augusteischen Zifferblattes forschte, und was ich bereits zuvor durch Lektüre kennengelernt hatte, die Konzeption des Solariums des Augustus, wurde mir nun an Ort und Stelle vom leitenden Archäologen selbst erklärt.

Aus den Erklärungen wurde recht bald ein Gespräch, und dieses Gespräch hatte ein verblüffendes Ergebnis: Parallelen zwischen dem Mausoleum und Stonehenge. T 55 S. 210/11 Der Durchmesser des Augusteischen Grabmals auf dem Marsfeld bei Rom und der Durchmesser des Kreises der Aubrey-Löcher im englischen Stonehenge wichen nur um sage und schreibe 26 cm voneinander ab. Bei einem Gesamtdurchmesser von 88,26 m (Mausoleum) war der Unterschied ausgesprochen gering. Da zwischen den Kalenderbauwerken der Antike so viele Querverbindungen bestehen, stellte sich natürlich sofort die Frage: Kannten die römischen Architekten Stonehenge? Präziser: Haben sich die römischen Bauherren an der Konzeption des Steinzeitwerkes auf der britischen Insel orientiert?

Der Verbindung von Rom nach Stonehenge folgte eine Überlegung, die von Rom nach Aachen führte: Durch Buchner erfuhr ich, daß ein Mönch noch in der Mitte des 8. Jahrhunderts den Obelisken in Rom aufrecht stehen sah. Jedenfalls beschreibt ihn der unbekannte Mönch so. Er ist vermutlich erst nach dieser Zeit umgestürzt.

Die Frage drängte sich auf, ob Karl ihn noch selbst in dieser Funktion als Gnomon gesehen hatte. Und weiter: Rissen ihn vielleicht die Franken um und versuchten, ihn nach Aachen zu schleppen? Sicher ist nur, daß ihn Karls

Leute vermessen haben müssen, denn seine Maße tauchen unübersehbar im Aachener Oktogon wieder auf.

Noch ein anderer Mönch, von dem wir nur den Herkunftsort St. Gallen kennen, scheint darauf hinzudeuten, daß man von einem Solarium, einer Sonnenuhr, in Aachen wußte. Dieser uns unbekannte Mann aus dem bedeutenden Schweizer Kloster berichtet von einem »Solarium«, aus dem Karl der Große durch Gitter aus seinem Gemach heraus das Volk beobachten konnte. Man hat »Solarium« mit »Söller« übersetzt. Das könnte ein Altan gewesen sein, von dem aus der Frankenherrscher auf sein Volk und Aachen herabblickte.

Doch es ist auch möglich, »Solarium« mit Sonnenuhr zu übersetzen und darin die Kalenderbauanlage des Oktogons zu sehen. Nicht von seinem Schlafgemach, sondern aus der kaiserlichen Loge erblickte er das Volk. Das Solarium ist keine Söller, sondern eine Sonnenuhr, und die »Gitter« sind die Bronzegitter in der Oberkirche der Pfalzkapelle, die eine so große Bedeutung in Karls Kalenderbau haben.

Obelisken zur Bestimmung von Sonnenwenden und Äquinoktien dienten als Gnomon, als Sonnenuhr, die Auskunft über die Tage des Jahres durch die von ihnen geworfenen Schatten gaben. Sie waren auch im indianischen Mittelamerika nicht selten. So waren in der Nähe von Cuzco, westlich und östlich davon, je acht Steinsäulen errichtet, um die Sonnenwenden zu beobachten. Zeichen auf dem eingeebneten Boden ringsum gaben Auskunft über die Sonnenbewegungen innerhalb des Jahres.

Aus der späten vorklassischen Periode der Maya-Kultur stammt die Anlage Uaxactun – acht Steine, die erst 1916 von Morley entdeckt und als Sonnenobservatorium entziffert wurden. Zwischen 300 vor und 150 nach Christus entstanden, ist diese Kalenderanlage aus je vier Stelen und vier Tempelanlagen gebildet. Sie liegt in Guatemala auf dem 17. Breitengrad. Die genannten Stelen und Tempel liegen so zueinander, daß die wichtigsten Verbindungslinien entscheidenden astronomischen Sichtlinien entsprechen. Es ist hier nicht der richtige Ort, in alle Details einzusteigen, es mag eine Darstellung des Grobrasters genügen: Auf der Westseite eines Platzes, der in Nord-Süd-Richtung orientiert ist, steht eine Pyramide, deren Treppe genau nach Osten gerichtet ist. Diesem Tempel und seiner Treppe zugeordnet sind drei Tempelanlagen, die auf der gegenüberliegenden Platzseite nordsüdlich angelegt sind. Die Zuordnung dieser vier Tempel zueinander ist so konzipiert,

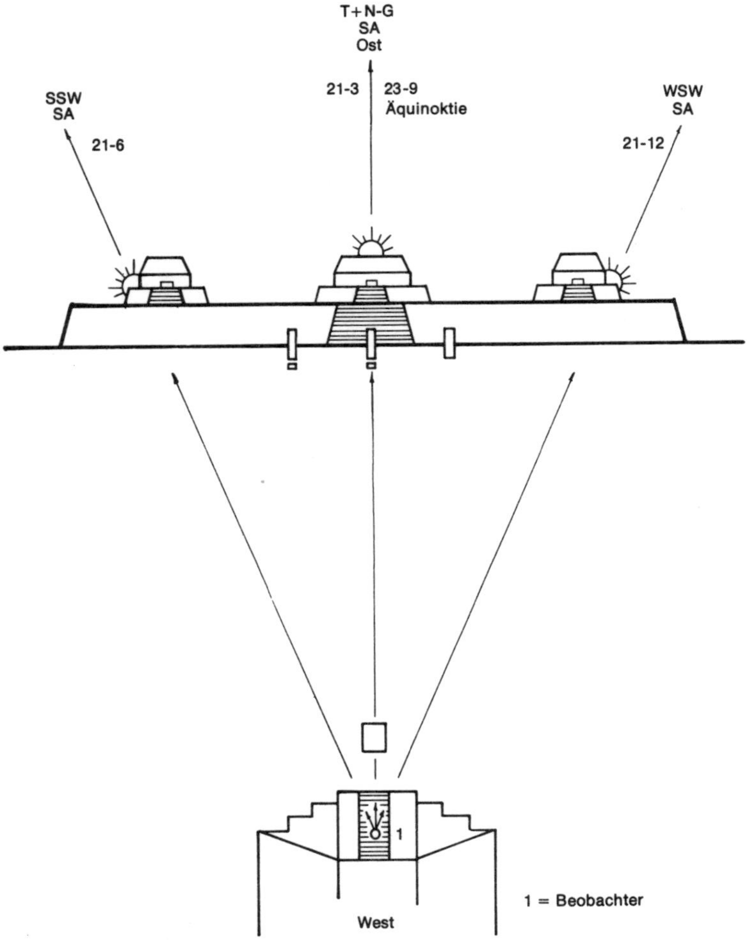

Abb. 6: Zeichnerische Darstellung des Sonnenobservatoriums der Mayas in Uaxactun in Guatemala. Die erst 1916 entdeckte und entzifferte Anlage entstand zwischen 300 vor und 150 nach Christus. Das Kalenderbauwerk gab Auskunft über entscheidende astronomische Daten im Laufe eines Jahres: Von der einer Pyramide vorgelagerten Treppe aus (im Bild unten) konnte der Beobachter am Tag der Sommersonnenwende die Sonne genau über der Nordostecke (links oben) eines der drei Tempel aus dem Dunkel steigen sehen, die im Osten der Pyramide in Nord-Süd-Richtung standen. Am Tag der Wintersonnenwende ging die Sonne entsprechend über der Südostecke des südlich gelegenen Tempels auf (rechts oben). An den beiden Tagen der Äquinoktien, den Tagundnachtgleichen im März und September (Frühlings- und Herbstanfang), konnte der Betrachter die Sonne über der Mitte des mittleren Tempels aufgehen sehen. Der Mitteltempel bot außerdem noch zwei weitere Aussagen zu bestimmten Tagen des Jahres: Am 6. April und 6. September ging die Sonne über der Nordecke, am 3. März und 10. Oktober über der Südecke auf. Der Standpunkt des Beobachters lag dabei stets etwas oberhalb der Erdoberfläche, eben auf der Pyramidentreppe.

daß ein Betrachter von dem im Westen gelegenen Tempel mit seiner Treppe aus die Sonne über den gegenüberliegenden Anlagen an ganz bestimmten Tagen aufgehen sieht: Zur Sommersonnenwende, am 21. Juni, stieg die Sonne über der Nordecke des nordöstlich gelegenen Tempels aus dem Dunkel. Am Tage der Wintersonnenwende, im Dezember, ging die Sonne entsprechend über der Südecke des südöstlich gelegenen Tempels auf. Über dem in der Mitte zwischen diesen beiden Anlagen gelegenen Tempel sah der Betrachter die Sonne an den beiden Tagen der Äquinoktien emporsteigen.
Der Mitteltempel gab zudem noch zwei weitere Daten ziemlich exakt an: Am 6. April und 6. September ging die Sonne über der Nordecke, am 3. März und 10. Oktober über der Südecke auf. Kurz: Acht Tage des Jahres waren durch das Sonnenobservatorium der Mayas in Guatemala fixiert und ablesbar. Darüber hinaus ist zu vermuten, daß die Erbauer auch die Tage zwischen diesen Extrempunkten der Sonne recht genau angeben konnten. Auf den bereits erwähnten Stelen angegebene Daten lassen den Schluß zu, daß besonders das Datum im April, zu Beginn der Trockenzeit und damit des Ackerbaujahres, eine besondere, auch kultische Bedeutung hatte. Was Wunder, waren doch auch die Mayas darauf angewiesen, vom Ernteertrag zu leben. Daher war es mehr als wichtig, den fruchtbaren Teil des Jahres von der Aussaat bis zur Ernte einzugrenzen und zu kennen. Uaxactun gab die Antworten darauf.
Steine, ohne auf den ersten Blick erkennbare Funktion in die Landschaft geworfen, sind im ganzen westlichen Europa verstreut. Gleichwohl steht heute fest, daß sie – die Hünengräber, Menhire und Dolmen – zweifelsfrei auch astronomische Bedeutung hatten. Sie stammen meist vom Ausgang des Neolithikums um 1800 v. Chr., als die Bronzezeit einsetzte. Es war die Zeit, als die europäischen Völker von der Jagd zum Ackerbau übergingen. Das hieß zugleich, die Erde zu bearbeiten und von ihren Früchten zu leben, und das wiederum erforderte Kenntnisse vom Lauf der Jahreszeiten – wie bei den Mayas.
Rund 1000 Jahre jünger als das neolithische Stonehenge in England gibt Persepolis nahe Schiraz im Iran immer noch viele Rätsel auf. So ist eine der grundsätzlichen Fragen, weshalb Darius I., der Begründer des persischen Reiches, bereits kurz nach seinem Amtsantritt seinen Frühlingssitz in ebenjenes Persepolis verlegte. Nirgends gibt es schriftliche Zeugnisse, die etwa wirtschaftliche oder politische Gründe dafür angeben.

Sicher ist, daß Persepolis nach einem durchgehenden und einheitlichen Plan errichtet wurde. Sicher ist auch – Ornamente weisen darauf hin –, daß kultisch-zeremonielle Gründe für den Bau des Palastes wichtig waren. Doch die eigentliche Funktion blieb ungeklärt. Es sei denn – und einiges spricht dafür –, daß Persepolis die Aufgabe hatte, Auskünfte über die Jahreszeiten zu geben, etwa über den Tag des Frühlingsanfangs – es war einst zugleich der persische Neujahrstag.

Der volkstümliche Name Tachte Dschemschid, zu deutsch »Thron des Königs Dschemschid«, könnte einen ersten Hinweis darauf geben. Diese mythische Königsfigur legte nach der Sage den Neujahrstag der Perser zum Sommeranfang, am 21. Juni, dem Tag des nördlichsten Sonnenstandes, fest. Noch Al-Beruni, ein berühmter persischer Gelehrter, schrieb im 11. Jahrhundert n. Chr., daß die frühen Perser am Tag der Sommersonnenwende den Beginn des neuen Jahres feierten.

Die schachbrettartige Anlage von Persepolis macht eine Untersuchung leicht: Nur eine Richtungslage kommt für die Bestimmung der Sonnenwende in Frage, die in nordöstlicher Richtung: ex oriente lux. Sonne und Säulen bringen es im wahrsten Sinne an den morgendlichen Tag: Zur Sommersonnenwende fällt der Schatten der Säulen ineinander. Bis auf die erste Säulenreihe am östlichen Rand stehen alle anderen Säulen im Schatten der jeweils vor ihnen stehenden.

Interessant ist in diesem Zusammenhang, daß wegen einer in Richtung der aufgehenden Sonne liegenden Bergkette nur ein Teil des Palastes mit seinen Säulenformationen wirklich zu der Zeit von den Strahlen getroffen wird, zu der sich die Sonne über dem mathematischen Horizont erhebt. Interessant deswegen,weil dieser Bereich eigentlich ein unauffälliges Dasein fristet und gleichwohl als »Thron- oder Zentralhalle« bezeichnet wird. Die astronomische Bedeutung könnte die Funktion dieser Thronhalle klären: Schließlich war nur von hier aus eine exakte Datierung des Neujahrstages, des Sommersonnenwendtages, möglich. Die astronomische Bedeutung von Persepolis ist nicht hoch genug einzuschätzen. Daß es auch noch andere Gründe für die Erbauung des Palastes gegeben haben mag, bleibt unbestritten, wenn auch diese Gründe noch weniger geklärt sind.

Dem aufmerksamen Betrachter einer Weltkarte muß auffallen, daß ein anderes Bauwerk, das ohne Zweifel ebenfalls astronomische Funktion hatte, auf der fast gleichen Höhe, nämlich knapp unter dem 30. nördlichen Breitengrad, liegt: Es ist die Cheops-Pyramide, rund 2000 Jahre älter als die Palastanlage des persischen Königs nahe Schiraz. Vielleicht liegt hier einer der Gründe für den Neubau des ersten persischen Herrschers?

Wie alle Pyramiden ist auch die des Königs Cheops, 146,7 m hoch und damit die größte ihrer Art und als eins der sechs Weltwunder verehrt, mit ihren vier Seitenflächen auf die vier Haupthimmelsrichtungen hin orientiert. Dabei liegt, wie stets, der Zugang zur Grabkammer an der Nordseite. Vor über 4000 Jahren, zur Zeit ihrer Erbauung, war der Eingang in der Mitte dieser Nordseite genau auf die Polachse ausgerichtet. Der Weg in die Grabkammer weist vom Eingang aus nach Süden, zur Mittagssonne, hin.

Nimmt man die Ausrichtung der Pyramidenkanten als den Hinweis auf vier weitere feste Himmelsrichtungen hinzu, so sind in diesem ägyptischen Superbauwerk insgesamt acht Himmelsrichtungen fixiert. In dieser Beziehung mag man eine verblüffende Übereinstimmung mit dem Aachener Oktogon sehen. Es gibt freilich noch eine wesentlich interessantere Parallele zwischen Giseh und Aachen: Die Höhe des Eingangs zur Cheops-Pyramide in der Nordwand – auf die Basis bezogen – entspricht dem Maß des Durchmessers des karolingischen Oktogons.

Erwähnenswert ist in diesem Zusammenhang sicher noch die große Bewunderung beider Bauwerke durch Napoleon. Auf seinem Ägypten-Feldzug bat er sich beim Besuch des Weltwunders aus, in der Königskammer, dem zentralen Punkt des Bauwerks, meditierend allein gelassen zu werden. Bei einem Besuch des Aachener Oktogons zeigte sich der Korse – der sich in den Fußstapfen Karls d. Gr. als Erneuerer Europas sah – so beeindruckt, daß er den Wunsch äußerte, auf Karls Königsthron gekrönt zu werden. Ein ver-
T 67 schollenes Gemälde zeigt Napoleon beim Betreten des Throns. Der Schat-
S. 224 tenwurf auf diesem Bild gibt den Winkel an, der beim Sonneneinfall am Tag der Sommersonnenwende entsteht. Ob dieser astronomische Aspekt dem unbekannten Künstler aufgefallen ist? Eine Krönung Napoleons in Aachen fand freilich nie statt, sein »karolingisches Reich« blieb Utopie.

Inmitten einer hügeligen Landschaft, dem ersten Anschein nach unbedeutend und mehr zufällig als bewußt geplant, und dennoch von faszinierender Ausstrahlung: So bieten sich die Steine von Stonehenge in den südenglischen
T 52 Salisbury Plains dem Betrachter dar. Diese Anhäufung von Steinen, zu ei-
S. 206/7 nem großen Teil wieder restauriert, wiederaufgerichtet, ist vielleicht das älteste Zeugnis eines Kalenderbauwerkes in Europa, das wir kennen. Zugleich

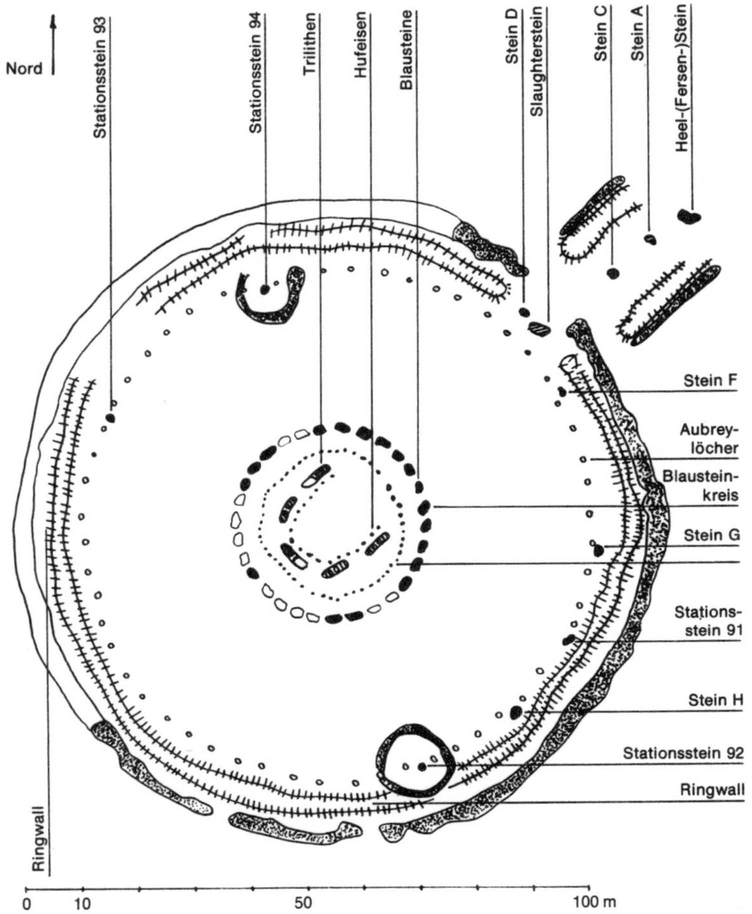

Abb. 7: Ein Gesamtplan des wohl berühmtesten und zugleich ältesten Kalenderbauwerks der Welt nahe der südenglischen Stadt Salisbury. Errichtet in drei Bauetappen zwischen 2300 und 1600 v. Chr., erhielt die Anlage zu Beginn der Bronzezeit das Tüpfelchen auf dem i durch den Bau des Sarsen-Kreises und durch das Hufeisen der Trilithen (Dreistein). Vom Mittelpunkt der Gesamtanlage aus gesehen, dem Heel-Stone (Fersenstein) als Visurstein, konnten die Priester den Tag der Sommersonnenwende genau bestimmen: Nur an diesem Tag erhebt sich die Sonne über dem Heel-Stone über den Horizont zur Zeit ihres Aufgangs. Diese »Stonehenge-Linie« ist die wohl wichtigste Linie des sehr exakt arbeitenden Kalenderbauwerks. Das Hufeisen der Trilithen ist ebenfalls auf diesen Visurstein ausgerichtet. Doch bereits die Steinzeitastronomen konnten mit ihren Stationssteinen die wichtigsten Tage des Jahres sehr gut bestimmen (nach Atkinson).

ist Stonehenge ein klassisches Beispiel für die Orientierung des Kalenderbaus auf einen bestimmten Tag im Jahr. Dieser Tag ist für das ursprünglich steinzeitliche Stonehenge der Tag der Sommersonnenwende, an dem die nach Nordosten – vom Mittelpunkt der kreisförmigen Anlage über den
T 51 Heel-Stein – verlaufende wichtigste Linie auf den Punkt zeigt, über dem am
S. 205 21. Juni die Sonne aufgeht. Man könnte diese Linie auch Stonehenge-Linie nennen.

»Stonehenge decoded«, das 1965 erschienene grundlegende Werk des Amerikaners Hawkins, lüftet den Schleier des Geheimnisses etwas, der bis dahin über diesem phantastischen Bau ausgebreitet war. Zwar wurde bereits 1740 darauf hingewiesen, daß die bereits erwähnte Stonehenge-Linie am Tag der Sommersonnenwende auf den Sonnenaufgangspunkt hin verläuft. Die entscheidende Erkenntnis über die Funktion des bis dahin im mythischen Dunkel angesiedelten Baus bietet jedoch erst Hawkins.

Vor Hawkins – die Erkenntnis von 1740 war längst wieder aus dem allgemeinen Bewußtsein geschwunden – machten die ersten Untersuchungen und deren Ergebnisse in der Öffentlichkeit Furore, die 1906 der englische Astrophysiker Norman Lockyer vorlegte: »Die Linie vom Mittelpunkt M, der auf der Achse des aus fünf Trilithen (Dreistein) bestehenden Hufeisens liegt, weist genau auf den Horizontpunkt, wo am Tage der Sommersonnenwende die Sonne sich mit dem oberen Rand erhebt.«

Hawkins' genauen Untersuchungen mit dem Ergebnis, daß Stonehenge eine genau durchdachte astronomische Großanlage ist, gingen umfangreiche archäologische Ausgrabungen in den Jahren 1963 bis 1965 voraus. Danach war nicht nur eine genaue Datierung möglich; möglich war nun auch, einen exakten Vermessungsplan zu zeichnen. Mit diesem Material und weiteren umfangreichen Untersuchungen kam Hawkins zu den erstaunlichsten Aussagen. Das Observatorium Stonehenge entstand nach Ansicht der Vorgeschichtler in drei Bauperioden, die insgesamt drei Jahrhunderte zwischen 1900 und 1600 v. Chr. dauerten. Mit Stonehenge I wird die erste Bauperiode gekennzeichnet, in der Steinzeitmenschen vom Kontinent ihre astronomischen Kenntnisse mitbrachten. Die Glockenbecherleute, die anschließend England infiltrierten und Stonehenge in Besitz nahmen, erweiterten die erste Anlage, die aus dem äußeren Kreis, dem Aubrey-Kreis, mit seinen 56 Löchern und 88 m Durchmesser besteht und nach Nordosten geöffnet ist, um den Ring der Blue Stones rund um den Mittelpunkt M. Das war etwa 1750

v. Chr. Stonehenge III entstand schließlich um 1600 v. Chr., als die Bronze- T 50a zeit in England Einzug hielt. Diese letzte Bauphase – gebaut wurde stets von S. 204 außen nach innen – erbrachte den mächtigen inneren Abschluß mit den fünf T 50b Trilithen und dem Sarsen-Kreis, eine Rundanlage aus 30 Steinblöcken. S. 204/5

Hawkins' verblüffendes Ergebnis: Die Stonehenge-Erbauer fragten nicht T 49 nur nach den Daten der Sommer- und Wintersonnenwende, sie waren auch S. 203 in der Lage, Sonnen- und Mondfinsternisse ziemlich genau vorauszusagen. Heute sind zu deren Berechnung gründliche Kenntnisse physikalischer Gesetze und komplizierte Rechenverfahren notwendig. Um so verblüffender sind die Anlagen der Steinzeitmenschen, die auf der Basis vorausgegangener genauer Beobachtungen entstanden sein müssen. Sicher, unsere steinzeitlichen Vorfahren waren nicht in der Lage, Finsternisse auf die Sekunde vorherzusagen, aber darauf kam es ihnen vielleicht auch gar nicht an. Sie wollten die Natur verstehen und Ordnung ins Chaos bringen, indem sie eine ungefähre Vorhersage dieser nicht alltäglichen Begebenheiten anstrebten.

Daß die Anlage von Stonehenge I die astronomisch bedeutsamste ist, mag A 8 überraschen. Doch diese Behauptung wird dadurch abgestützt, daß sich die S. 72 späteren Bauphasen, auch wenn sie noch exaktere Angaben ermöglichten, dieser Vorgabe reibungslos einfügten. Stonehenge I gab Auskünfte über die Jahreszeiten und Sonnenstände genauso wie über Auf- und Untergänge des Mondes, es diente seinen Schöpfern als Sonnen- und Mondkalender.

Charakteristisch für die älteste Bauphase in Stonehenge sind die Stationssteine (91 bis 94), deren Lage zueinander, zum Mittelpunkt M der Anlage und zum Heel-Stein von besonderer Bedeutung ist. Auf der von den Aubrey-Löchern gebildeten Kreislinie befinden sich zwei Steine (91 und 93) von geringer Höhe. Sie bilden die Enden einer Linie, die genau durch den Mittelpunkt des ganzen Monuments verläuft. Außerdem liegen auf der gleichen Kreislinie zwei kleine Erhebungen (92 und 94), deren Verbindungslinie ebenfalls exakt durch den Mittelpunkt M verläuft. Die Außenverbindung dieser vier Stationspunkte läßt ein Rechteck entstehen, dessen geometrischer Mittelpunkt die Mitte der Gesamtanlage ist. Wichtig sind in diesem Zusammenhang noch die Steine G und H, die auf dem südöstlichen Kreis der Aubrey-Löcher liegen.

Das Verwirrspiel der Linien ist einfacher aufzulösen, als eine Zeichnung vermuten läßt: Die Verbindungslinien zwischen den Steinen 93 und 94 und zwischen den Stationen 92 und 91, die zugleich Parallelen zur Stonehenge-

Linie darstellen, weisen jeweils auf die Sonnenaufgangs- und -untergangspunkte am Tag der Sommersonnenwende hin. Den Einfall der Sonnenstrahlen am Abend der Wintersonnenwende zeigen die Verbindungslinien zwischen den Punkten 94–93, ebenfalls die zwischen 91–92. Sie laufen parallel zueinander.
Damit waren die Steinzeitastronomen in der Lage, die wichtigsten Tage des Jahres zu bestimmen. Daß sie zudem fähig waren, Zwischenwerte zu ermitteln, mit Hilfe anderer Linien das Jahr differenzierter einzuteilen, kann als sicher gelten.
Doch nicht nur der Sonne hatten sie so ihre Geheimnisse abgerungen, auch dem Mond waren sie auf seine Rätsel gekommen und hatten seine Bahnen in Stein gemeißelt. Auch dazu benutzten die europäischen Urastronomen die bereits erwähnten Positionspunkte und -steine.
Wie sich die Auf- und Untergangspunkte der Sonne – von der Erde aus betrachtet – Tag für Tag verschieben, so ändern sich auch die entsprechenden Punkte für den Trabanten der Erde, den Mond. Im Unterschied zur scheinbaren Sonnenbahn erreichen diese Punkte, und zwar in einem rund 19jährigen Zyklus, allerdings wesentlich größere Extreme. Manchmal folgt der Mond der Sonnenbahn, doch innerhalb dieses genau 18,6jährigen Mondzyklus geht er, etwa um die Zeit der Sommersonnenwende, wesentlich weiter südlich oder nördlich der Sonne auf und entsprechend unter. In exakten Zahlen: Im 18,6jährigen Wechsel geht der Mond im Extremfall einmal um 5,15° nördlich der Sonne auf (und unter), ein andermal (9,3 Jahre später) um den gleichen Winkel südlich des Sonnenaufgangspunktes. Der Mond hat also vier Extremwerte, sprich von der Äquatorlinie abweichende Auf- und Untergangspositionen: nördlich und südlich von dieser Linie je einmal 29° und 19°. Das sind die abgerundeten Werte, die entstehen, wenn die Einfallswinkel der Sonne von rund 24° um die erwähnten rund 5° vergrößert oder verringert werden. Alle diese Werte sind ablesbar in Stonehenge: Die 19°-Abweichungen von der Äquatorlinie weisen die Verbindungslinien 91–93 und M–F auf, die Linien 91–94 und M–D geben die Abweichungen von 29° an.
Ist schon dieses astronomische Kunstgebilde der Bewunderung wert, so verdient erst recht das Ergebnis der dritten Bauperiode große Aufmerksamkeit. Nicht zuletzt auch deswegen, weil sich das kurz »Hufeisen« genannte Gebilde, immerhin 300 Jahre später errichtet, so nahtlos in die vorhandene Anlage einpaßt. Ehemals war der Sarsen-Kreis, der das Hufeisen der Trilithen kreis-

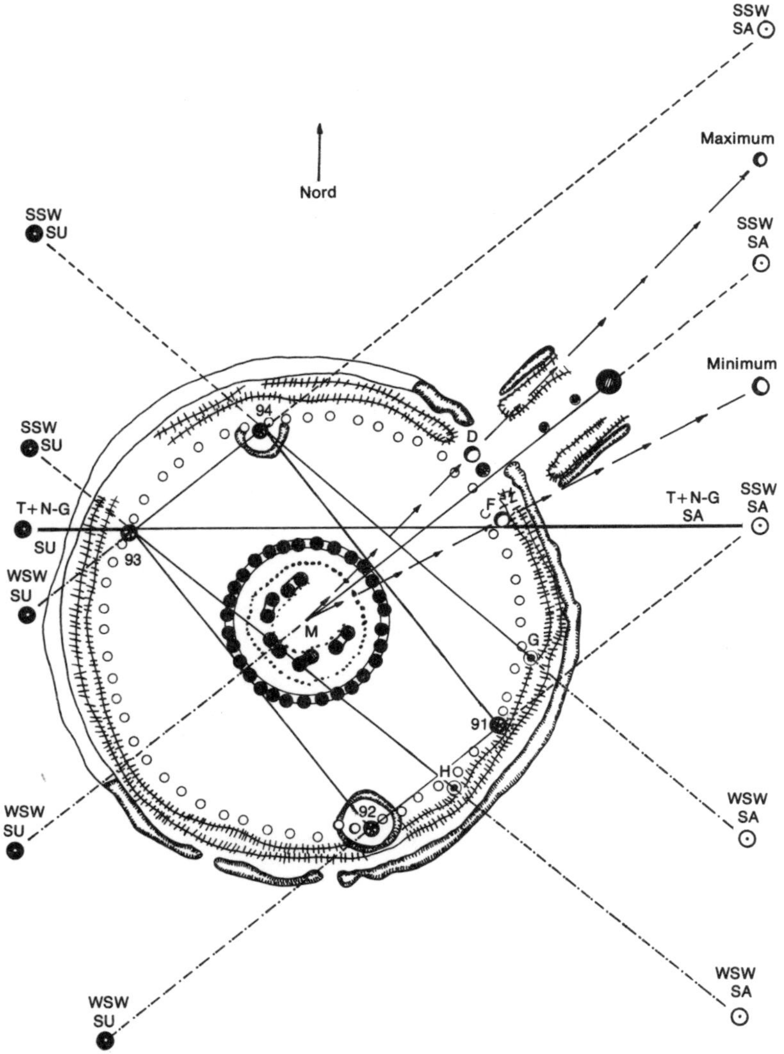

Abb. 8: Die schematische Zeichnung des Planes von Stonehenge nach Prof. Hawkins ergibt eine erstaunliche Präzision, mit der bereits die Menschen der Steinzeit den Jahresablauf kannten. Die Linie von M über den Heel-Stone (Fersenstein) hinaus kennzeichnet die Sonnenaufgangslinie am Tag der Sommersonnenwende (SSW). Die gleiche Auskunft geben die beiden Linien zwischen den über fast 400 Jahre älteren Stationssteinen 93 und 94 und zwischen 92 und 91. Extremwerte des Aufgangs des Mondes und seines Untergangs sind die Verbindungslinien 91–93 und M–F (19°-Abweichungen) und die Linien 91–94 und M–D (29°-Abweichungen) und ihren Verlängerungen fixiert. Den Einfall der Sonnenstrahlen am Morgen der Wintersonnenwende (WSW) kennzeichnen die Verbindungslinien zwischen den Punkten 93 und H, ebenfalls die zwischen 94 und G. Entgegengesetzt dieser Linie verläuft die Linie des Sonnenuntergangs zur Sommersonnenwende (SSW). Der Strahl von Stein 93 unterhalb F ist der Sonnenaufgang und umgekehrt F–93 der Sonnenuntergang bei Tagundnachtgleichen (T + N-G). (Um der besseren Übersichtlichkeit willen sind nicht alle aufgeführten Verbindungslinien eingezeichnet.)

förmig umschließt, aus 30 Steinen gebildet, von denen nur noch 16 an ihrem Platz stehen. Zehn von ihnen sind wiederum durch jeweils fünf horizontale Verbindungssteine miteinander in Beziehung gesetzt. Diese Blöcke sind bogenförmig gearbeitet, so daß sich aus der Vogelperspektive früher ein geschlossener Kreis aus Felsblöcken darbot. Reverenz an einen Sonnengott, der sich in dieser vollkommenen Kreisfigur repräsentiert sah? Sarsen-Kreis und die fünf Trilithen sind zweifellos die beeindruckendsten optischen Zeugnisse dieses astronomischen Computers der Steinzeit. Das Hufeisen, von diesen Trilithen gebildet, ist in die Richtung des Heel-Steins geöffnet, seine Achse weist auf diesen wichtigen Stein hin. Damit ist auch zugleich die Bedeutung der Ausrichtung des gesamten Werks auf den Punkt hin betont, über dem sich zur Sommersonnenwende die Morgensonne erhebt.

T 53
S. 208
Die neue Kombination, das Zusammenspiel von Sarsen-Kreis mit den Trilithen, gab auch neue Möglichkeiten an die Hand, vom inneren Bereich durch die Trilithen-Öffnungen und die Tore der Sarsen hindurch Sonne und Mond zu beobachten. Dabei ergaben sich verschiedenste Blickrichtungen, die Auskunft über die Jahreszeiten und Monate und vielleicht noch exaktere Daten herzugeben vermochten.

Welche Bedeutung den astronomischen Beobachtungen beigemessen wurde, mag die Mühe zeigen, die unsere Vorfahren verwandten, ehe sie das Observatorium in Betrieb setzen konnten: Die Steine der fünf Trilithen, rund 4 m hoch und je etwa 50 t schwer, wurden aus einem Steinbruch herangeholt, der fast 230 km von Stonehenge entfernt liegt. Das mag auch ein Zeichen dafür sein, welche Bedeutung die Astronomen von 1600 v. Chr. den Vorgaben ihrer Kollegen 300 Jahre zuvor zumaßen. Ganz offensichtlich bauten sie auf vorhandenen Erkenntnissen auf und bezogen sie in ihre Arbeit ein.

Es führt zu weit, im Zusammenhang dieser Arbeit detailliert die Möglichkeiten darzulegen, etwa Mondfinsternisse vorauszusagen. Wichtig erscheint allerdings die Antwort auf die Frage, ob den Stonehengianern diese Fähigkeit gegeben war. Nach den bisherigen Erkenntnissen wäre es freilich verwunderlich, wenn die Astronomen von der Insel dieses Phänomen nicht beobachtet und nach Gesetzmäßigkeiten gefragt hätten.

Kehren wir noch einmal zurück zur alles beherrschenden Stonehenge-Linie, die vom Mittelpunkt M des Hufeisens und der gesamten Anlage über den Heel-Stein zu dem Punkt am Horizont verläuft, über dem zur Sommersonnenwende die Sonne ihr Haupt erhebt. Zu beiden Seiten dieser Linie markieren – wie bereits erwähnt – die zwei Steine D und F, ebenfalls von M aus zum Horizont hin verlängert, zwei auffallende Mondaufgangspunkte: die Extremstellungen, die er im Verlaufe von rund 19 Jahren erreicht. Alle knapp 19 Jahre wiederholt sich der Weg des Mondes, etwa alle neuneinhalb Jahre geht er also auf seinem Weg hin und her zwischen den Punkten D und F über dem Heel-Stein auf.

Die Begriffe »knapp« und »etwa« sind freilich in diesem Zusammenhang nicht nur ungenau, sondern führen in der Praxis auch zu falschen Ergebnissen. In Wirklichkeit – auf Stonehenge bezogen – gibt es die Folge 9–9–10–9–9–10 Jahre, in denen der Mond über dem Heel-Stein aufgeht. Verblüffend ist das rechnerische Ergebnis: 56 Jahre. Die 56 Aubrey-Löcher scheinen damit geklärt zu sein. Nach den Forschungsergebnissen von Hawkins bedienten sich die Stonehengianer eines solchen 56jährigen Zyklus, um Finsternisse vorherzusagen. Die Aubrey-Löcher waren dabei ein Zählwerk, das nur richtig angewendet werden mußte, um, wie mit dem Computer, zum richtigen Ergebnis zu kommen.

Wie relativ genau dieser steinzeitliche Computer arbeitete und immer noch zu arbeiten in der Lage ist, ergaben Nachrechnungen und Kontrollen auf modernen mathematisch-astronomischen Grundlagen. Bedient man sich der Stonehenge-Anlage und ihrer Möglichkeiten, Sonnen- und Mondfinsternisse vorherzusagen, so muß man über das Ergebnis verblüfft sein: Vom 30. Juni 1954 bis zum Dezember des Jahres 2000 gab und wird es 18 solcher Finsternisse geben. Vier dieser Termine sind mit dem Stonehenge-Computer genau zu datieren. Die maximale Abweichung der übrigen Finsternisse von den tatsächlichen Daten beträgt 25 Tage. Im Mittel liegen Stonehenge-Vorhersage und wirklich eintreffende Finsternis nur elf Tage auseinander. Bedenkt man die naturbedingte Grobeinteilung der Anlage, so ist diese relative Genauigkeit geradezu sensationell. Geht man zudem von der Annahme aus, daß es den Astronomen und Menschen der Steinzeit vor allem darum zu tun war, sich durch ein ungefähres Wissen auf die drohende »Gefahr« dieser Naturphänomene seelisch einzustellen, so sind die Abweichungen von geringer Bedeutung.

Die Menschen der Steinzeit hatten den Anfang gemacht, hatten den Himmel auf Erden nachgebildet, seine Bewegung in Stein gehauen. Die Menschen der Glockenbecherkultur griffen diese Kenntnisse auf, entwickelten sie weiter und kamen – im doppelten Wortsinn – in Stonehenge zum Kern der Sache. Sie verfeinerten, was in groben Zügen bereits bekannt war.

Die Glockenbecherleute waren vom Kontinent auf die Insel gekommen, aber bereits vor ihrem Weg über den Kanal hatten sie Zeugnisse ihrer Kultur und ihres Wissens in Stein hinterlassen. Denn ob in der Eifel, im Rheintal oder im Aachener Raum: Viele Hügelgräber lassen vermuten, daß sie bereits vor ihrem Übersetzen auf die Insel astronomische Kenntnisse besaßen. Die Verehrung der Sonne jedenfalls war ein Kernpunkt ihres kultischen Daseins.

Doch nicht nur die Glockenbecherleute lenkten meinen Blick auf den Kontinent und auf Aachen zurück. Denn was mir bereits beim Blick auf Persepolis und die Cheops-Pyramide aufgefallen war, brachte mich auch jetzt zum Nachdenken: Liegen die beiden Kalenderbauten in Asien und Nordafrika auf fast dem gleichen Breitengrad, so ist dasselbe auch für die beiden europäischen Punkte Aachen und Stonehenge der Fall. Stonehenge liegt 0,12° über, Aachen 0,16° unter dem 51. Breitengrad. Anders ausgedrückt: Beide Orte liegen nur rund 45 km voneinander »entfernt« und weisen damit fast die gleichen astronomisch relevanten Daten auf. Aachen liegt 5652 km und Stonehenge 5697 km nördlich des Äquators.

So machte ich mich daran, Vergleiche zu ziehen, Maßverhältnisse zu untersuchen und Stonehenge mit Aachen in eine Beziehung zu bringen. Daß die Höhe der Trilithen mit rund 4 m der Länge der »Aachener Säule« entspricht, sei vorweg nur erwähnt. Zugleich interessierte mich freilich die Frage, in welchem Maße sich die nur minimal unterschiedliche Lage der beiden Orte auf dem Breitengrad auswirken würde, versetzte man die Trilithen nach Aachen: Die Länge des Schattens unterschiede sich am Tag der Wintersonnenwende um 39 cm, an den Tagundnachtgleichen um nur 7 cm, zur Sommersonnenwende gar nur um 3,5 cm. Diese Werte zeigen, wie geringfügig astronomische Werte in Stonehenge und Aachen voneinander abweichen. Festzustellen ist zudem auch, daß die Höhe des Aachener Gnomons das Fünffache der Höhe der Trilithen und der Sarsen-Steine ausmacht. Kurz: Der Aachener Kalender ist gegenüber Stonehenge um ein Vielfaches verfeinert.

Ob es noch andere, aufschlußreichere Verbindungsmöglichkeiten zwischen dem Steinzeitmonument auf der Insel und dem karolingischen Kunstwerk in Aachen gab? Eine Frage, die vielleicht zunächst abwegig erscheinen mochte,

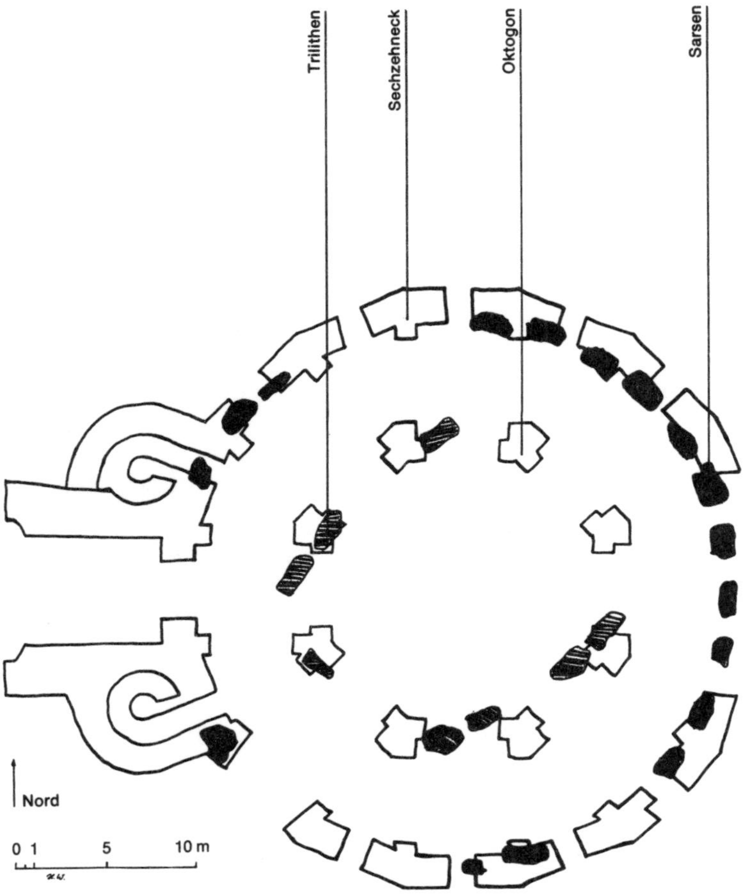

Abb. 9: Verblüffendes Ergebnis von Planspielereien: Der Sarsen-Kreis und das Hufeisen der Trilithen passen maßstabgerecht in die beiden »Kreise« der Pfalzkapelle: Der Durchmesser des Sarsen-Kreises entspricht dem des 16ecks, der der Trilithen dem des Kernbaus, dem Achteck. Die Stonehenge-Relikte sind schraffiert in den Grundrißplan des karolingischen Baus eingezeichnet.

erhielt unversehens eine verblüffende Antwort. Ausgangspunkt dafür war ein maßstabgerechter Planvergleich: Die beiden Steinsetzungen der Trilithen und der Sarsen sind mit dem Aachener Dom deckungsgleich! Genauer: Der Durchmesser des von 30 Steinen gebildeten Sarsen-Kreises entspricht dem Durchmesser des Sechzehnecks, der des Trilithen-Hufeisens genauso exakt dem des Achtecks. Die beiden Pläne sind nahezu austauschbar.
Die Schlußfolgerung? Ganz offensichtlich sind in den Aachener Dom aus den Jahren um 800 n. Chr. Maße und Proportionen eingeflossen, die bereits

Abb. 10: Stonehenge mit Sarsen-Kreis und Trilithen-Hufeisen in einem Aufschnitt auf die Nord-Süd-Achse des Aachener Domes gesetzt: Die (insgesamt 30) Steine der Sarsen (schwarz) umgeben das 16eck, die Trilithen (schraffiert) entsprechen dem Kreis des Oktogons. Die Zeichnung gibt zugleich eine Anschauung über das Größenverhältnis in der Höhe zwischen Aachen und Stonehenge.

fast 2500 Jahre zuvor auf dem gleichen Breitengrad erfunden, sprich: gesetzt worden waren. Waren die Glockenbecherleute wieder zurückgekehrt? In Gestalt der angelsächsischen Berater Karls des Großen? War es Zufall, daß maßgebende Berater an Karls Hof von der Insel kamen? Ist nicht vielmehr zu vermuten, daß sich vorzeitliches Wissen in seiner Substanz erhalten hatte und in neuer Form mit neuen Erkenntnissen in Aachen erneut Stein geworden war? Die Behauptung soll gewagt werden: Mit den Kelten war astronomisches Wissen nach Aachen zurückgekehrt.
Da die gleichen Maßverhältnisse in Stonehenge und Aachen kaum Zufall sein können, müssen die Karolinger zu Karls Zeiten auch den Maß-Stab der Alten gekannt haben. Und das war die Megalith-Elle mit ihren 82,9 cm, die an vielen Megalith-Bauten immer wieder auftaucht und heute als Maßeinheit der Steinzeitmenschen gilt.

Als ich von der Kenntnis dieser Maßeinheit in Aachen ausging, vermutete ich
ihr Vorhandensein auch außerhalb des Doms (1), im Umfeld des Oktogons.
Es dauerte auch nicht lange, bis dieser Nachweis geführt schien: Ich stellte
fest, daß die Entfernung von dem Büchelthermenbezirk (8), der ehemals
dem Keltengott Grannus geweihten Quelle, bis zur Kirche St. Salvator (6), A 29
die auf altem, keltisch geweihtem Grund steht, genau 1234 Megalith-Ellen S. 123
(1023 m) entspricht. Das Ergebnis zeigt eine für die Antike magische Zahl:
Die Quersumme beträgt 10, die Addition der Quadratur der einzelnen Zahlen 30. Diese 30 ist ihrerseits wieder die Durchschnittslänge eines Monats an Tagen, entspricht fast genau dem synodischen (von der Erde aus gesehenen) Umlauf des Mondes. Daß die Anzahl der Sarsen-Steine ebenfalls 30 beträgt, sei noch einmal in Erinnerung gerufen.

Das Spiel mit der Zahl 1234 auf dem Taschenrechner führte zudem zu einem weiteren bemerkenswerten Ergebnis. Ausgehend von der Voraussetzung, daß diese Zahl vielleicht einen trigonometrischen Wert enthält, fragte ich den Rechner nach dem Arkus Tangens von 1,234. Sein Wert: 50,976, also fast 51. Aachen und Stonehenge liegen auf dem 51. Breitengrad!

Karls Tod sei durch eine Anhäufung von Sonnen- und Mondfinsternissen angekündigt worden, schreibt Einhard in seiner »Vita Caroli«. Karl selbst beauftragte einen irischen Astronomen, eine totale Sonnenfinsternis zu beschreiben, die – wie wir heute exakt wissen – am 30. November 810 um 12.36 Uhr zu beobachten war. Es ist zu vermuten, daß man beschrieb, wovon man im voraus wußte, und die Ergebnisse meiner bisherigen Beobachtungen legen den Schluß nahe, daß das Kalenderbauwerk Aachener Oktogon für eine solche Vorhersage genausogut, wahrscheinlich besser geeignet war als sein »Vorbild« Stonehenge.

Eine astronomische Führung durch den Aachener Dom

»Darum erbaute er auch das herrliche Gotteshaus zu Aachen und schmückte es mit Gold und Silber und mit Kerzen und mit ehernen Gittern und Türen«, rühmt Einhard Karls »Ehrfurcht und fromme Liebe« vor »der christlichen Religion«. Ich hatte mittlerweile meine Zweifel an dieser »frommen Liebe« zur »christlichen Religion«. Er hatte vielerlei Liebschaften, dieser Begründer des christlichen Abendlandes. Eine seiner größten war mit Sicherheit die Astronomie, mit der die Liebe zu heidnisch-vorchristlichen Mythen einherging. Denn: War da nicht der Persephone-Sarkophag? Und was bedeutete dem Christen Karl die bronzene Bärin am Eingang des Doms, welche Bedeutung maßen er und seine Zeit dem riesigen Pinienzapfen gegenüber der Bärin zu? Und die Hinweise auf vorchristliche Kulte auf dem Weihwasserkesselchen? Sind das alles Zufälle, erklärbar mit einer nostalgischen Liebe zur Urzeit? – Bei einem Mann wie Karl, der fremden Stämmen das Christentum mit dem Schwert einbleute, ist das kaum zu vermuten.
In diesem Bau hatte ich bereits zu viele Überraschungen erlebt, meine Skepsis hatte sich vertieft, mein Blick geschärft für neue Überraschungen. Ich war kaum mehr bereit, fraglos durch dieses faszinierende Achteck zu gehen, und klopfte schließlich alle Gegenstände daraufhin ab, ob sie in einem anderen Zusammenhang gesehen werden könnten als bisher.
So einzigartig der Aachener Dom in der Geschichte steht, so einzigartig sind auch die einzelnen Teile, die dieses Gesamtkunstwerk ausmachen. Dazu gehören ohne Zweifel die Arbeiten der Bronzegießer, die die Kirche »mit Gittern und Türen aus schwerem Erz geschmückt«. Außer der bereits erwähnten Bärin aus antik-römischer Zeit und dem Pinienzapfen sind 16 große Bronzearbeiten aus jener Zeit erhalten: Es sind die acht Brüstungsgitter auf der Empore der Pfalzkapelle und die acht Türflügel. Da ich wußte, daß es aus dem 8. und 9. Jahrhundert nichts Vergleichbares nördlich der Alpen gibt und die Herkunft der Meister bis heute nicht geklärt werden konnte, faszinierten mich die Arbeiten um so mehr. Mittlerweile wußte ich auch, daß sich Erzbi-

schof Williges von Mainz am Ende des 10. Jahrhunderts bei der Herstellung von Bronzetüren für seinen Dom darauf berufen hatte, es seien seit Karls Zeiten keine mehr gegossen worden.

Sicher ist: Der Fund des Brennofens und der Werkstatt im Jahre 1911 beweisen, daß die Bronzearbeiten tatsächlich in unmittelbarer Nähe des Domes hergestellt wurden. Eine einzigartige Leistung, betrachtet man allein die beiden je 40 Zentner schweren Flügel der meisterhaften »Wolfstüre«, T 15 S. 169 die Volk, Geistlichkeit und Kaiser den Weg ins Innere des Oktogons öffneten. Wolfstüre: Allein der Name deutet schon auf Mythisch-Archaisches hin, und die Sage, die sich um dieses Tor rankt, weist ebenfalls auf solche Quellen.

Drei Hauptdarsteller hat diese Sage: den Baumeister, den Teufel und einen Wolf aus den Aachener Wäldern. Die erste Seele, die nach Fertigstellung den Dom betreten würde, hatte ebendieser Baumeister dem Teufel versprochen. Doch wie so oft in der Geschichte wurde das Böse betrogen, betrogen durch den Witz und Einfallsreichtum des Menschen. Denn es war ein Aachener Wolf, der vor der andrängenden Menge in den Dom getrieben wurde, getrieben von jenem Baumeister. Voller Wut riß der karolingische Mephisto dem Wolf die Seele aus dem Leib, stürmte übertölpelt aus dem Dom und schlug zugleich mit Wucht die riesige Tür zu. Die Wucht war so groß, daß seitdem im unteren Drittel der Bronze ein Sprung vorhanden ist. Und daß selbst ein gefallener Engel überhastet und unüberlegt stürmte, zeigt sich noch heute im Türknauf des Eingangsportals: Ein Daumen blieb in dem Knauf stecken. Außerdem haben die Aachener den Lousberg diesem amoklaufenden Gottseibeiuns zu verdanken. Denn er entstand, als der Teufel voller Wut einen riesigen Sandsack an jener Stelle über Aachen entleerte.

Sage und Legende aus Aachen! Keine Legende freilich ist die herrliche Flügeltür mit ihren beiden Löwenkopfknäufen, die ihrerseits wieder von je einem Kranz von Akanthus-Blättern umgeben sind. Diese Akanthus-Blätter T 16 S. 170 machten mich ein weiteres Mal stutzig. Es war ihre Zahl, die mich zunächst ratlos machte. Ratlos deshalb, weil in der wissenschaftlichen Literatur meistens 24 angegeben werden. Doch selbst ohne Einsatz elektronischer Rechenkünste ist es deutlich sichtbar. Es sind lediglich je 23 stilisierte Blätter in den beiden Kreisen vorhanden. Zufall? Schludriges Zählen? Unkenntnis? Noch eine Frage!

Wenn man weiß, daß die »23« in der Astronomie einen festen Platz besitzt – und das wußte ich mittlerweile –, muß man stutzig werden. Es sind nämlich genau diese 23°, um die die Sonne über dem Äquator zur Sommersonnenwende nördlich klettert, und 23° sind es natürlich auch dann, wenn die Sonne zur Wintersonnenwende aufgeht.

Stellt man sich einmal die Äquatorlinie als Ideal-Linie vor – und in dieser Ost-West-»Ideal-Linie« betraten und betreten noch heute die Gläubigen den Aachener Dom –, dann scheint mir der folgende Gedankengang nicht ohne innere Logik: Die je 23 Akanthus-Blätter, bei geöffneter Tür nach Norden und Süden zeigend, symbolisieren den Lauf der Sonne von Norden nach Süden und von Süden nach Norden innerhalb eines Jahres. Die Sonne bringt an den Tag, was je 23 Akanthus-Blätter an Karls Kapelle nur andeuten.

Eine Roma Secunda, ein zweites Rom, sollte Aachen für Karl und das Abendland werden, und so war die Deutung jener spätantiken Bärin, die T 17 S. 171 Karl im Atrium seiner Kirche aufstellen ließ, zu seiner Zeit problemlos: Sie war als Wölfin das Sinnbild des weltlichen Rom, aus deren Zitzen einst Romulus und Remus jene Kraft saugten, um das antike Rom als zweites Troja auf den sieben Hügeln gründen zu können. Diese Wölfin-Bärin, die nach dem Eintritt durch die riesige Bronzetür den Weg des Besuchers ins Oktogon begleitet, scheint zu ebenjener Zeit nach Aachen gekommen zu sein, zu der die Bronzegießer ihre erwähnten großartigen Arbeiten lieferten. Doch was Tradition verbürgt, ist historisch exakt nicht bestimmbar. Zwar wird vermutet, daß die Bärin etwa 200 n. Chr. entstand, doch weder die Herkunft noch der Hersteller des lebensgroßen Werkes sind je ergründet worden.

Holte Karl diese zur Wölfin uminterpretierte Bärin wirklich nur als Symbol für die Roma Secunda nach Aachen? Warum soll es ihm nicht gelungen sein, eine wirkliche Wölfin gießen und aufstellen zu lassen? Ich stellte mir diese Fragen, die mir bei der Bedeutung des Keltentums zu Karls Zeiten nicht weit hergeholt schienen, und allein stehe ich mit diesen Fragen nicht: Einige Wissenschaftler deuten diese Bärin auch als das, als was ich sie sehe: als Votivtier der keltischen Gottheit Artio. Die keltische Artio verdankt ihren Beinamen »Bärengöttin« ebenjenem Tier, mit dem zusammen sie stets in Plastik und Kunst erscheint. Sie war für die Kelten das, was Diana für die Römer und Artemis für die Griechen war: Göttin der Jagd und der Fruchtbarkeit, und wie in der griechischen Mythologie Artemis Zwillingsschwester des Apollon, des Lichtgottes ist, so ist der keltische Apollo Grannus der Artio Bruder und wurde wie bei den Griechen und Römern an den Quellen verehrt.

Die bekannteste Plastik, eine Bronze aus der Gegend von Bern, zeigt die Artio mit einer Schale in der einen, mit Blumen und Früchten in der anderen Hand. Daß dieser keltische Kult auch in der Aachener Region gepflegt wurde, beweist eine dort erst vor zehn Jahren gefundene Plastik des keltischen Apollo, des Grannus. Außerdem gibt es in Bodendorf bei Trier einen Votivstein, der der Diana-Artio gewidmet ist. Die Vermutung liegt nahe, daß ein so leidenschaftlicher Jäger wie der große Karl ebenfalls eine Jagdgöttin, eben die Artio, nach Aachen holte.

Doch gibt es nicht noch eine weitere Erklärung für die Aachener Bärin? Mir kam stets ein Sternzeichen in den Sinn, das gerade für den Norden von eminenter Bedeutung war und ist, das des Großen Bären. Dieses im Norden nie untergehende Sternbild, das sich zirkumpolar um den nördlichen Himmelspol dreht, ist für den eingeweihten Astronomen und selbst für den interessierten Laien eine präzise Nachtuhr: A 11 S. 84 Unabhängig von der Jahreszeit, dreht sich der Große Bär entgegen dem Uhrzeigersinn stündlich um 15°. Zudem wird dieses Sternbild, das bei den Germanen als Wotanswagen bekannt war, auf alten Sternkarten Karlswagen genannt.

Die Wölfin, in Wirklichkeit eine Bärin, ist nicht so eindeutig interpretierbar, wie meistens behauptet wird. Unschwer läßt auch der Pinienzapfen im Atrium der Kirche Doppeldeutigkeiten zu. T 18 S. 172 Galt die Bärin stets als Sinnbild des weltlichen Rom, so galt der Pinienzapfen als Symbol des kirchlichen Rom. Denn wie in Aachen stand im Atrium von St. Peter in Rom ein – allerdings wesentlich größerer – Pinienzapfen als Symbol geistiger Fruchtbarkeit. Ein schönes Symbol zweifellos. Aber ist es in dieser Eindeutigkeit richtig? Wann dieses Bronzewerk entstanden ist, ist auch heute nicht exakt zu beantworten, und auch die Frage nach der Herkunft ist wie bei der Bärin völlig offen. Wie der Pinienzapfen von St. Peter spendete auch der Aachener Bronzeguß aus seinen Schuppen Wasser: Er war ein Brunnen.

Wichtig scheint mir der Hinweis auf die Bedeutung, die der Pinienzapfen im Mithras-Kult innehatte. Der ursprünglich persische Lichtgott Mithras eroberte sich rasch die griechische und später die römische Welt. Von dort aus hielt er seinen Siegeszug durch ganz Gallien und die Lande am Rhein, wo er besondere Verehrung erfuhr.

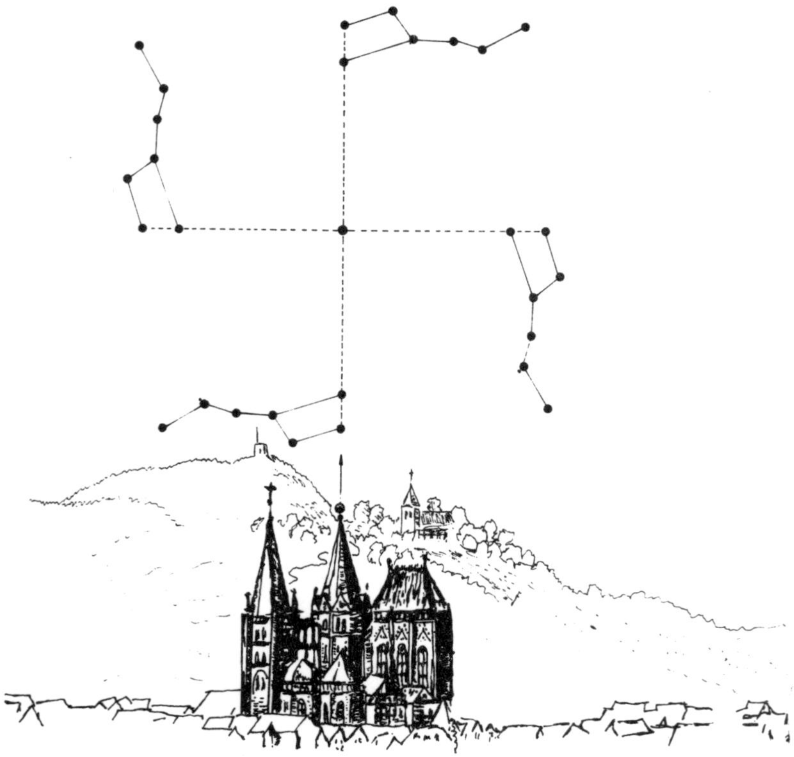

Abb. 11: Bewegung des Großen Bären, des Großen Wagens, um den Polarstern über dem Oktogon in Aachen. Die Germanen sprachen auch vom Wotanswagen; man findet das bekannteste Sternbild der nördlichen Hemisphäre in der Literatur auch als Karlswagen bezeichnet. Unabhängig von der Jahreszeit, dreht sich das Sternbild entgegen dem Uhrzeigersinn stündlich um 15° und kann damit als präzise Nachtuhr genutzt werden.

Mithras, arischer Lichtgott und Spender von Fruchtbarkeit, Frieden und Sieg, galt als Sonnengott. Seine Anhänger verstanden sich auch als Kämpfer
T 19 gegen das Böse. Für ihr Engagement erwarteten sie nach ihrem Tode ein
S. 173 Weiterleben im Jenseits. Geboren wurde dieser Gott des Lichtes aus einem
T 20 Pinienzapfen. Eine Stele in Wiesbaden bietet hierfür ein sichtbares Zeugnis
S. 174 an.

Gab es in Aachen vielleicht Überreste dieses Kultes? Verschmolzen an Karls Hof heidnisch-christliche Vorstellungen mit exakter Astronomie, in deren Mittelpunkt ein Sternbild (Bärin) und die Sonne (Pinienzapfen als Sonnengott-Mithras-Symbol) standen? Mithras, Artio und Grannus waren zwischen Donau, Rhein und Gallien stets sehr anerkannt, und daß das Christentum zur

Zeit Karls des Großen noch allseits von heidnischem Gedankengut durchdrungen war, steht außerhalb jeder Diskussion.

Bedenkt man die Bedeutung der Astronomie am Aachener Hof, die überragende Stellung der Gestirne in der Vorstellung Karls und seiner Umwelt, dann erhalten Akanthus-Blätter, Bärin und Pinienzapfen eine Bedeutung, die wohl weit über die kultisch-symbolische Gewichtigkeit hinausreicht: Astronomisches Denken reichte bis in die letzten Winkel und verlieh den Symbolen eine weite, erst im Gesamtzusammenhang erkennbare Dimension. So äußerte sich die Symbolkraft der Dinge entsprechend dem Wissensstand einmal kultisch, ein anderes Mal astronomisch. Ob Bauer oder Gelehrter: Die Dinge gaben jedem etwas, was er begreifen konnte.

Die genaue Ergründung des Doms bereitete mir im Laufe meiner astronomischen und historischen Entdeckungsreise noch manch andere Überraschung. So stieß ich eines Tages wieder einmal auf die Elfenbeinsitula, auch Weihwasserkesselchen genannt, von Kaiser Otto III., einem Sachsen, gestiftet. T 22 S. 176 Achteckig ist dieses 17,5 cm hohe köstliche Gefäß, das lange Zeit als Evangelienpult benutzt wurde. In den Säulenarkaden der oberen Hälfte gruppieren sich Kaiser und Papst und der heilige Petrus. Nur diese drei Figuren sind sitzend dargestellt. Die untere Figurenreihe zeigt Wächter in voller Rüstung. Die Darstellung des thronenden Herrschers mit Reichsapfel und Zepter weist ganz offensichtlich auf den Charakter der Situla als kaiserliches Geschenk.

Doch nicht das Offensichtliche an diesem um 1000 entstandenen Kesselchen schien mir wichtig. Auffallend war für mich die Wächterfigur unter der des Herrschers: Denn es ist nicht nur die einzige der acht Figuren, die mit der Lanze – wie alle anderen Wächter vor einem geöffneten (Stadt-)Tor stehend – in den Bereich oberhalb des Tores weist. T 21 S. 175 Viel auffallender ist die Tatsache, daß nur dieser Bereich durch eine Säulenreihe gekennzeichnet ist, und diese Säulenreihe hat wiederum ganz charakteristische Kapitelle: T 63 a S. 220 Es sind Widderköpfe, dargestellt durch charakteristisch gebogene Hörner. Sie könnten nicht nur symbolisch für die von Karl gestürzte Irminsäule der Sachsen stehen, als Hinweis auf das Tierkreiszeichen stehen sie vielleicht auch symbolisch für die Frühlings-Tagundnachtgleiche, also für astronomisches Wissen. Reminiszenzen eines Sachsenkaisers an die sächsische Zeitrechnung? Erinnerung an deren Auslöschung durch Karl und Huldigung an Karls astronomische Leistung?

Als nächstes nahm ich mir die Detailuntersuchung des goldenen Antependiums, der Pala d'Oro, vor. Ich hatte mich zuvor erkundigt, die Forschung befragt, um was es sich bei diesem Goldblech aus der Zeit kurz nach 1000 handelt: Nach der Überlieferung soll die Pala d'Oro aus dem Gold gefertigt sein, das Kaiser Otto III. im Jahre 1000 bei der Öffnung des Grabes Karls des Großen gefunden hat. Weiter nimmt man an, daß die Arbeit unter Kaiser Heinrich II. fertiggestellt wurde, und zwar in derselben Werkstatt, aus der auch das von Heinrich gestiftete Baseler Antependium und der goldene Aachener Buchdeckel stammen. Außerdem spricht vieles dafür, daß sie Teil einer vollständigen Altarbekleidung war. Heute schmücken die Reliefs den aus karolingischen Platten wiedererrichteten Hauptaltar des Aachener Doms.

Um das Mittelstück des 87 × 125 cm großen getriebenen Goldblechs, das Christus als Salvator Mundi, als Retter der Welt, zeigt, gruppieren sich 16 Einzelreliefs. Mir hatten es die Kernszenen angetan: Die Grabszene, das Abendmahl und die Kreuzigungsszene weisen auf einige Charakteristika des Aachener Doms wie auf astronomische Ereignisse hin, was nicht von ungefähr kommen kann.

Der Engel am leeren Grab machte mich als erstes stutzig. Entsprach der Dreistrahl, der aus einer symbolischen Sonne einmal auf Maria, auf den En-
T 40 gel und schließlich auf die Kirche links von beiden fällt, nicht genau dem, was
S. 194 sich zur Mittagszeit im Aachener Oktogon tut? Zur Mittagszeit fällt, durch die oktogonale Form des Doms bedingt, das Sonnenlicht in ebenjenem »Triphos« ins Innere der Kirche. Der »Dreistrahl« ist für dieses Gebäude so typisch, daß seine Zitierung in dieser Szene unübersehbar ist.

Auf die Bedeutung des Lichts, auf die Antipoden Sonne und Mond, Angelpunkte unserer Astronomie, weist auch die Kreuzigungsszene hin. Über dem linken Querbalken des Kreuzes verhüllt die Sonne weinend die untere Hälfte ihres Gesichts, während auf der entgegengesetzten Seite der Mond über den Tod Christi trauert.

Höhepunkt meiner Detailbefragung der Pala d'Oro scheint mir freilich die Abendmahlsszene zu sein, denn auf dem Tisch stehen nicht nur ein Brotkorb
T 41 und ein Weinpokal. Auffallend und völlig untypisch für diese Szene schei-
S. 195 nen mir die Sonnen- oder Weltkugel, der Mond und ein zunächst nicht zu definierender »Stab«, die neben Brot und Wein den Tisch des Herrn zieren.

Ist bereits die Tatsache bemerkenswert, daß Erdkugel (Brotlaib) und Mond überhaupt im Umkreis des Abendmahls auftauchen, so sind zwei weitere Dinge noch erstaunlicher: Die Lage der Mondsichel entspricht genau – soweit man das an Hand eines Reliefs bestimmen kann – der Lage der Sichel zur Frühlingszeit in unseren Breiten. Doch noch mehr faszinierte mich der Stab: Ich rückte ihm mit dem Winkelmaß zu Leibe und kam nicht umhin, den Stab in einen Strahl umzudefinieren, denn ich fand heraus, daß dieser Stab/Strahl (Messer) im 62°-Winkel zur Bildgrundlinie und auch zur unteren Tischlinie hin ausgerichtet ist. Und diese 62° entsprechen fast genau dem Einfallswinkel, den die Sonne zur Sommersonnenwende mittags, an ihrem Höchststand im Laufe des Jahres überhaupt, in Aachen erreicht. Zufall? Es waren mir schon zu viele »Zufälle« auf meiner Entdeckungsreise begegnet, als daß ich noch an solche Zufälle zu glauben bereit war.

Nun mag man einwenden, daß all diese astronomischen Zeichen, Symbole und Hinweise zeitlich so weit von Karl, seiner Zeit und der Entstehung des Doms entfernt sind, so daß es sich doch nur um Zufälle handeln kann, auch wenn sie sich noch so sehr häufen. Diese Zweifel und Fragen bewegten natürlich auch mich lange Zeit. Aber als sich mir das Geheimnis des Barbarossa-Leuchters im Oktogon zu entschleiern begann, verloren sich diese Zweifel.

Auch dieser überdimensionale Leuchter im Zentrum zwischen Ober- und Unterkirche stammt nicht aus Karls Zeiten. Entstanden nach 1165 im Atelier eines Aachener Goldschmieds, ist er zeitlich noch wesentlich weiter von Karls Zeit und Wissen entfernt. Gleichwohl enthüllte er sich mir als Hinweis darauf, daß sich das astronomische Wissen Karls und seines Hofes zumindest bis in die Zeit Barbarossas gerettet hatte. Denn dieser Lichterkranz ist im Detail, was der Dom im ganzen ist: eine Uhr, die auf der Basis des Oktogons exakte Angaben über die Zeit macht.

Wie schon so oft zuvor war es wieder ein astronomisch herausragender Tag, der mich mit meiner Kamera in den Dom geführt hatte. Man schrieb den 21. Juni 1978, den Tag der Sommersonnenwende, an dem die Sonne ihren höchsten Stand im Verlauf des ganzen Jahres erreicht. Es ist der Tag, an dem die Sonne zur Stunde des Mittags Aachen im Winkel von exakt 62,5° bestrahlt – so hoch über der Kaiserstadt wie sonst nie im ganzen Jahr. Postiert hatte ich mich mit Kamera und voller Neugier auf das, was wohl an diesem Tag im Dom geschehen würde, genau unter dem Südfenster auf der Empore in der Oberkirche. Ich hatte die Kamera in Höhe des Südgitters so aufgestellt, daß mein »Auge« in Höhe der oberen Kante, also des Gitterabschlusses, der Ereignisse harrte, die da kommen würden. Ich hatte mir vorgenommen, zwischen 10 und 15 Uhr – also rund um die Mittagszeit – alle zehn Minuten den Auslöser zu betätigen. Mein Ziel: Auf diese Art und Weise den Lauf des Sonnenstrahls im Oktogon nicht nur optisch zu verfolgen, sondern auch fotografisch exakt festzuhalten.

Was wußte ich zu dieser Zeit von diesem Leuchter? Das, was die Wissenschaft heute weiß: Kaiser Friedrich Barbarossa war es, der diesen Leuchter in Auftrag gegeben hatte. Der große Radleuchter, 4,30 m im Durchmesser, ist sichtbarer Ausdruck für das von Johannes in seiner Geheimen Offenbarung T 36a S. 190 geschaute Himmlische Jerusalem, dessen Idee schon dem Maß der Pfalzkapelle zugrunde liegt: Acht Kreissegmente und 16 Türme weist der vergoldete Kupferkranz auf und nimmt zugleich damit die Architektur des Oktogons mit seinem 16eckigen Umgang wieder auf.

Doch nicht nur der Leuchter selbst ist eine künstlerisch wie handwerklich brillante Arbeit. Auch die geschmiedete Kette – 23 m lang –, an der er in der Kuppel befestigt ist, ist ein Meisterwerk der Zeit. Sie verdickt sich nach oben hin so, daß dem Betrachter eine bis in die Kuppel gleichbleibende Stärke trotz wachsender Entfernung vermittelt wird.

Es war 10.30 Uhr, als für kurze Zeit der Sonnenstrahl an der Kette des Leuchters entlangwanderte, und das genau in Höhe der Gitteroberkante, an der meine Kamera ausgerichtet war. Das Licht fiel zu dieser Zeit noch durch das Südostfenster. Was wie Zufall aussah, alarmierte mich allerdings sogleich. Schließlich hatte ich bereits in den Wochen und Monaten zuvor Gesetzmäßigkeiten erkannt, die ich erst nach weiteren Nachforschungen erklären konnte. Ob der Leuchter ein Meßgerät verfeinerter Art im Vergleich zum Oktogon ist? Gibt er weitere Auskünfte über das astronomische Wunder der Pfalzkapelle Kaiser Karls? Ich wurde unruhig und fragte mich, was wohl beim Durchgang der Sonne durch die Mittagslinie an diesem Leuchter und im Oktogon geschehen würde. Und tatsächlich: Das Licht führte zu weiteren Entdeckungen.

Noch hatte ich Zeit bis zur Mittagslinie, und während ich, wie geplant, alle zehn Minuten den Auslöser drückte, wanderte der Sonnenstrahl, durchs Südfenster über mir gebündelt, vor dem Thron entlang in die Unterkirche. Noch immer war die Mittagslinie, die höchste Stellung, nicht erreicht.

Um den Verlauf des Strahles auch in der Unterkirche festhalten zu können, räumten mein Assistent und ich in Windeseile die Bestuhlung des Dominneren beiseite. So war es wesentlich besser möglich, die gerade Linie des Strahls zu verfolgen und ungebrochene Sonnenstrahlen auf dem Boden der Kirche festzuhalten. Dabei enstanden Fotos, die bereits vorab Gesehenes und Erkanntes bannten: nämlich das Phänomen des Triphos, des Dreistrahls, der sich aus drei Fenstern hinab in den Dom senkt. Doch all diese Erfahrungen und optischen Reize wurde durch das übertroffen, was sich kurz vor dem Mittagsstand der Sonne im Dom und speziell am Leuchter tat.

Es war eine Viertelstunde vor dem Zeitpunkt, zu dem die Sonne ihren höchsten Stand erreichen mußte, als der einfallende Sonnenstrahl – durchs Südfenster – aus der Unterkirche wieder hochsprang. Und was ich vermutet hatte, begann kurz darauf: Der Strahl traf zum ersten Mal den Leuchter, lief sichtbar das Gestänge hoch, das den Kranz des Leuchters dort an der Kette befestigt, wo eine große (Welt-)Kugel den Beginn ebendieser Kette markiert. Kaum blieb mir Zeit, die Kamera auf dieses Phänomen auszurichten, als der Sonnenstrahl auch schon diese Kugel voll traf. Gleichzeitig zeigte ein Blick auf die Uhr: Als der Strahl diese Kugel, die auch als symbolische Sonne verstanden werden kann, mit gleißendem Licht überschüttete, war genau der Sonnenhöchststand erreicht, die Zeit der Sommersonnenwende da.

Fazit: Am Tag des höchsten Sonnenstandes trifft der durch das Südfenster in das Oktogon zu Aachen fallende Strahl des Sonnenlichtes zur Zeit des Meridian-Durchganges genau den Punkt des Barbarossa-Leuchters, den man Zentrum und Herz des ganzen Leuchters nennen könnte.

T 31 S. 185
T 29 S. 183

Ich war offensichtlich ein weiteres Mal einer Sache auf die Spur gekommen, die bisher nirgends der Beachtung wert erschienen oder doch noch nie beobachtet worden war. Ist dieser Leuchter mit seinen Ketten und Streben die berühmteste und zugleich unbekannteste Uhr der Welt? Ich nahm mir vor, dieser Frage intensiver nachzugehen, diese Uhr auch zu anderen Zeiten nach ihrer Aussagekraft zu befragen, vielleicht würde es mir dann gelingen, das Zifferblatt kennenzulernen, seine Gesetzmäßigkeiten zu erkennen.

So versuchte ich sechs Monate später noch einmal mein Glück: Was bot sich am Tag der Wintersonnenwende, am 21. Dezember? Mit Taschenrechner und Lineal hatte ich bereits die Werte für den mittäglichen Sonnenhöchststand errechnet. Die Sonnenstrahlen fielen mittags tatsächlich wie zur Sommersonnenwende genau auf die Weltkugel des Barbarossa-Leuchters.

Es gab nur einen Unterschied: Das einfallende Sonnenlicht kam nicht – wie im Sommer – durch das südliche Tambour-Fenster des Oktogons, sondern durch das Südfenster des 16ecks, das wesentlich tiefer liegt. Leider verstellt heute das Pult des Domkapellmeisters dem größten Teil der Strahlen den Weg.

Dadurch stand für mich fest, daß nicht nur der Dom selbst, sondern auch ein Teil der späteren Zutaten nach demselben Konzept entworfen waren. Der Dom, der Leuchter und vieles andere fügen sich einem Gesamtkunstwerk ein, das astronomischen Gesetzen unterworfen ist.

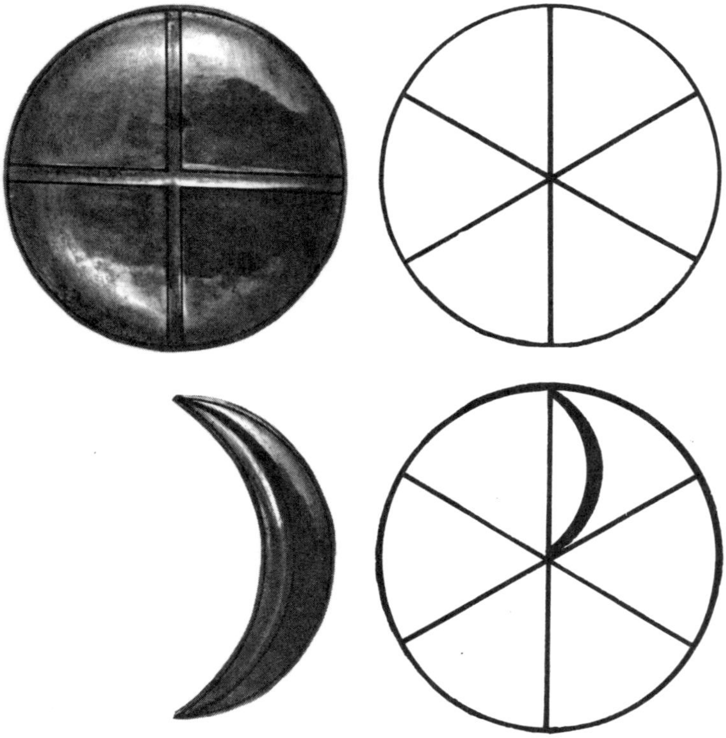

Abb. 12: Die Weltkugel aus der Abendmahlsszene läßt sich durch Hinzufügen von zwei weiteren Strahlen zur rotierenden Sonne der Germanen umstilisieren. Nimmt man die Mondsichel der Herbst-Tagundnachtgleiche aus der Abendmahlsszene hinzu und setzt sie auf die Nordachse, entsteht das Christus-Symbol PX, das sich im Oktogon findet und kurz vor Weihnachten, der Geburt Christi, vier Minuten lang von der Sonne an ihrem mittäglichen Höchststand getroffen wird. Genau ist das am 21. Dezember, dem Tag der Wintersonnenwende, und am Beginn der wieder länger werdenden Tage.

Dieser Mittag der Wintersonnenwende bescherte mir aber noch eine weitere Überraschung, mit der ich nicht gerechnet hatte. Die Sonnenstrahlen, die zur Sommersonnenwende durch das südliche Tambour-Fenster des Oktogons auf die Weltkugel des Barbarossa-Leuchters fallen, beleuchten zur Wintersonnenwende, am 21. Dezember, vier Minuten lang zur Zeit des Sonnenhöchststandes (Meridian-Durchgang) das PX-Symbol an der Nordseite des 16ecks oberhalb des Fensters. T 33 S. 187

PX, das Christus-Symbol, wird von den Buchstaben Alpha und Omega, den Zeichen für Anfang und Ende der Welt, eingerahmt und von zwei Engeln getragen. Diese Symbol-Kombination wird ausgerechnet an dem Tag von der Sonne getroffen, der der kürzeste des Jahres ist. Von nun an werden die Tage wieder länger. Drei Tage später feiern wir Weihnachten, den Tag, an dem Christus, das Licht der Welt, geboren wurde. Eines der vier großen Heiligtümer Aachens, die Windeln Christi, erinnern an dieses hohe Kirchenfest. Die Verschmelzung astronomischer und religiöser Kalenderdaten ist unübersehbar.

Das Lothar-Kreuz – ein ottonischer Computer

Zu einem Gang durch den Aachener Dom gehört auch und nicht zuletzt ein
Gang in die Schatzkammer des »heidnischen« Himmlischen Jerusalems.
T 43 Faszinierendstes Stück dieses geschichtsträchtigen Raumes ist zweifellos das
S. 197 Lothar-Kreuz genannte Juwel mit Gold, Edelsteinen und Perlen auf der ei-
T 44 nen und dem Christus am Kreuz auf der anderen Seite. Meine Aufmerksam-
S. 198 keit hatte es schon immer erregt, denn wer könnte sich dem Reiz der beiden
anscheinend so gegensätzlichen Kreuzseiten verschließen: hier irdische
Pracht, Glanz und Reichtum, dort der Erlöser am Kreuz mit den Symbolen
des Sieges.

Nach meinen langen Wegen mit Kamera, Zeichenblock und Taschenrechner durch das Aachener Heiligtum erhielt meine Bewunderung für das goldene Kreuz freilich eine neue Dimension: Ich ging ins Detail, fragte nach Maßen, Zahlen und Zuordnungen von Vorder- und Rückseite. Bei diesen Fragen ließ ich mich, wie könnte es anders sein, von meiner bisher so einträglichen Skepsis gegenüber aller scheinbaren Vordergründigkeit Aachener Verhältnisse leiten, und der Erfolg gab mir am Ende recht.

Doch zunächst die historischen Fakten: Alles spricht dafür, daß das Lothar-Kreuz kurz vor der Jahrtausendwende im Rheinland, wahrscheinlich in Köln, entstand. Es ist also kein Werk der karolingischen Zeit oder gar der Zeit des großen Karl. Doch da bereits der Barbarossa-Leuchter Kenntnisse verrät, die sich ganz offenbar aus Karlscher Zeit erhalten hatten, kann auch das goldene Kreuz aus der Schatzkammer in diesen Kreis versetzt werden. Warum also sollte nicht auch dieses 49,9 cm hohe und 38,5 cm breite 1000jährige Kreuz mehr in sich bergen als die jedem sichtbare äußere Schönheit und Kostbarkeit?

Im dritten Viertel des 14. Jahrhunderts wurde das Geschenk Kaiser Ottos III. an die Grabkirche seines großen Vorgängers Karl mit einem gotischen Sockel versehen und dadurch zu einem Standkreuz. Bis zu diesem Zeitpunkt war das Kreuz zweifellos als Vortragekreuz benutzt worden. Es gibt zwar keine zeitgenössischen Hinweise auf die Verwendung, doch ähnliche Kreuze in Mailand und Rom und eine eiserne Zunge oder Spitze am Lothar-Kreuz weisen darauf hin, daß auch das Aachener Kreuz den Krönungsprozessionen vorangetragen wurde. So wissen wir auch, daß der neu gewählte König, wenn er auf dem Weg zur Krönung am Grab Karls des Großen die Pfalzkapelle betrat, an der bronzenen Eingangstür von Erzbischöfen und der Geistlichkeit des Aachener Krönungsstiftes empfangen wurde.

Aachen, das neue Rom: Vor diesem Hintergrund kann es nicht überraschen, daß der Blickfang auf der Crux gemmata, der mit Edelsteinen verzierten und ziselierten Vorderseite, von dem Profil des römischen Friedenskaisers Augustus gebildet wird. Dieser prachtvoll geschnittene Kameo aus T 46 indischem Sardonyx ist allerdings gebrochen. Der Grund dafür erscheint S. 200 zunächst sehr einleuchtend: Das Kreuz soll im 19. Jahrhundert einem Meßdiener aus der Hand gefallen sein, und dabei war die köstliche Arbeit zerbrochen. Daß es auch eine andere Begründung geben könnte – davon später.

Neben dem Augustus-Kameo im Kreuzgeviert fällt nahe dem Kreuzfuß das in Bergkristall vertieft ausgeschnittene Brustbild Kaiser Lothars auf, das den T 47a Sohn Kaiser Ludwigs des Frommen und Enkel Karls des Großen bartlos und S. 201 im jugendlichen Alter zeigt. Ganz offensichtlich handelt es sich dabei um ein Siegel des Kaisers. Die Inschrift jedenfalls deutet zweifellos auf Lothar hin, der damit dem Kreuz den Namen gab. Gleichwohl spricht vieles dafür, daß das Kreuz selbst wesentlich jünger ist: Bei der Sorgfalt, mit der Kaiser ihre Siegel bewahren ließen, um sie vor Mißbrauch zu schützen, ist kaum anzunehmen, daß Lothar selbst zu Lebzeiten dieses Siegel in ein Kreuz hätte einarbeiten lassen. Die Wissenschaftler jedenfalls neigen dazu, die Entstehung des Krönungskreuzes in die Tage Ottos II. zu verlegen, unter dessen Ägide die Goldschmiedekunst durch den Einfluß griechischer Künstler zur höchsten Blüte gereift war.

Noch ein anderer Stein erregte auf der Prunkseite des Kreuzes meine Aufmerksamkeit. Es ist ein Amethyst, der übrigens an der Stelle angebracht ist, der auf der Kruzifixseite dem Lendentuch Christi entspricht. Auf ihm sind drei enthüllte Frauenfiguren eingeritzt, die als die drei Grazien bekannt sind. T 47b Der Stein, zweifellos als Siegel konzipiert, enthält einen recht interessanten S. 201 Text: »Porphyris schenkt dem Eucharios die Charitinnen.« Die Charitinnen sind die griechischen »Schwestern« der römischen Grazien. Es sind in der

griechischen Mythologie göttliche Dienerinnen, vor allem des Apollon und der Aphrodite, kurz: Liebesdienerinnen.
Doch ob als Charitinnen im alten Hellas oder als die Grazien im antiken Rom: Die drei Frauengestalten finden sich auch in anderen Kulturkreisen. So sind etwa die berühmten drei Matronen im Bonner Landesmuseum, einst unter dem Bonner Münster ausgegraben, nichts anderes als die keltischen Schwestern der drei Schönen der Antike. Bei den Kelten sind es die Göttinnen der Fruchtbarkeit.
Bekannt ist dieses Dreigestirn aber auch als Symbol für die christlichen Tugenden Glaube, Hoffnung und Liebe. Kennengelernt hatte ich sie in einer Kapellenruine in Bischofsstein, als ich sie für meinen Bildband über die Mosel fotografierte. Stephan Andres schrieb seinerzeit dazu einen eigenen Text: »Diese drei heiligen Frauengestalten sind die christianisierte Form der keltischen Matronen, die bereits von den Römern und Griechen als Fruchtbarkeitsgöttinnen übernommen wurden.«
Das Lothar-Kreuz enthält noch weitere Bezüge:
»Der mit mir redete, hatte ein goldenes Meßrohr, um die Stadt, ihre Tore und Mauern zu messen ... Er maß ihre Mauern: 144 Ellen, nach Menschenmaß, das auch das Maß der Engel ist. Die Mauer war aus Jaspis gebaut, die Stadt selbst war reines Gold, so rein wie Glas. Die Grundsteine der Stadtmauer waren mit allerlei Edelsteinen geschmückt. Der erste Edelstein war ein Jaspis, der zweite ein Saphir, der dritte ein Chalzedon, der vierte ein Smaragd, der fünfte ein Sardonyx, der sechste ein Sardis, der siebte ein Chrysolith, der achte ein Beryll, der neunte ein Topas, der zehnte ein Chrysopras, der elfte ein Hyazinth, der zwölfte ein Amethyst. Die zwölf Tore waren zwölf Perlen ...«
T 39 S. 193 Wieder einmal fiel mir die Offenbarung des Johannes ein, in der er die Vision eines Himmlischen Jerusalem beschreibt. War dieses Kreuz nicht eine steingewordene Vision dieser gemessenen und – mit dem Meßrohr – meßbaren Stadt? Meßbar? Sind Zahlen nicht auch Hinweise, Symbole über das real Vorhandene hinaus? Und ich zählte, zählte die Anzahl der Steine: 143 sind es. Versagte mein Versuch mit der Zahlensymbolik? Und das, obgleich die Juwelen und Perlen an die Offenbarung erinnern?
Bei der Suche nach dem 144. Stein fiel mir schließlich die Erzählung von dem angeblich gefallenen Kreuz und dem zerbrochenen Augustus-Kameo wieder ein. Mit einem befreundeten Goldschmied besprach ich diese Probleme des

Lothar-Kreuzes und wir kamen zu der Überzeugung, daß man mit einem Farbfoto in Originalgröße nach Idar-Oberstein fahren sollte, um es dort den weltbekannten Edelsteinspezialisten vorzulegen. Was sich zunächst nicht reimen wollte, erhielt andernorts eine verblüffende Wendung: in Idar-Oberstein, der Hochburg der Juwelenexperten.

Die erste Überraschung, die die Steingelehrten bei einer Besichtigung des Kreuzes auslösten, war eher profaner Natur, wenn auch durchschlagend. Einige der scheinbar so kostbaren Juwelen sind nichts als farbig hinterlegte Glasstücke. Die Reflexion des Lichts brachte es an den Tag. Monsignore Bock, ein ehemaliger Kustos des Aachener Domes, hatte mit seiner »kühnen Behauptung« – wie er selbst dazu sagte – ins Schwarze getroffen: »Wir glauben, kühn die Behauptung aufstellen zu können, daß ehemals an der Stelle mehrerer unechter Steine, die sich heute durch ihre Schleifung unvorteilhaft auszeichnen, noch eine Anzahl von Kameen und Gemmen sich befunden habe, die, wahrscheinlich ihres Wertes wegen, in traurigen Zeiten spurlos verschwunden sind.« Wie ein gutes Foto vom Lothar-Kreuz aus dem Jahre 1903 belegt, waren die 17 echten Steine zu diesem Zeitpunkt noch an ihrem T 48 a + b S. 202 richtigen Ort. Heute bilden die Rubine und Granate eine herrliche Kette, die nun im Domarchiv ruht. Ich könnte an dieser Stelle einen kleinen Kirchenkrimi über den Weg dieser Steine erzählen, käme damit jedoch zu weit vom Thema ab.

Viel wichtiger und bedeutungsvoller ist eine andere Information, die ich von den Edelsteinpäpsten erhielt: Für Goldschmiede und Juweliere ist ein gebrochener Stein, zumal wenn er figurativ ausgestaltet ist – wie das Augustus-Kameo – keineswegs nur mehr ein Stein: Es sind zwei Steine, die durch einen gewollten oder auch zufälligen Bruch entstanden sind. War das ein Weg, um zu der heiligen Zahl 144, einer der Maßeinheiten in der Offenbarung des Johannes zu kommen?

Noch eine andere Überlegung schließt sich daran an. Da nirgendwo – außer in einer Nachricht aus dem 19. Jahrhundert – von einem Bruch des Augustus-Kameo durch einen Sturz die Rede ist, könnte dieses Juwel von Anfang an als gebrochener Stein eingesetzt gewesen sein. Und warum könnte der »gebrochene Augustus«, römischer Kaiser zu Lebzeiten Christi und letztlich »verantwortlich« für dessen Kreuzigungstod, nicht auch ein Zeichen des christlich-ottonischen Mittelalters sein, daß der heidnische Sonnenkult durch Kaiser Karl ein Ende gefunden hatte?

Symbole, Zeichen, astronomisch bedeutsame Zahlen: Ich hatte sie am und im Dom schon in großen Mengen entdeckt und ich hatte auch herausgefunden, daß sie alle ganz offensichtlich nur einem Ziel dienten: die Zeit in den Griff zu bekommen. Zunächst schien es mir vermessen, auch das Lothar-Kreuz in meine Überlegungen einzubeziehen. Doch eine mehr zufällige Entdeckung brachte mich dazu, seinen Details und Maßverhältnissen auf den Grund zu gehen.

Die Beschäftigung mit den Kalenderbauwerken in aller Welt verwies mich wieder einmal auf ein auffälliges Phänomen, das sich schließlich auch auf das Kreuz in Aachen anwenden läßt. Sir Isaac Newton war bei seinen Arbeiten an der großen Cheops-Pyramide darauf gestoßen, daß beim Bau dieses Werkes offensichtlich zwei Maße eine Rolle gespielt hatten, ein profanes, für die Bauleute und Handwerker vorgegebenes, und ein sakrales Maß für die Adepten und Eingeweihten. Für die Cheops-Pyramide sind das der alte Ägyptische Fuß mit seinen 0,3079 m als Maßstab für die Arbeiter und Bauleute und die etwas größere Heilige Elle, die 0,4618 m ausmacht, als Geheimmaß und Code für die religiös und wissenschaftlich Herrschenden, für Priester und Astronomen. Setzt man beide Maße in Relation zueinander, kommt als Schlüsselzahl 1,499 heraus.

Es dauerte nicht lange, bis mein Taschenrechner eine Überraschung preisgab. Ich wußte von der Höhe des Kreuzes, die knapp 50 cm, genau 49,9 cm, beträgt, und ich ging davon aus, daß für die Arbeiter am Aachener Dom der Karolingische Fuß mit 33,33 cm vorgegeben war. Diese beiden Zahlen stellte ich in eine Beziehung zueinander und kam zu einem mehr als verblüffenden Ergebnis. Die »Schlüsselzahl« war 1,499, also die gleiche, die die Cheops-Pyramide auswies, setzte man dort profanes und sakrales Maß in Beziehung zueinander. Konnte das ein Zufall sein?

Es gab mittlerweile zu viele Zufälle, als daß ich noch daran glauben konnte, und nachdem mir auch noch die Tatsache bekannt wurde, daß exakt diese 49,9 cm, die das Lothar-Kreuz in der Höhe maß, dem Maß der Babylonischen Elle entsprach, stand für mich fest: In diesem Bau und den ihm zugeordneten Schätzen gibt es Maßverhältnisse, von denen wir uns nichts träumen lassen: ein Maß für die Eingeweihten.

Meine Hypothese stand: Das Lothar-Kreuz ist mehr als ein rein religiöses Kultgerät. Warum sollte es nicht so etwas wie eine Meßlatte sein, entsprechend dem Meßrohr des Engels in der Offenbarung des Johannes?

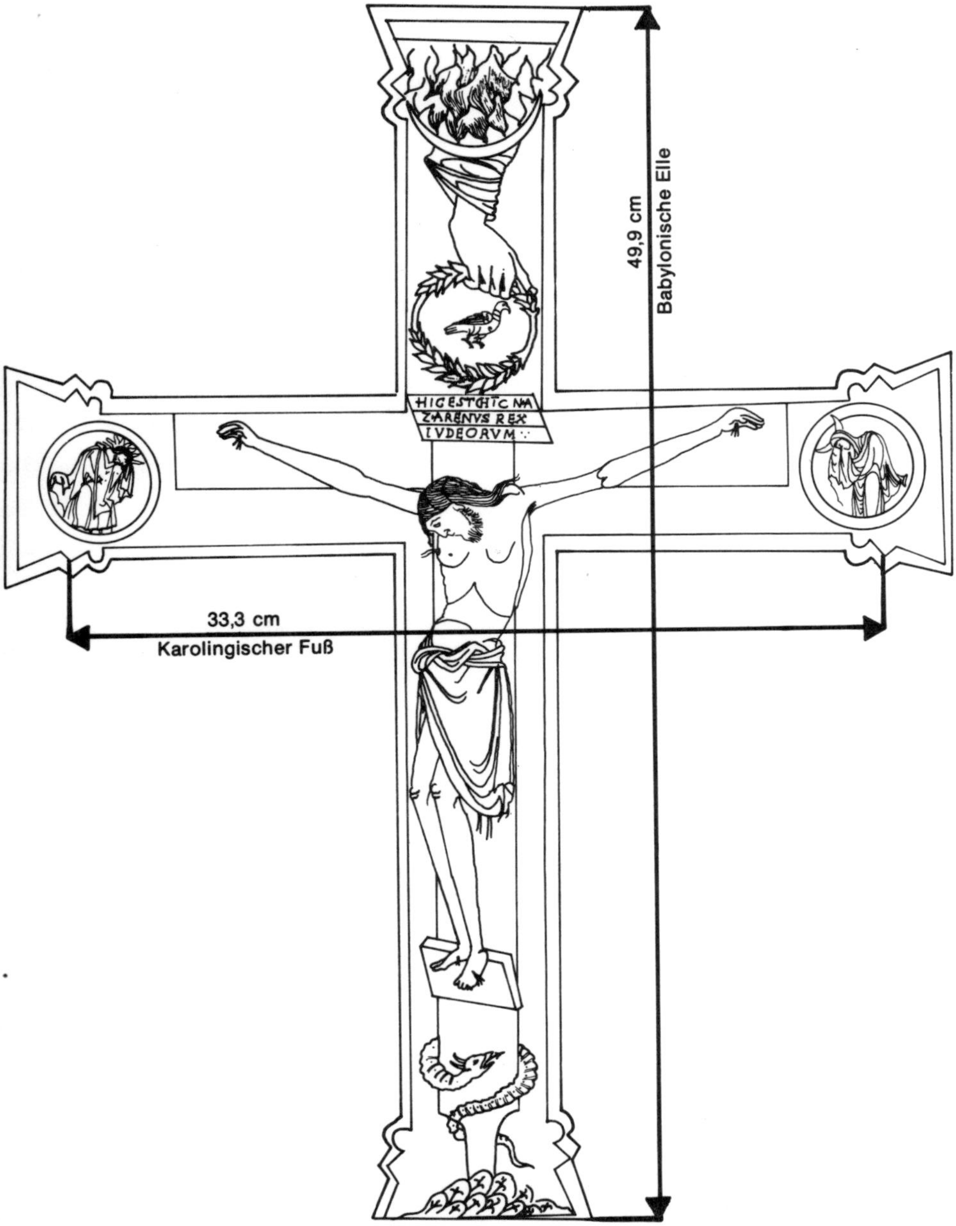

Abb. 13: Die Kreuzigungsseite des Lothar-Kreuzes, die insgesamt und im Detail viele für Aachen wichtige astronomische Maße in sich birgt. Die Höhe von 49,9 cm entspricht genau dem Maß der Babylonischen Elle. Der Karolingische Fuß, wichtigstes Maß für die Baumeister des Oktogons, verbirgt sich im Querbalken: Der Abstand der beiden Einkerbungen an den Enden des Kreuzbalkens voneinander beträgt rund 33,3 cm und entspricht damit dem Karolingischen Fuß.

Bei Detailuntersuchungen der Kruzifixseite des Kreuzes wurde mir sehr schnell bewußt, daß ich so etwas wie einen astronomischen Schlüssel für Aachen in Händen hatte. Ich zog Linien, maß Winkel und kam zu den überraschendsten Ergebnissen, die meine Vermutungen bestätigten, zumal diese Ergebnisse nur dann von Bedeutung sind, wenn man sie auf Aachen und seine Lage auf dem 51. Breitengrad anwendet und die astronomischen Besonderheiten der Lage der Kaiserpfalz kennt. Ich nahm die augenfälligsten Punkte auf dem Kreuz ins Visier, verband sie miteinander und ging daran, alle entstehenden Winkel exakt zu messen. Das Ergebnis konnte sich sehen lassen und übertraf meine kühnsten Erwartungen:

Die ersten Fixpunkte waren in meinen Überlegungen die Wunden Christi. Zunächst fiel mir auf, daß die Herzwunde genau auf der Linie des unteren Randes des Kreuzquerbalkens liegt. Ich zog – als Basis – eine Linie von der Herzwunde durch den Körper entlang der Unterkante des Querbalkens und verband zugleich die Herzwunde durch eine Linie mit der Nagelwunde der rechten Hand (alle Angaben vom Betrachter aus zu sehen). Der entstehende spitze Winkel gab eine Zahl frei, die mir schon lange vertraut war. 23°. Ich wurde nicht nur an die berühmten 23 – statt der von den Wissenschaftlern immer wieder gezählten 24 – Akanthus-Blätter rund um die Löwen am Bronzeportal des Oktogons erinnert. Zugleich machte ich mir natürlich auch wieder die astronomische Bedeutung der Zahl 23 bewußt, die ich in diesem Zusammenhang kennengelernt hatte: Um diese 23° geht schließlich die Sonne über dem Äquator zur Zeit der Sommer- bzw. der Wintersonnenwende – also am 21. Juni und 21. Dezember – nördlich oder südlich des exakten Ostpunktes auf und entsprechend auch unter. Den gleichen Winkel erhält man übrigens, wenn man auf dem linken Kreuzbalken die Linie von der Herzwunde tangential entlang dem äußeren Kreis um die weinende Sonne bis ins ziselierte äußerste Eck des Kreuzbalkens links oben zieht: 23°.

Es gibt viele Details, die der Christus-Seite eine besondere Note verleihen und Aufmerksamkeit erregen. Da sind einmal die »heidnischen« Symbole
T 45a + b Sonne und Mond inmitten von Doppelkreisen auf dem linken und rechten
S. 199 Querbalken außen. Zum Corpus hingeneigt, trauern sie weinend um Christi Tod. Am Fuße des auf das goldene Kreuz eingeritzten Christus-Kreuzes rin-
T 45e gelt sich – offenbar noch unbesiegt – eine Schlange, die Widdergehörn trägt.
S. 199 Auffallend ist übrigens – läßt man diese Bilder der Christus-Seite mit den entsprechenden Steinen und Perlen auf der Triumphator-Seite korrespon-

Abb. 14: Zweimal taucht im Kreuzquerbalken der Winkel von 23° auf, um den die Sonne über dem Äquator zur Zeit der Tagundnachtgleiche, im Frühjahr und Herbst, nördlich oder südlich des exakten Ostpunktes auf- und entsprechend wieder untergeht: einmal im Schnittpunkt der Linie von der Herzwunde zur Wunde der rechten Hand mit der Unterkante des Querbalkens, zum anderen im Schnittpunkt Unterkante und Querbalken mit der Linie von der Herzwunde zum äußeren oberen Rand des Kreises um die weinende Sonne.

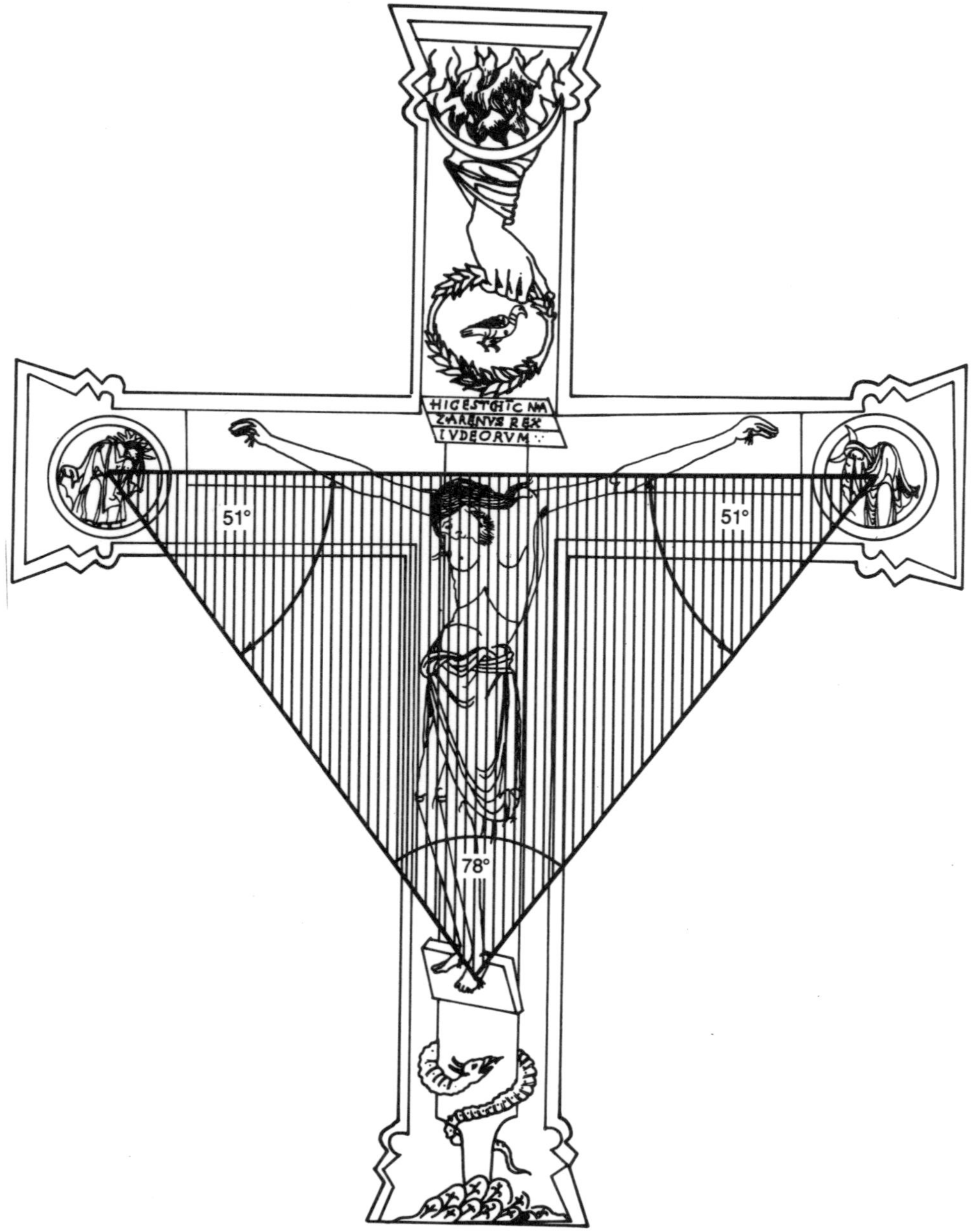

Abb. 15: Überraschende Winkelgrößen bietet das Dreieck mit den Eckpunkten: Mitte Kreis weinender Mond, Mitte Kreis weinende Sonne und Fußwunde Christi: Es bietet zweimal die Winkel von 51°, das entspricht der Lage Aachens auf dem 51. Breitengrad. Außerdem entsteht ein Winkel von 78°. Damit gibt dieses Dreieck recht genau die Maßverhältnisse der Cheops-Pyramide wieder und den Lauf der Sonne für Aachen am Horizont (A 43, S. 130/31, und A 40, S. 229, bis A 45, S. 233).

dieren –, daß den Mittelpunkten dieser Bilder Perlen entsprechen. Die Bezüge sind unübersehbar.
Ich zog zwischen diesen Punkten Linien, erhielt ein Dreieck und befragte anschließend die Winkelverhältnisse. Die Überraschung war fast schon eingeplant: Der Winkel am Fußende des Kreuzes betrug 62°: Das ist der höchste Sonneneinfall, der im Laufe eines Jahres in Aachen erreichbar ist, am Tag der Sommersonnenwende, dem 21. Juni, zur Mittagszeit.
Ich zog weitere Linien, verband markante Punkte und Stellen, maß die Winkel, und die nächste Überraschung ließ nicht lange auf sich warten: Bildet man ein Dreieck, indem man die Mittelpunkte der Kreise um Sonne und Mond und die Wunde am rechten Fuß miteinander verbindet, und fragt nach den entstandenen Winkeln, verblüfft das Ergebnis: Es entstehen – an den Endpunkten Sonne und Mond – zwei Winkel von je 51°, über der Fußwunde einer von 78°. Die Überraschung? Aachen liegt auf dem 51. Breitengrad. Und um die Verblüffung zu vollenden: Stellt man – und ich war so vermessen – dieses Dreieck »auf die Füße«, sprich, auf die von der Verbindung zwischen Sonne und Mond gebildete Basis, steht die Cheops-Pyramide in ihren Winkelverhältnissen vor uns: an der Spitze 78°, an der Basis je 51°.
Die Winkelverhältnisse eines der berühmtesten Bauwerke der Welt, dazu noch eines Kalenderbauwerkes, im Aachener Lothar-Kreuz? Dazu für Aachen und die Astronomie allgemein bedeutsame Relationen und Zahlen in diesem Kunstwerk ottonischer Goldschmiedekunst? Für mich war die Zahl der »Zufälle« zu groß. Ganz abgesehen von der Möglichkeit, daß zudem noch etliche andere, von mir gar nicht erkannte Dinge in dieser goldenen Babylonischen Elle mit den Winkeln der Cheops-Pyramide vorhanden sind: Ich konnte mich der Erkenntnis nicht verschließen, daß hier in Aachen kaum etwas ohne astronomische Bedeutung ist.

Vitruv – der wahre Architekt des Aachener Doms

Es mußte Beziehungen zum Orient geben, und da die Römer, nicht zuletzt durch ihre Diebstähle überall in ihrem Herrschaftsbereich, gewollt und ungewollt, zu Vermittlern orientalischen Wissens geworden waren, hielt ich mich zunächst an sie. So wußte ich mittlerweile, daß sie auf dem Marsfeld einst die größte Uhr aller Zeiten errichtet hatten. Dem Sol, dem Sonnengott, geweiht, war sie von Augustus errichtet worden. Eben von jenem Augustus, der mit seinem Bildnis die Juwelenseite des Lothar-Kreuzes bestimmt.
Diese Uhr faszinierte mich nicht zuletzt deshalb, weil als Gnomon, als Schattenwerfer, nicht der übliche, etwa 4–5 m lange Stift üblicher Sonnenuhren, sondern ein gewaltiger Obelisk aus Ägypten von rund 20 m Höhe diente. Einst als Zeichen der Eroberung aus (vermutlich) Heliopolis nach Rom gebracht, wurde er in Rom zugleich zum Zeitengeber: Seinen zeiteinteilenden Schatten warf er auf einen riesigen, mit Steinplatten belegten Platz, der etwa halb so groß wie der heutige Petersplatz war. Dieses »Zifferblatt« vermochte nun nicht nur die Stunden des Tages anzuzeigen, sondern war zugleich Kalender, gab Auskunft über Monate und, einem Bericht des Plinius folgend, auch die Tage des Jahres. Es sei noch erwähnt, daß nirgends sonst, auch in Ägypten selbst nicht, ein Obelisk als Gnomon benutzt wurde.
Geistiger Vater des Zifferblatts aller antiken Sonnenuhren ist der römische Architekt und Ingenieur Vitruvius Pollio, von dem um 25 v. Chr. das in Anlehnung an griechische Schriften verfaßte zehnbändige Werk »Über die Architektur« stammt. Es behandelt die Baukunst und ihre allgemeine ästhetischen und praktischen Voraussetzungen und nicht zuletzt die Uhrmacherkunst und Mechanik. Vitruv schuf das einzige auch im Mittelalter bekannte und uns überlieferte architekturhistorische Handbuch der Antike.
Ohne diesen »Uhrmacher« aus Rom hätten Augustus und seine Zeitgenossen kaum die Zeit exakt und die Jahreszeiten bestimmen können. Vitruv sorgte für Pünktlichkeit und Präzision, er sorgte mit seinem »Analemma«, seinem geometrischen Aufriß, für das mathematisch-astronomische Grund-

schema, nach dem das Zifferblatt in den Boden eingelegt werden konnte, auf dem die Schattenbahn des Gnomon dann die Fragen nach Tag, Stunde und Jahreszeit beantwortete. Dabei sind – für die Berechnung – Fuß und Spitze des Schattenwerfers wichtig, also seine Höhe. Noch bedeutsamer freilich ist die Beachtung des Breitengrades, auf dem die Sonnenuhr steht.

Augustus baute in Rom die größte Sonnenuhr der Welt, und Vitruv half ihm dabei mit seinen astronomischen Kenntnissen. Eben jener Augustus bestimmt auch die Prunkseite des Lothar-Kreuzes, und sein Profil ist, was Wunder, in die Richtung der trauernden Sonne gerichtet, die sich in dem erwähnten Doppelkreis auf der Christus-Seite des Kreuzes befindet. Nachdem ich schließlich noch festgestellt hatte, daß Vitruv zum meistgelesenen und übersetzten antiken Autor in der Intellektuellenfabrik am Hof Karls des

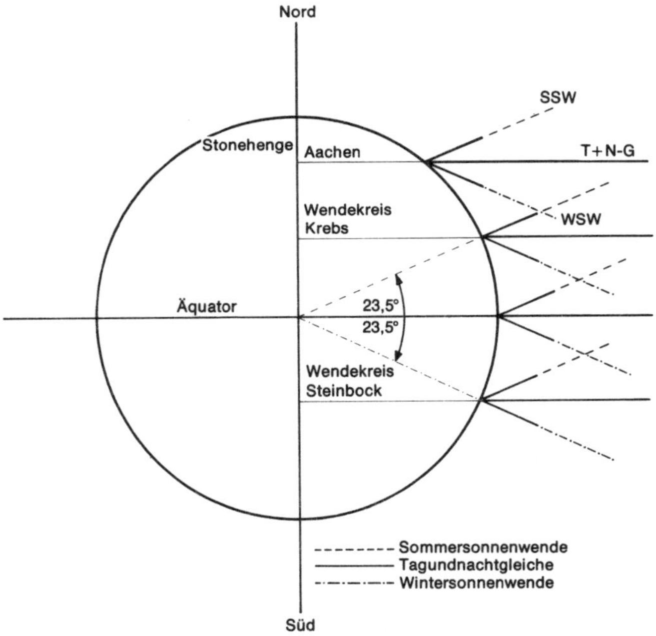

Abb. 16: Schematische Darstellung des Sonneneinfalls auf verschiedene Punkte der Erdkugel. Gewählt sind einmal der südliche Wendekreis, an dem zur Wintersonnenwende die Sonne zur Zeit ihres Höchststandes im Winkel von 90° über der Erde steht, der nördliche Wendekreis, an dem das gleiche am Tag der Sommersonnenwende geschieht, und die Äquatorlinie, an dem dieser 90°-Winkel zweimal im Jahr, an den Tagundnachtgleichen, geschieht. Außerdem ist der Sonneneinfall in Höhe Aachens und Stonehenges schematisch dargestellt. In beiden Punkten steigt die Sonne nie höher als 62° über den Horizont, und das nur am Tag der Sommersonnenwende, dem jährlichen Sonnenhöchststand.

Großen gehörte, war mein nächster Schritt klar. Ich nahm mir Vitruv und sein Analemma vor, studierte es und fragte mich, ob es im oder am Oktogon einen versteckten Gnomon geben könnte, und ich fand es, besser: Ich wagte die Hypothese, daß das Südfenster so etwas wie die Spitze des augusteisch-ägyptischen Obelisken ist und das Geheimnis des Doms lüften könnte. Was tun? Ich behauptete, daß die Unterkante dieses Tambour-Fensters die Spitze ist, und begann – Vitruv im Kopf –, das auf Aachen passende Analemma aufzuzeichnen.

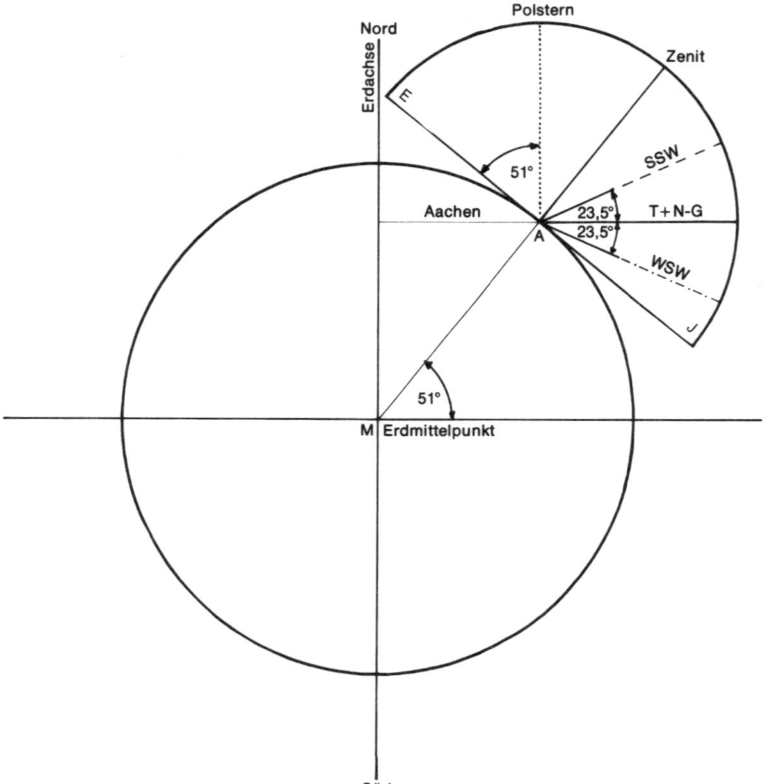

Abb. 17: Schematische Darstellung der Lage Aachens auf der Erdkugel und der Einfallswinkel der Sonne auf dem Breitengrad Aachens an den markantesten Tagen des Jahres. Im Schnittpunkt der 51°-Linie (Breitengrad) mit der gedachten Erdoberfläche *(A)* entsteht ein Halbkreis tangential zur Oberfläche (mit der Horizontallinie *E–J* als Halbmesser). In diesen Halbkreis sind die Extreme des mittäglichen Sonnenstandes zwischen Sommersonnen- (SSW) und Wintersonnenwende (WSW) eingezeichnet. Außerdem bietet die Skizze den (von der Sonne in Aachen nie erreichten) Zenit und die Ausrichtung des Polsterns nach Norden, der parallel zur Erdachse liegt.

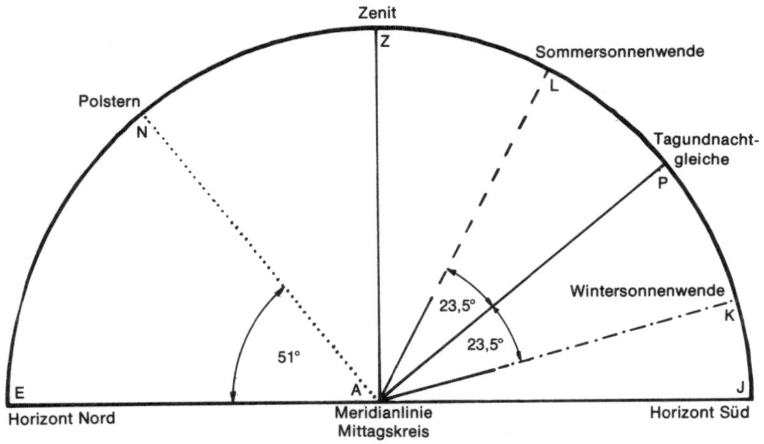

Abb. 18: Der Meridian-Kreis, der Mittagskreis für Aachen, der Auskunft gibt über die Sonneneinfallswinkel zur Mittagszeit zwischen den Extremen Sommer- und Wintersonnenwende im Detail. Um exakt 23,5° steht die Sonne – im Vergleich zu den beiden Tagen Frühjahrs- und Herbstanfang – zur Sommer- und Wintersonnenwende höher oder tiefer am Horizont. Neben dem Zenit ist noch die Ausrichtung zum Polstern markiert, außerdem die Horizonte Nord *(E)* und Süd *(J)*.

Die wichtigsten Vorgaben waren dabei die Höhe »meines Schattenwerfers«, T 6 S. 158 also die Höhe Unterkante Südfenster, und die Lage Aachens auf dem 51. Breitengrad. Rund 20 m über dem Erdboden ist dieser Punkt. In dem von mir gewählten Maßstab 1 : 100 schlug ich einen Kreis um die Gnomon-Spitze, dessen Radius eben die Höhe des Fensters ist. Nicht zu vergessen war die A 19 S. 106 Einzeichnung der Grundfläche, also die Fläche des noch imaginären Zifferblatts im rechten Winkel zum Gnomon. Es ist die Fläche, auf der der Schattenwerfer senkrecht steht. Außerdem hatte ich zu dieser Grundlinie eine Parallele durch die Spitze des Gnomon zu ziehen. Diese Horizontale teilt den Kreis um die Spitze mit dem Radius 20 m in zwei Hälften, deren obere die (scheinbare) Himmelshalbkugel (Meridian-Kreis) über dem Aachener Horizont widerspiegelt, deren untere als Spiegelbild zur Himmelshalbkugel eine Art halbkugelige Sonnenuhr darstellt. Kurz: Über den Schattenwerfer »Kante Südfenster« im Oktogon von Aachen werden die Sonnenbewegungen im Laufe eines Jahres spiegelbildlich in das Innere übertragen.

Abgesehen von der jeweils unterschiedlichen Höhe eines Gnomon, sieht der Einstieg ins Analemma bis zu diesem Punkt stets gleich aus. Der entscheidende Schritt war nun zu tun: den Winkel einzutragen, unter dem die Strahlen der Sonne an den Äquinoktien, den Tagundnachtgleichen, also im März und September, in Aachen einfallen. Es sind die bereits häufig zitierten 39°, die sich aus der Substraktion 90° minus 51°, der ungefähren Lage Aachens auf der nördlichen Halbkugel, rechnerisch ergeben.

Diesen Einfallswinkel übertrug ich in das Analemma, indem ich ihn auf der Parallel-Linie durch die angenommene Gnomon-Spitze zur Grundfläche vermaß und die entstehende Linie zugleich nach unten bis zur Grundlinie verlängerte. Die so entstandene Linie durch die ganze »Kugel«, die den Lichteinfall der Sonne an den Äquinoktien durch das Aachener Südfenster bis auf den Boden des Oktogons nachzeichnet, ist zugleich die Äquatorebene, parallel zum Äquator.

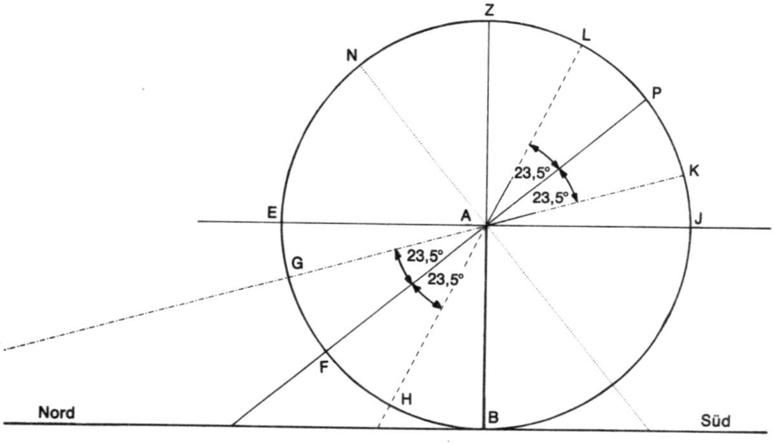

Abb. 19: Des Römers Vitruv Analemma, theoretischer Ansatzpunkt für alle antiken Sonnenuhren im griechisch-römischen Raum, auf Aachens Oktogon und seine Lage auf dem 51. Breitengrad übertragen. In der verkürzten und schematischen Darstellung entspricht die Strecke *A–B* der Höhe des Tambour-Fensters über dem Boden des Oktogons, in seiner Funktion dem Obelisken der Augustus-Sonnenuhr in Rom entsprechend. Über die »Zeigerspitze« *A* hinweg fällt die Sonne auf das »Zifferblatt« Erdboden. Die Linie *E–J* ist eine Parallele zur Fußbodenlinie. Sie teilt den Kreis um *A* mit dem Radius *A–B,* also der Höhe des Schattenfensters, in zwei Halbkreise. Die obere Hälfte entspricht der (scheinbaren) Himmelshalbkugel über dem Horizont, die untere als spiegelbildliches Gegenstück einer halbkugeligen Sonnenuhr. Über die Gnomon-Spitze *A* wirft das Sonnenlicht wechselnd lange Schatten über *F, G* und *H* hinaus (und die Zwischenbereiche) auf die Grundfläche: den Boden des Aachener Doms. Dabei entspricht die Linie *P–A–F* dem Sonnenhöchststand zur Tagundnachtgleiche, die Linie *L–A–H* dem zur Sommersonnenwende, die Linie *K–A–G* dem zur Wintersonnenwende. Nur innerhalb dieses Spektrums liegen die Sonnenbewegung und der Lichteinfall der Sonne in Aachen und seinem Oktogon.

Nun wußte ich nicht erst seit der Beschäftigung mit Vitruv, daß sich die Sonne bis zur Sommersonnenwende um 23,5° nach Norden, bis zur Wintersonnenwende um 23,5° nach Süden bewegt. Um ebendiese 23,5° wandert die Sonne über den Äquator zu den Wendekreisen des Krebses und des Steinbockes.

Übertragen auf mein Aachener Analemma, hatte ich oberhalb und unterhalb der Äquatorlinie, die 39° zur Grund- und damit zu deren Parallel-Linie durch die Gnomon-Spitze verläuft, diese 23,5°-Winkel einzuzeichnen. Es kamen zwei »Strahlen« hinzu, die den Sonneneinfall in Aachen, in unserem speziellen Fall durch das Oktogon-Südfenster, am Tag des höchsten und des niedrigsten Sonnenstandes zur exakten Mittagszeit kennzeichnen. Wer die Sonnenlinien bis zur Grundlinie verlängert, steckt dort zugleich den Raum ab, in dem sich die Sonne in Aachen im Verlaufe eines Jahres bewegt. Zugleich ergaben sich Schnittpunkte dieser Strahlenlinien mit dem um die Gnomon-Spitze geschlagenen 20-Meter-Kreis, der symbolischen Sonnenbahn.

Es ist der Zodiak-, der Monatskreis, mit dessen Hilfe das Zifferblatt der Horizontaluhr auf der Erde präzisiert werden kann. T 35 S. 189 Ich ergänzte mein Aachener Analemma, indem ich zunächst die Schnittpunkte der Wendekreislinien mit dem Kreis der Sonnenbahn verband und um den Mittelpunkt dieser Verbindungslinie wiederum einen Kreis zog, der die erwähnten Schnittpunkte durchlief. Der Zodiak-Kreis war entstanden. Teilt man diesen Kreis in zwölf Einheiten und verbindet die sich gegenüberliegenden Teilungspunkte über die eben erwähnte Verbindungslinie hinaus, so erhält man erneut Schnittpunkte mit dem Sonnenkreis. Ich verband nun die Gnomon-Spitze mit diesen Schnittpunkten und verlängerte die Verbindungslinie bis zur Grundfläche. Das Ergebnis: Die Einteilung dieser Grundfläche in sechs Teilflächen A 20–22 S. 108–109 läßt bereits die Einteilung des Jahres in zwölf Monate zu.

Doch genug der Theorie. Mich interessierte, wie sich das Analemma im Dom zu Aachen auswirken würde. Der nächste Schritt war daher: Maßstabsgerecht legte ich das Analemma auf den Aufriß des Oktogons und stellte fest, daß es ganz besondere Punkte waren, die an ganz bestimmten Tagen von den einfallenden Sonnenstrahlen berührt wurden: Zur Tagundnachtgleiche A 23 S. 110 fiel der Strahl auf den Fuß des Nordgitters in der Oberkirche und auf die Außenmauer des 16ecks in der Unterkirche. T 24 S. 178

Für mich war es nun eindeutig: Das Aachener Oktogon ist eine Uhr, von Karl gewollt, von seinen Baumeistern entworfen und in einen Kirchenraum kon-

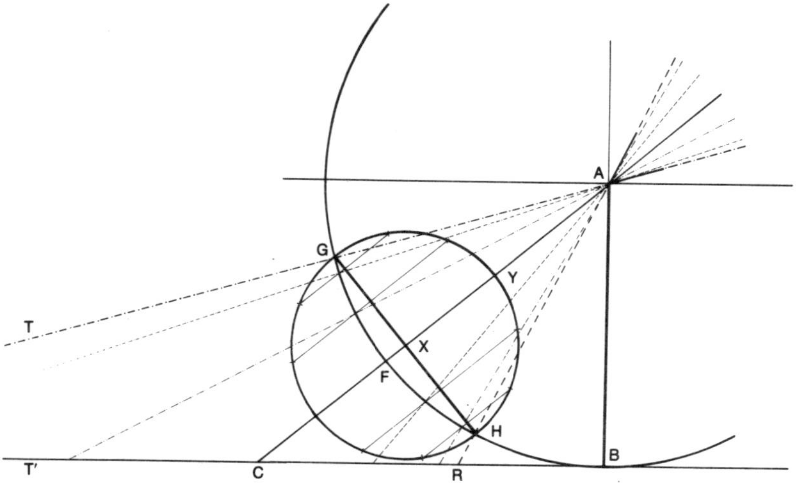

Abb. 20: Der Zodiak-Kreis, der Monatskreis, ist das wichtigste Hilfsmittel, um das Zifferblatt der Uhr auf der Erde zu präzisieren: Dazu sind die Schnittpunkte der Wendekreislinien mit dem Kreissegment der Sonnenbahn (in *G* und *H*) miteinander zu verbinden. Der Schnittpunkt dieser Linie mit der Linie *(A–C)* der Tagundnachtgleichen in *X* wird die Mitte des Zodiak-Kreises mit dem Radius *G–X* bzw. *H–X*. Wird der Kreisbogen in zwölf gleiche Teile zerlegt und die sich jeweils gegenüberliegenden Teilungspunkte miteinander verbunden (dünne durchgezogene Linien im Kreis), entstehen erneut Schnittpunkte mit dem Sonnenkreis (Kreissegment *G–F–H*). Verbindet man nun die Gnomon-Spitze (Höhe Tambour-Fenster) mit diesen neu entstandenen Schnittpunkten und verlängert sie darüber hinaus bis zur Grundlinie, entsteht auf dem Domboden bereits ein Zifferblatt im Grobraster: Die Einteilung der Grundfläche in sechs Teilbereiche, die dabei entstanden sind, läßt bereits die Einteilung des Jahres in zwölf Monate zu.

zipiert. Sie geht nicht mehr so exakt wie einst zu der Zeit, in der die Zahlen galten, in deren System sich die Erde damals bewegte. Doch damit trifft den Aachener Dom kein Einzelschicksal. Dieses Schicksal teilt er mit allen Sonnenuhren der antiken Welt, die selbstverständlich entsprechend den astronomisch gültigen Zahlen ihrer Zeit erbaut wurden.

Die Einmaligkeit der Aachener Uhr wird jedoch beim Vergleich mit den anderen Sonnenuhren offensichtlich: Ihr Zifferblatt ist keine Projektion des zu den jeweiligen Jahreszeiten einfallenden Lichtstrahls in die Ebene des Fußbodens. Das wäre in dem relativ kleinen Raum auch gar nicht zu machen.

A 24 Das »Aachener Zifferblatt« verteilt sich auf den ganzen Raum mit markan-
S. 111 ten Punkten an und auf seinen Säulen, Gittern und Leuchtern. Ich fühlte mich in meinen Vermutungen vollauf bestätigt.

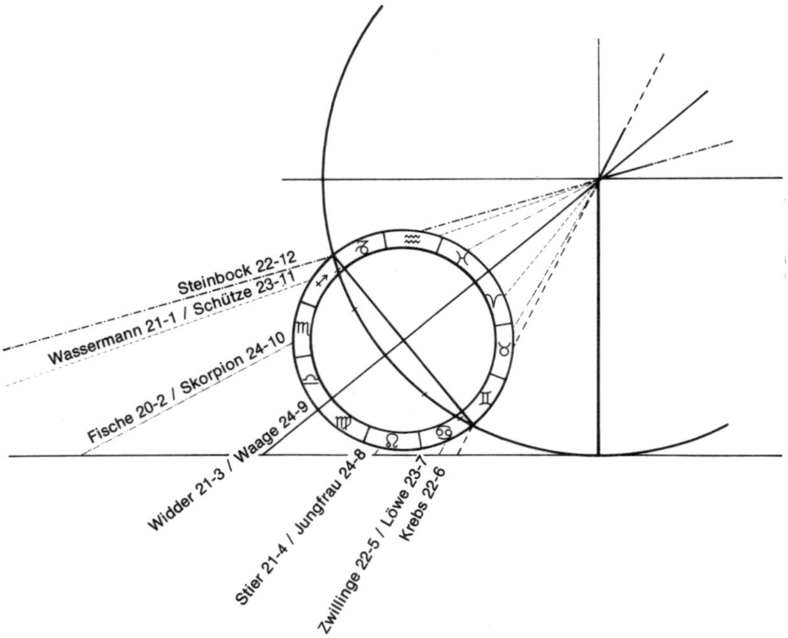

Abb. 21: Der Zodiak-, der Tierkreis, in das Aachener Analemma eingezeichnet und mit den Namen kenntlich gemacht.

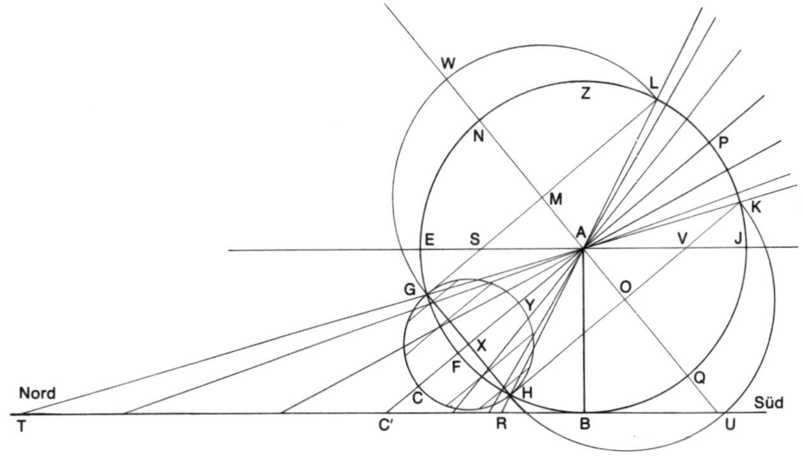

Abb. 22: Das komplett gezeichnete Analemma nach Vitruv, auf Aachener Verhältnisse übertragen. *A–B* ist wieder die Gnomon-Höhe, der Kreis um *X* mit den Schnittpunkten *G* und *H* der Zodiak-Kreis für die Bestimmung der Zeit im Laufe eines Jahres.

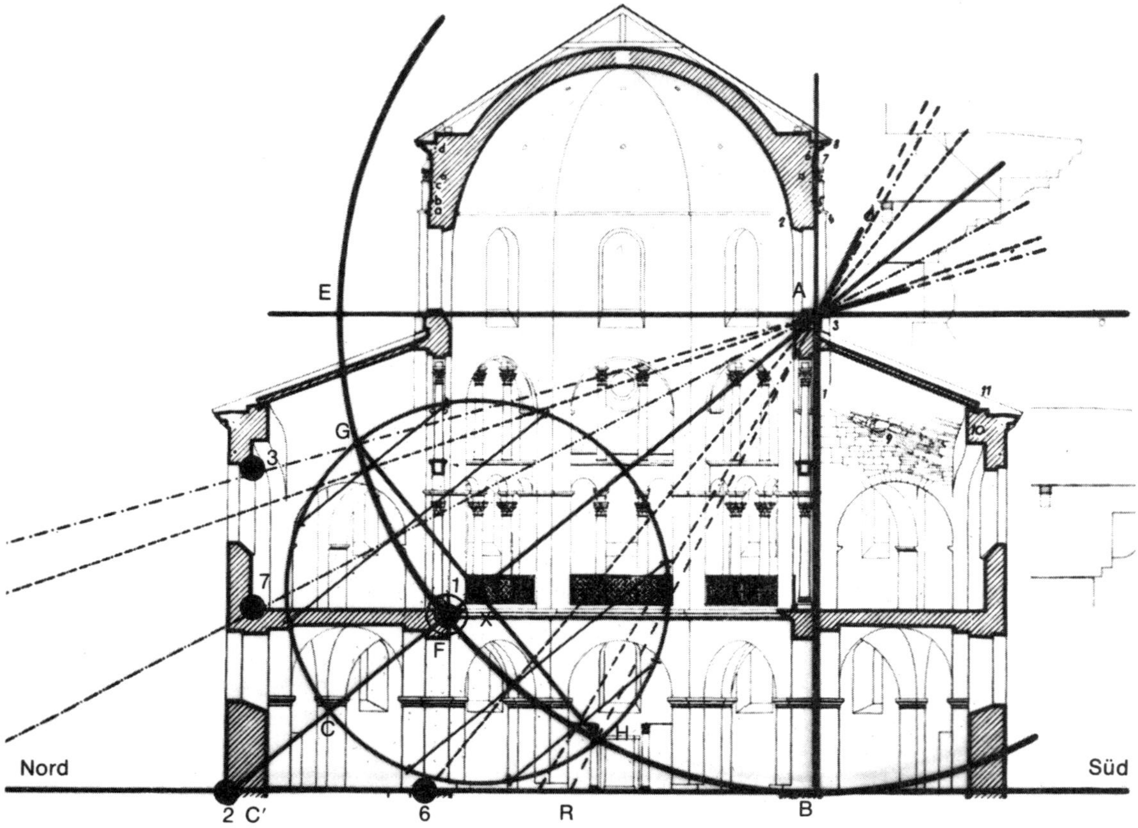

Abb. 23: Von der Analemma-Theorie in die Oktogon-Praxis: Übertragen in den Domaufriß – *A–B* entspricht der Höhe des Tambour-Fensters, das als Zeigerspitze fungiert –, ergeben sich bereits im Grobraster markante Punkte im Dom: Der Strahl der Sonne zum mittäglichen Höchststand an den Tagundnachtgleichen (Linie *A–X–F*) fällt einmal auf den Fuß des Nordgitters in der Oberkirche (1) und gleichzeitig auf die Außenmauer des 16ecks (2). Am Tag der Wintersonnenwende trifft der einfallende Mittagsstrahl in 3 auf die Oberkante des oberen Fensters im 16eck. Die Außenmauer des Oktogons wird in 6 an den beiden Tagen von der Sonne getroffen, wenn die Sonne in das Sternzeichen Stier bzw. Jungfrau tritt. Zu Beginn der Sternzeichen Fische bzw. Skorpion treffen die Strahlen der Sonne während ihres Höchststandes in 7 die Innenkante der Außenmauer in der Oberkirche. Aufriß: Dombaumeister a. D. Dr. F. Kreusch.

Die nächste Entdeckung entsprang reinem Spieltrieb. Bei all diesem Übereinanderschieben von Analemma und Domaufriß, Abmessen und Sichern von zeitlichen Fixpunkten im Dom geriet das Analemma mit seinem Zodiakus auch einmal in die Kuppel des Oktogons. Dabei stellte ich mit Verblüf-

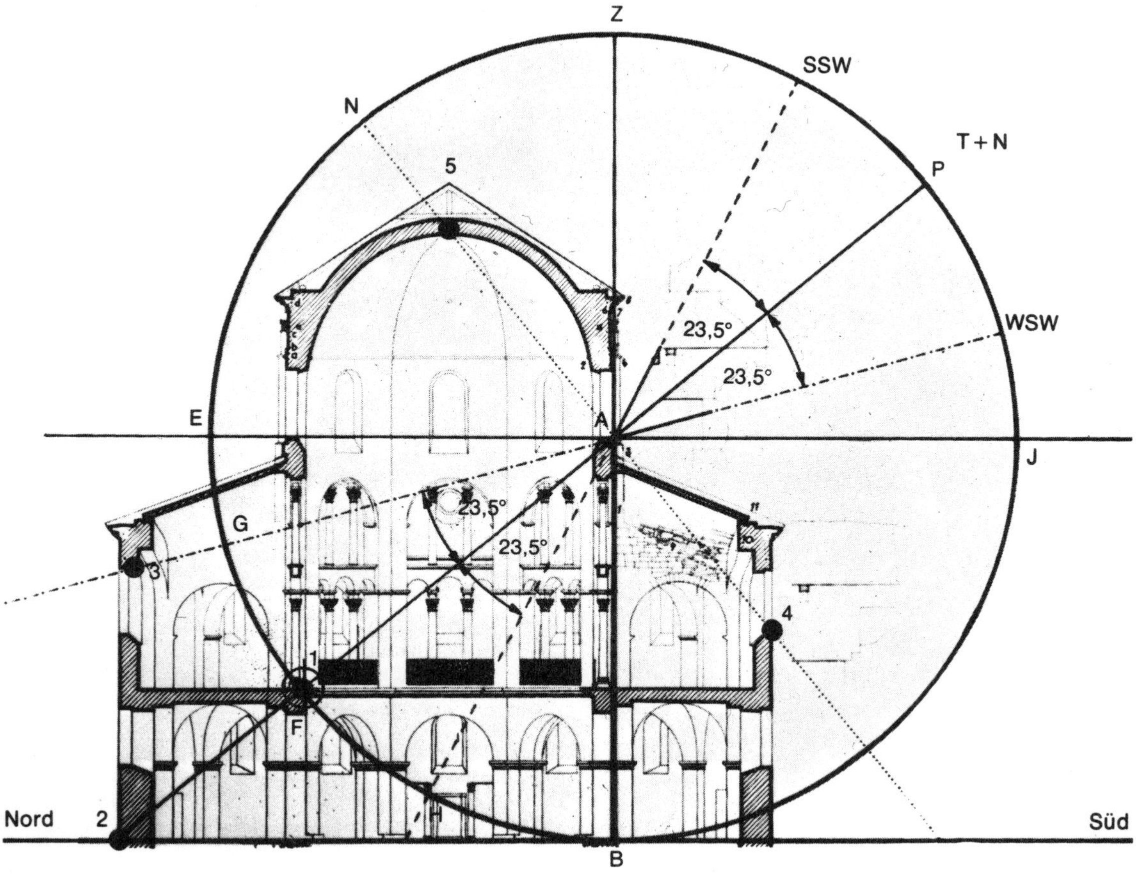

Abb. 24: Ergänzt man die Sonnenbahn um den Aachener Gnomon und um die Polachse, ergibt sich ein verblüffendes Phänomen: Sie verläuft einmal genau durch die Kuppelspitze (5), zum anderen berührt sie die Unterkante des Fensters in der Oberkirche des 16ecks (4). Die markanten Punkte 1–3 sind bekannt aus der vorigen Zeichnung. Aufriß: Dombaumeister a. D. Dr. F. Kreusch.

fung fest, daß der für Aachen und seine Lage auf dem 51. Breitengrad konzipierte Zodiak-Kreis exakt in die Kuppel hineinpaßt. Kurz: Die Maße der Kuppel entsprechen genau denen des Monatskreises von Aachen.

Von nun an war der Aachener Dom Karls des Großen für mich in Stein gehauene Astronomie, war er ein Spiegel kosmischer Zahlen. Ich sah vor mir eine geniale Grundkonzeption, die bis in letzte Feinheiten festgehalten war und sich hinter der Fassade einer christlichen Kirche versteckte. Denn welcher Bewunderer des Oktogons kommt auf die Idee, ein astronomisches

Wunderwerk vor sich zu haben, zumal sich die in Stein gehauenen kosmischen Werte nach den Anbauten der Jahrhunderte noch schwerer entdecken lassen als im Angesicht des Urbaus Karl des Großen.
Konnte es noch überraschender kommen? Es konnte, und ein weiteres Mal kam mir der Zufall zu Hilfe, wenn ich ihm auch etwas nachhalf. Nach dem so ergebnisreichen Spiel mit dem Analemma auf dem Domaufriß übersetzte ich T 54 S. 209 auch die Skizzen des ägyptischen Obelisken aus dem Rom des Kaisers Augustus in den entsprechenden Maßstab von 1 : 100, und ein weiteres Mal verblüffte mich das Ergebnis: Der Urobelisk aus Heliopolis, der Stadt des Helios am Nil, der für das Solarium des Augustus auf einen Sockel erhoben worden war, entspricht in seiner Länge von 21,79 m (mit Spitze) fast genau der Höhe der Fenstermitte des südlichen Tambour-Fensters, dem ich die Rolle des Schattenwerfers für die Aachener Uhr zugedacht hatte. Ohne seine pyramidenförmige Spitze schloß die Obeliskenhöhe zudem fast genau mit der Unterkante Fenster in Höhe von rund 20 m ab. Daß der Grundflächenwinkel der Pyramidenspitze des Obelisken mit 63° fast genau dem Einfallswinkel der Sonne zum Zeitpunkt des mittäglichen Höchststandes zur Sommersonnenwende in Aachen entspricht, sei nur als Marginalie erwähnt.
Doch der Verblüffung war noch kein Ende: Wie zum krönenden Abschluß stellte ich fest, daß der gesamte Gnomon, so, wie er im Solarium des Augustus auf dem Marsfeld stand, mit Bodenplatte, Basis, Sockel, dem Originalobelisken, der Pyramidenspitze und der abschließenden Kugel – sie war mit einer goldenen Spitze als Endpunkt des Gnomons der eigentliche Schattenwerfer –, ins Oktogon von Aachen versetzt, fast genau bis zur Kuppel reicht: Die Höhe des Augusteischen Schattenwerfers entspricht der Höhe des Oktogons von der Grundfläche bis in die höchste Spitze des Kuppelgewölbes.
Vitruv, in Aachen von den Hofgelehrten so hoch geschätzt, trug in Aachen ganz offensichtlich steinerne Früchte. Und nicht nur das: Man mußte sich sehr intensiv mit dem Solarium des Augustus beschäftigt und es zum Teil nach Aachen übersetzt haben.
Das Lothar-Kreuz hatte ich bei all diesen Berechnungen und Zufallsergebnissen nie aus den Augen verloren. Schließlich hatten mich die Winkelverhältnisse in diesem Kreuz erkennen lassen, daß es so etwas wie eine Meßlatte für Aachen war, daß es astronomische Verhältnisse der Kaiserstadt widerspiegelte und damit als zeitlich wesentlich späteres Produkt als das Oktogon gleichwohl astronomisches Wissen aus der Karl-Zeit exakt wiedergab.

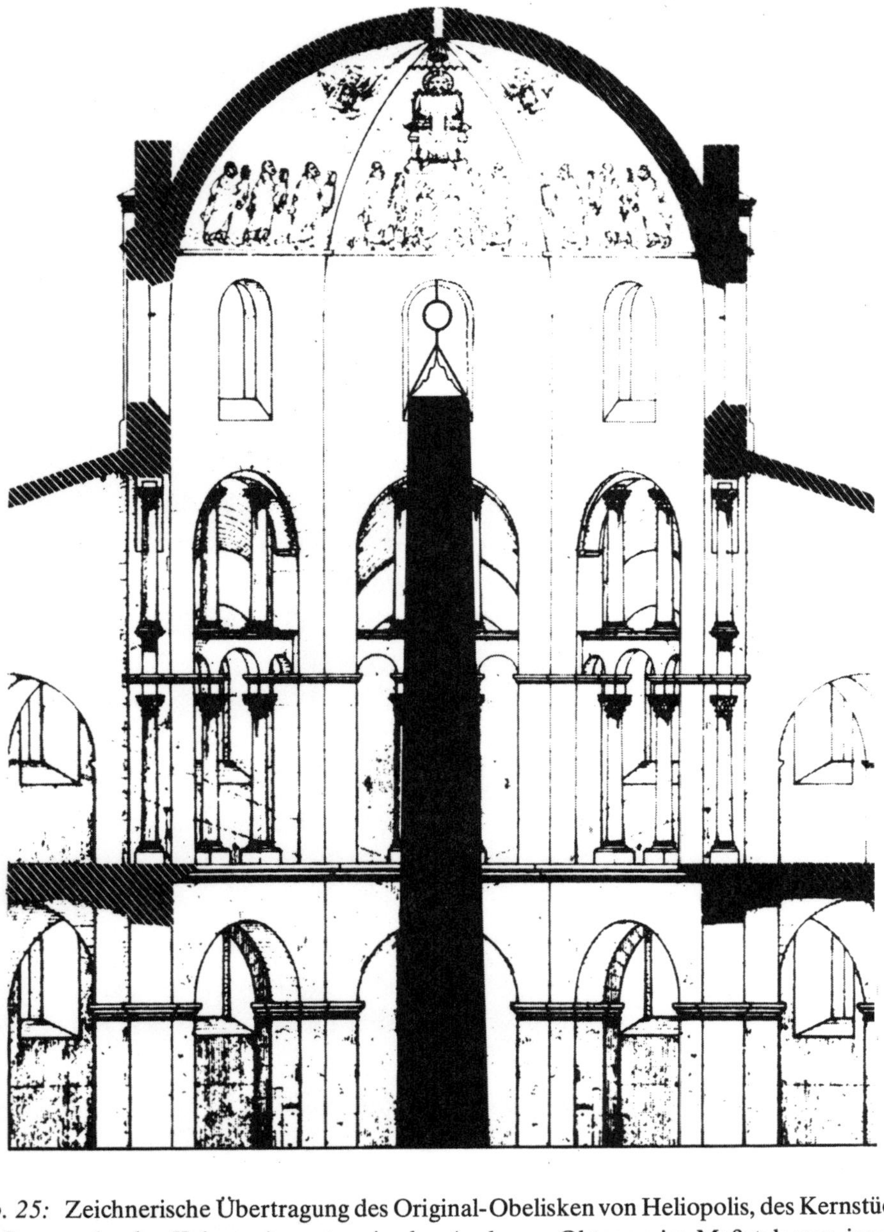

Abb. 25: Zeichnerische Übertragung des Original-Obelisken von Heliopolis, des Kernstücks der Sonnenuhr des Kaisers Augustus, in das Aachener Oktogon im Maßstab von jeweils 1 : 100: Ohne den pyramidenförmigen Aufsatz und die Kugel erreicht er mit seiner Höhe genau die Unterkante des Tambour-Fensters. Der Schattenwerfer von Aachen und der von Rom (ohne seinen Sockel) sind in ihrer Höhe identisch. Der Mittelpunkt der goldenen Kugel ist zugleich der Mittelpunkt des oberen Fensterbogens mit dem Radius einer Megalith-Elle von 0,829 m. Domaufriß: Dombauhütte um 1883. Obelisk: Prof. Dr. E. Buchner. Beide Zeichnungen im gleichen Größenverhältnis zueinander.

Es war deswegen das Ergebnis gezielter Überlegung, als ich das Aachener Analemma auch auf das Lothar-Kreuz projizierte. Dabei stellte sich heraus, daß der Kreis der Sonnenbahn, wie bisher von mir im Maßstab 1 : 100 verwendet, entscheidende Punkte des Kreuzes miteinander verbindet und berührt: Er läuft einmal genau durch die äußersten Spitzen des Kreuzquerbalkens und die des oberen Kreuzteils und geht zum anderen durch die Fußwunden des Corpus Christi. Doch nicht genug: Die von mir bisher noch nicht erwähnten Konstruktionslinien erhielten in diesem Zusammenhang zum ersten Mal Bedeutung. Diese Linien entstehen bei der Verbindung der Schnittpunkte der Einfallsstrahlen zur Winter- und Sommersonnenwende mit der Sonnenbahn im Aachener Analemma. Der über diesen Verbindungslinien jeweils geschlagene Halbkreis entspricht dabei einmal der Sonnenbahn der Sommersonnenwende und das andere Mal der der Wintersonnenwende. Ich stellte nun fest, daß die Sonnenbahn nicht nur die bereits erwähnten Punkte des Kreuzes berührt und miteinander verbindet, sondern diese Konstruktionslinien zugleich – wenn die Grundlinie des Analemmas und die gedachte Standfläche des Kreuzes parallel liegen – durch die Wundmale an den Händen des Gekreuzigten verlaufen. Die Horizontlinie deckt sich mit dem Kreuzbalken.
Die Verbindung von Kreuz und Oktogon, die zeitlich rund 200 Jahre in ihrer Entstehungsgeschichte auseinanderliegen, war damit klar, und damit wird das Lothar-Kreuz eindeutig nicht nur ein zufällig nach Aachen gelangtes Geschenk nachfolgender Herrscher, sondern Anspielung und Widerspiegelung astronomischer Kenntnisse, die uns das Oktogon in Mengen liefert. Beide, Kreuz und Oktogon, gehören zusammen, ergänzen sich gegenseitig und verraten viel von den astronomischen Kenntnissen der Zeit zwischen 800 und 1000.
Bisher hatte ich mich fast nur mit dem Lichteinfall der Sonne in das Oktogon beschäftigt, denn sie setzt im Jahresverlauf Zeichen, Zeitzeichen. Zugleich plagte mich allerdings die Frage, ob nicht auch andere Gestirne in einem Kalenderbauwerk wie dem Aachener Kuppelbau Markierungspunkte setzen. Die eminente Bedeutung des Großen Bären für die nördliche Hemisphäre – seine symbolische Bedeutung sprach ich bereits früher an – ist offenkundig. Seine Rotationsbewegung um den Polarstern, sein jeweiliger Stand, kann dem Kundigen eine gute nächtliche Uhr sein. Jeder, der nachts den Himmel beobachtet, kann davon Gebrauch machen.

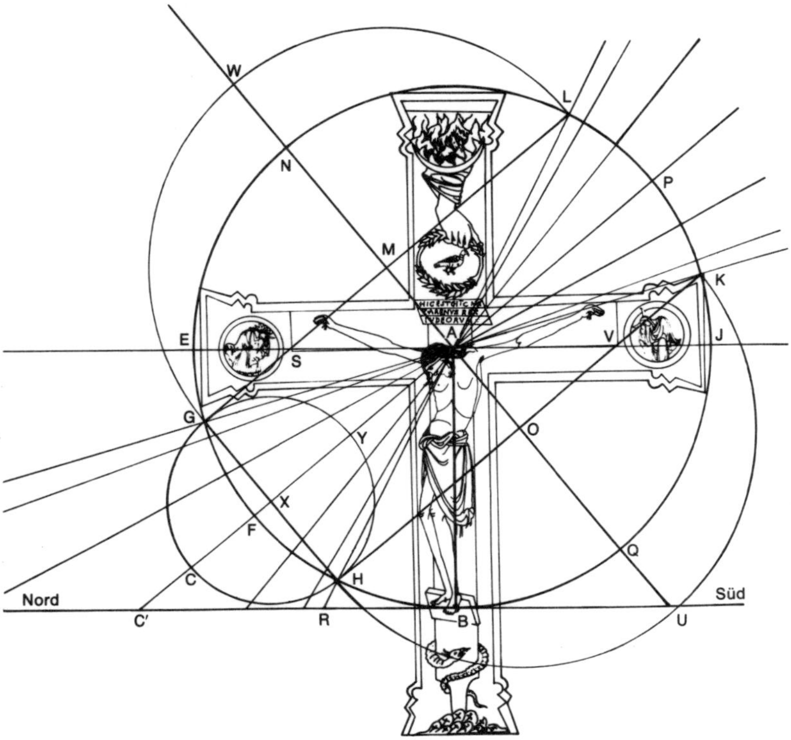

Abb. 26: Auf verblüffende Weise läßt sich das Analemma im Maßstab 1 : 100 auf das Lothar-Kreuz in Originalgröße übertragen: Setzt man die Fußwunde Christi als Basis des Gnomons, dann berührt die geometrische Sonnenbahn die Kreuzenden in sechs Punkten.

Der Polarstern schien mir denn auch der Beobachtung wert. Schon deswegen, weil sein Winkelstand zum Punkt Aachen, ob er nun sichtbar oder unsichtbar ist, bei Tag wie bei Nacht, mit 51° der Lage der Stadt auf dem entsprechenden Breitengrad entspricht.

Das Analemma schien mir zunächst die passende Vorlage, in die ich die Polachse mit dem genannten Neigungswinkel von 51° einzeichnete. Dabei stellte ich zugleich fest, daß die neue Linie den Zodiak-Kreis zu Beginn der Tierkreiszeichen von Stier und Jungfrau durchschnitt. An den damit fixierten beiden Tagen des Jahres, dem 21. April und 24. August, entspricht der mittägliche Sonnenhöchststand mit 51° dem fixen Winkel der Polachse.

Nach der Theorie in die Praxis: Ich verlegte die beiden Strahlen in den Aufschnitt des Oktogons, indem ich über die Unterkante des Nordfensters in der

Oberkirche den »Lichtstrahl« des Polarsterns durch das Südfenster in gleichem Winkel das Mittagssonnenlicht der bereits genannten Tage fallen ließ. Aachens Analemma und seinen Tierkreis in Erinnerung, schlug ich um den neu gewonnenen Schnittpunkt beider Strahlenlinien einen maßstabsgerechten Kreis mit dem Radius des für Aachen ermittelten Zodiak-Kreises. Und als ob sich nicht bereits genug Überraschungen ergeben hätten, kam eine neue hinzu: Der Kreis um den Schnittpunkt mit dem Zodiak-Radius berührt zum einen den Fuß des bereits im Eingangskapitel so wichtig gewordenen Nordgitters – genau auf dessen Grundlinie trifft der Mittagssonnenstrahl an den Tagen der Tagundnachtgleiche im April und September – zum anderen, und das war die wesentlich größere Überraschung, verläuft die Linie des neu fixierten Zodiak-Kreises durch die gesamte Länge der Innensäulen in der Oberkirche, die zwischen den Gittern stehen. Die entsprechenden Kreissegmente laufen vom Beginn des Säulenschafts (ohne Basis) durch die ganze Länge der Säulen und das Kapitell. Die Säulen, von denen hier die Rede ist, stammen übrigens aus Ravenna und Rom und wurden vom Papst für das Aachener Oktogon gestiftet.

T 42
S. 196
Die Länge dieser Säulen – wie immer interessierte mich das Maß – beträgt jeweils vier Meter, was acht Babylonischen Ellen oder zwölf Karolingischen Fuß entspricht. Doch nicht genug der faszinierenden Feststellungen und neuen Erkenntnisse: Diese Vier-Meter-Säule paßt, aneinandergereiht, genau zwölfmal in den Umfang des Aachener Zodiak-Kreises hinein, wie leicht nachzumessen ist.

Symbole über Symbole also, entspricht doch die Säulenlänge, maßstabsgerecht in den Tierkreis eingebracht, den Segmenten der Tierkreiszeichen, zwölf an der Zahl. Und damit symbolisiert sie in ihrer Höhe nicht nur ein Zwölftel des Jahres, sondern hat eine für die Aachener Lage auf dem 51. Breitengrad typische und nur für diese Stadt charakteristische und bedeutungsvolle Höhe.

Zudem wurde ich nach diesen Feststellungen wieder einmal an die Apokalypse des Johannes erinnert, in der Zahlen und Maße für das beschriebene Himmlische Jerusalem so bedeutungsschwer sind: Die Länge der aneinandergereihten zwölf Aachener Säulen ergibt nämlich die Länge von 144 Karolingischen Fuß und damit eine der »heiligen Maßzahlen« der Apokalypse. Dort ist es die Länge der Mauern um die Himmlische Stadt, die mit 144 Ellen angegeben wird.

Daß das Aachener Oktogon in seiner Anlage Hinweise auf dieses Himmlische Jerusalem bietet, ist in der Wissenschaft unbestritten. Ich fragte mich nun, ob die gefundene Säule darüber hinaus so etwas wie eine Meßlatte ist, die auf das ganze Bauwerk anlegbar ist. Erinnert wurde ich bei diesen Überlegungen an die »Salomonische Säule«, die ebenfalls als Maßeinheit für ein ganzes Bauwerk gegolten hatte und als solche benutzt worden war.

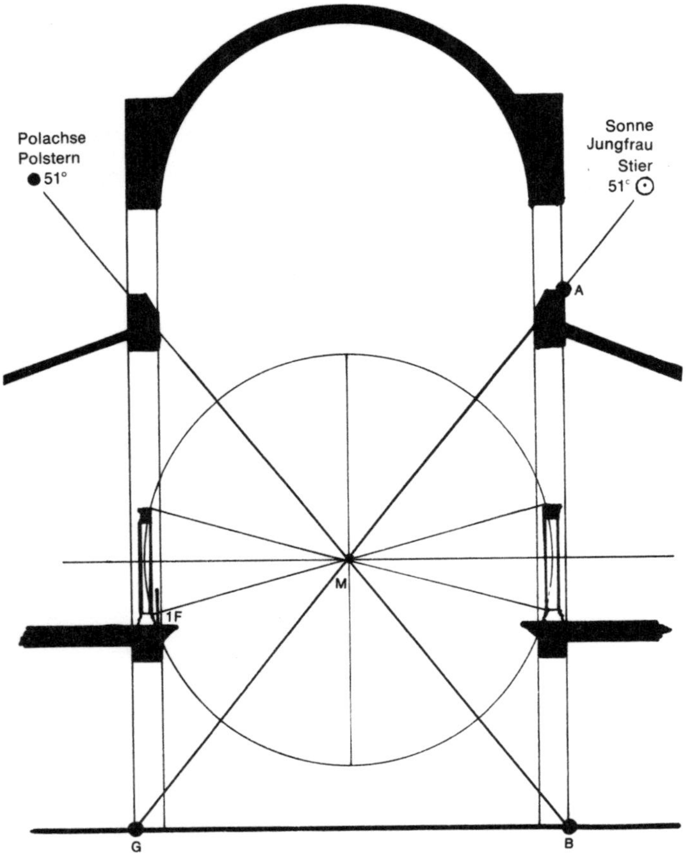

Abb. 27: Zwei markante Linien, in Karls Oktogon übertragen: Die Polachse mit dem für Aachen gültigen Neigungswinkel von 51° und der Sonneneinfall mit dem gleichen Winkel, erreicht zur Mittagszeit des 21. April (Stier) und 24. August (Jungfrau) eines jeden Jahres *(A–G)*. Schlägt man um den Schnittpunkt beider Linien *(M)* einen Kreis, der maßstabgerecht dem Zodiak-Kreis des Aachener Analemmas entspricht, so berührt er Füße und Kapitelle der Säulen in der Oberkirche. Außerdem läuft die Kreislinie durch den gesamten Säulenschaft und die Basis der die Oberkirche zum Oktogon hin abschließenden Bronzegitter. Das Maß von zwölf solchen Säulen, 4 m lang – das sind acht Babylonische Ellen oder zwölf Karolingische Fuß –, entspricht dem Umfang des Zodiak-Kreises in Aachen.

Aachen – ein Himmlisches Jerusalem

Kreise, Winkel, Relationen: Nichts ist uns in Aachen offensichtlich so sicher wie die Überraschung, nichts ist dort planlos geschehen, alles vielmehr dem Prinzip von Mathematik und Astronomie zugeordnet. Darüber hinaus gibt es unleugbare Beziehungen zwischen Oktogon und wichtigen Gegenständen des Doms, unübersehbare – falls man sie sehen will – Bezüge zwischen allen möglichen Bereichen. Bislang waren es Dom und Lothar-Kreuz, die mir – aufeinander verweisend – manche Erkenntnis gebracht hatten. Jetzt wollte ich erkunden, ob es vielleicht auch außerhalb des Oktogons Gesetzmäßigkeiten gab, die denen im inneren kirchlichen Bezirk entsprachen. Doch wo ansetzen, das war die Frage. So machte ich mich daran, zunächst den Stadtplan der alten Kaiserstadt auf wichtige Daten abzufragen.

Dahinter stand die Vorstellung, daß die Mathematiker und Astronomen, die in Aachen am Werk gewesen waren, vermutlich auch Bezüge im übersehbaren Weichbild des Pfalzbereichs herzustellen wußten. Vielleicht gab es auch hier Hinweise auf den eigentlichen Kalenderbau?

Den letzten Anstoß, nach »draußen« zu gehen, gab mir die Relation zweier Kreise, die das Lothar-Kreuz und den Dom Karls ein weiteres Mal in Bezie-
T 45a+b hung brachten: Die beiden Kreise um Sonne und Mond auf der Kreuzigungs-
S. 199 seite des Lothar-Kreuzes – die ich übrigens als Symbole des Tierkreises (Zo-
T 37b diak) ansehe – stehen, was die beiden unterschiedlichen Durchmesser an-
S. 191 geht, in der gleichen Relation zueinander wie die beiden Kreislinien, die die
T 35 Stützpfeiler des Achtecks ergeben. Der Kreis entlang der Innenkanten der
S. 189 Pfeiler steht zu dem, der entlang den Außenkanten verläuft, im gleichen Verhältnis zueinander wie die Doppelkreise im Lothar-Kreuz.

Doch zurück in die Stadt. Ich ging von der Vorstellung aus, auch hier Relationen zu finden, wie sie der Dom und seine Schätze hergeben. Dabei hielt ich mich an Daten, die bereits in karolingischen Zeiten oder gar davor von heidnischer oder christlicher Bedeutung waren, sowie an Kirchen mit einer jahrhundertealten Tradition. Das Ergebnis: Die folgenden Punkte fielen mir zunächst ins Auge. Das sind der Dom (1), St. Jakob (2), St. Peter (3), St. Adalbert (4), St. Paul (11) und St. Nikolaus (9). Außerdem fand ich einige Naturdenkmale, die seit alters her für Aachen von Bedeutung sind: den Quellenbezirk am Büchel in Aachen (8), den Grannusturm (7) und das Naturdenkmal am Templergraben (12). A 28 S. 122

Mein nächster Schritt war im Rahmen meiner bisherigen Untersuchungen nur folgerichtig: Die Bedeutung der Kreise in Dom und Lothar-Kreuz bedenkend, überzog ich die Stadt mit einem Netz von Kreisen, die alle den Dom als Mittelpunkt hatten. Gleichzeitig visierte ich natürlich die von mir im Stadtgebiet gefundenen Daten als Punkte in den entsprechenden Kreisen an. Das Ergebnis war ermutigend: Auf vier der so entstandenen Kreise um den Mittelpunkt Oktogon lagen je mindestens zwei der zuvor festgelegten karolingischen oder frühzeitlichen Daten. Kreis IV (von innen nach außen) verband Grannusturm (7) und den Quellbereich am Büchel (8), zwei Punkte voller historischer Bedeutung, miteinander. Auf dem zweiten Kreis (V) fanden sich die Kirchen St. Nikolaus (9) und St. Paul (11) einträchtig beisammen, Kreis VI verband St. Peter (3) und das Naturdenkmal am Templergraben (12), wo heute Kastanien stehen, Kreis VII, der Kreis mit dem größten Radius, verband St. Adalbert (4) und St. Jakob (2), jene neugotische Kirche, die in unmittelbarer Nähe der einstigen Hubertuskapelle Karls liegt. Sieben Kreise also!

Waren das nun Zufälle oder Teile einer Konzeption, die zu Oktogon und Lothar-Kreuz in enger Beziehung standen? Wahrscheinlicher schien mir, daß auch dahinter Planung und Bewußtsein stand, zumal erste Untersuchungen ergaben, daß die Radien der beiden äußeren Kreise VI und VII wiederum in derselben Relation zueinander standen wie die Doppelkreise um Sonne und Mond im Lothar-Kreuz einerseits und die bereits erwähnten Kreise um Innen- und Außenkanten der Stützpfeiler des Oktogons andererseits.

Neben dem Kreis haben Winkelmaße stets wiederkehrende Bedeutung in Aachen, wie die bisherigen Untersuchungen zeigten. So war mein zweiter Schritt bereits vorprogrammiert: Ich zeichnete Winkel und überzog das Stadtgebiet mit einem Netz rechtwinkliger Dreiecke, deren Eckwerte von den bereits erwähnten Kirchen, Naturdenkmälern und ähnlichen Daten vorgegeben wurden. So entstanden sieben solcher Dreiecke mit den Punkten: A 29 S. 123

1. Dom–St. Peter–Naturdenkmal Burtscheid
2. Dom–St. Jakob–Naturdenkmal Burtscheid
3. Dom–St. Peter–St. Adalbert
4. Bücheltherme–St. Adalbert–St. Salvator
5. Bücheltherme–St. Adalbert–St. Nikolaus
6. Grannusturm–St. Adalbert–St. Salvator
7. St. Jakob–Naturdenkmal Burtscheid–St. Johann Burtscheid

Bei diesem letzten Dreieck haben die beiden anderen Winkel die Werte 39°, das entspricht dem Sonnenstrahl zur Tagundnachtgleiche mittags. Der andere Winkel ist 51°, was dem Strahl des Polsterns entspricht.

So überraschend sich diese Aachener Dreiecksverhältnisse auch präsentieren, so scheinen zwei andere Linien freilich von noch wesentlich größerer Bedeutung zu sein. Bereits ein erster Blick auf die Karte mit den gekenn-
A 31 zeichneten Daten zeigt, daß Dom, St. Jakob und St. Peter auf einer fast gera-
S. 126 den Linie liegen, die – grob gesprochen – von Nordosten nach Südwesten durch das Stadtgebiet läuft. Mag diese Tatsache bereits erstaunlich sein, dem Kenner von Stonehenge bereitet sie beim zweiten Hinsehen, sprich Nach-
A 32 messen, einen Aha-Effekt: Es ist die auf Aachen übertragene »Stonehenge-
S. 127 Linie«! Mit anderen Worten: Die drei Kirchen, Dom, St. Jakob, St. Peter,
T 5 liegen auf der Linie des Strahles, den die Sonne beim Aufgang am Tag der
S. 157 Sommersonnenwende über Aachen wirft.

Noch eine zweite Linie ist zumindest der Erwähnung wert, weil auch sie astronomisch ausgerichtet ist: Genau in Nord-Süd-Richtung verläuft die Linie, die den alten heidnischen Quellbereich am Büchel im Süden über St. Nikolaus mit St. Salvator genau nördlich davon verbindet.

Abb. 1: Im Osten geht die Sonne auf, im Westen geht sie unter: Wer diese selbstverständliche Feststellung prüft, erlebt eine Überraschung. In Aachen jedenfalls ging die Sonne am 16. Juli 1977 fast 40° nördlich des exakten Ostpunktes auf. Es war genau 4.47 Uhr MEZ. Der Plan, vom Langen Turm *(LT)* aus den Aufgang der Sonne zwischen Karls Palastaula (7) und Dom (1) festzuhalten, ließ sich erst um etwa 8.00 Uhr MEZ verwirklichen, also über drei Stunden, nachdem sich die Sonne im Nordosten über den Horizont erhoben hatte. Die Zeichnung veranschaulicht den Sonnenstand von Sonnenaufgang um 4.47 Uhr an bis 9.00 Uhr MEZ. In dieser Zeit erhob sich die Sonne bis zu einem Lichteinfallswinkel von 37,57° über den Horizont. *SH* ist die Sonnenhöhe, *AZ* das Azimut. Das ist der Winkel über der Linie nach Norden, im Uhrzeigersinn gemessen. Als die Sonne genau im Osten stand, betrug der Sonneneinfallswinkel über der Erdoberfläche 28°, das Azimut also 90°. ▷

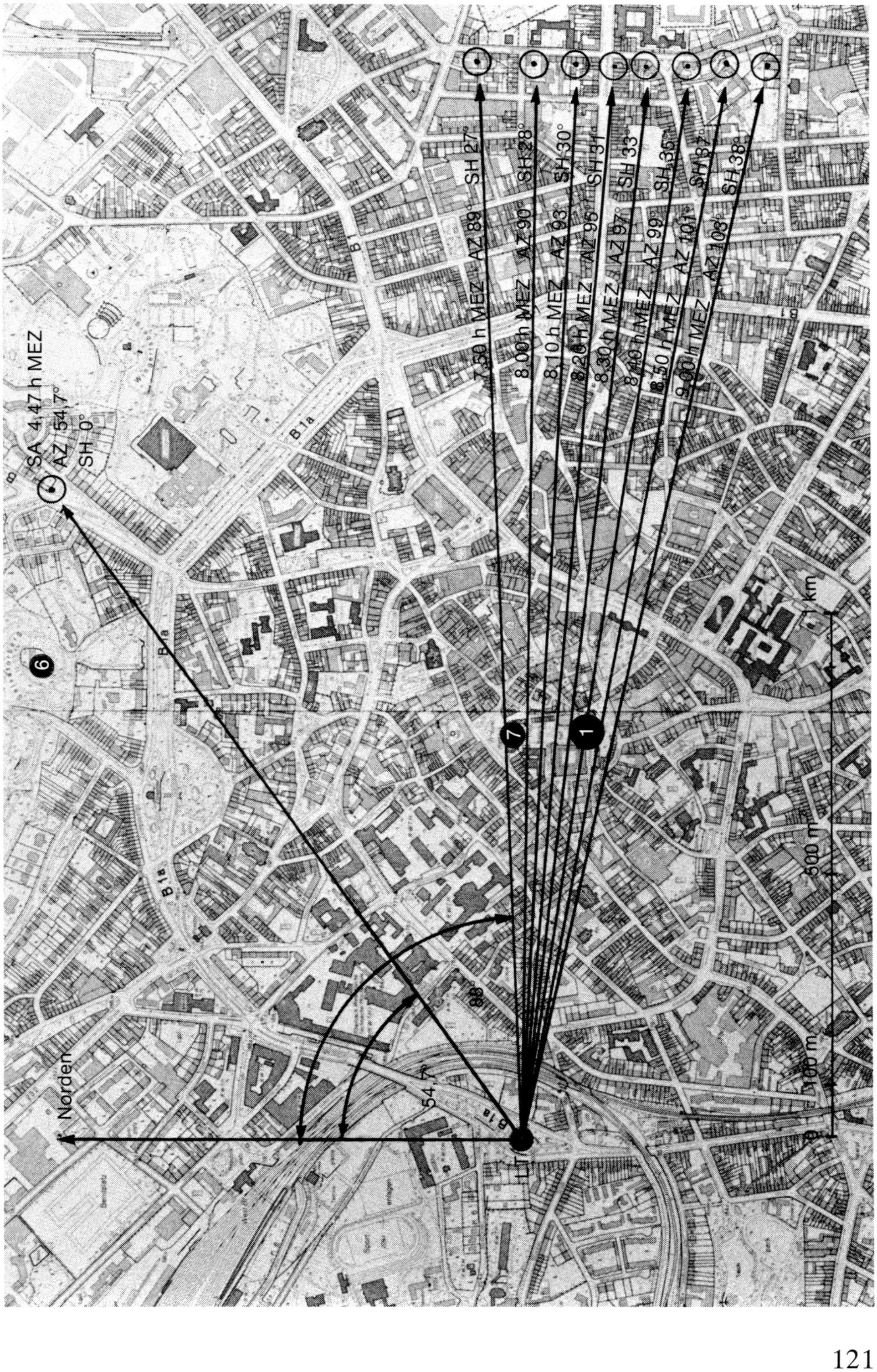

SA 4.47 h MEZ
AZ 54,7°
SH 0°
7.50 h MEZ AZ 89° SH 27°
8.00 h MEZ AZ 90° SH 28°
8.10 h MEZ AZ 93° SH 30°
8.20 h MEZ AZ 95° SH 31°
8.30 h MEZ AZ 97° SH 33°
8.40 h MEZ AZ 99° SH 35°
8.50 h MEZ AZ 101° SH 37°
9.00 h MEZ AZ 103° SH 38°
Norden
54,7°
89°
LT
B 1a
6
7
1
0
100 m
500 m
1 km

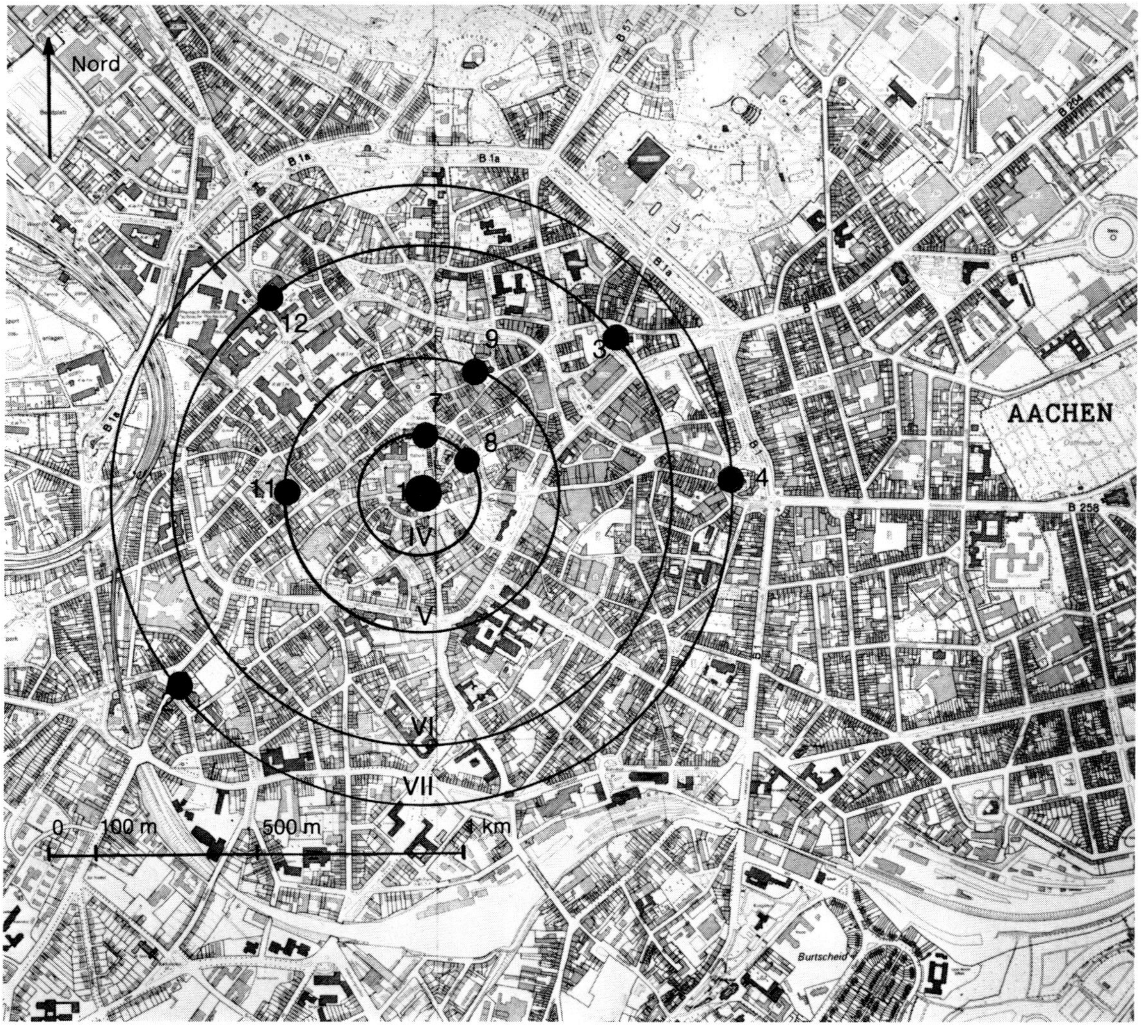

Abb. 28: Auf vier Kreisen rund um den Aachener Dom liegen mindestens je zwei karolingische oder frühzeitliche Kirchen oder heidnische Heiligtümer: Der innere Kreis (IV) berührt Grannusturm (7) und den Quellbereich am Büchel (8), der zweite (V) St. Nikolaus (9) und St. Paul (11), der dritte (VI) St. Peter (3) und das Naturdenkmal am Templergraben (12), der vierte und äußerste Kreis schließlich (VII) durchläuft die Kirchen St. Adalbert (4) und St. Jakob (2). Drei weitere Kreise liegen innerhalb des Domes. Sie werden gebildet durch das 16eck, den Kreis des Oktogons und im Zentrum durch die (nicht mehr vorhandene) Kugel auf der Kuppel, heute die Weltkugel auf dem Barbarossa-Leuchter. Bemerkenswert scheint in diesem Zusammenhang zudem die Tatsache, daß die Relation des äußeren Kreises (VII) zum nächsten (VI) – auf den Mittelpunkt des Oktogons bezogen – der Relation der beiden Kreise um die weinende Sonne und den weinenden Mond am Lothar-Kreuz zum Kreismittelpunkt entspricht.

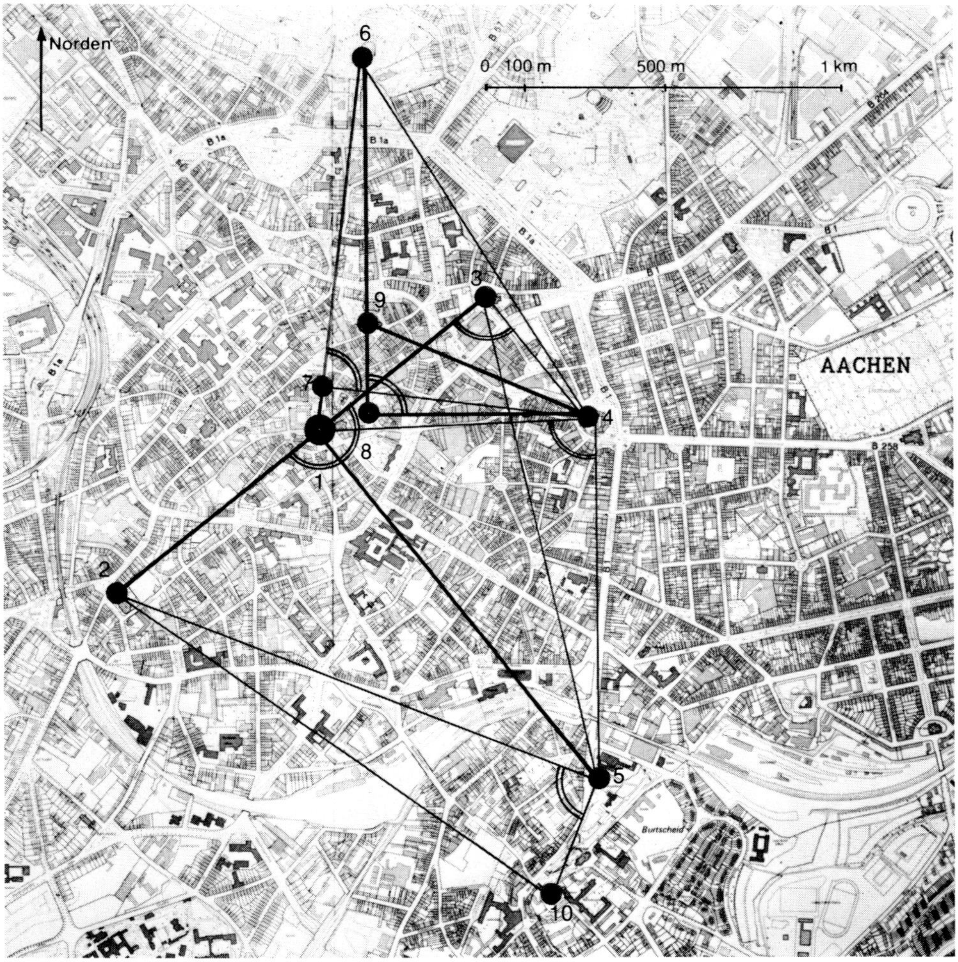

Abb. 29: Die Siebenzahl der Aachener Kreise taucht ein weiteres Mal auf: Sieben rechtwinklige Dreiecke überziehen Aachen. Da sind einmal die beiden Dreiecke Dom (1) – St. Peter (3) – Naturdenkmal Burtscheid (5) und Dom (1) – St. Jakob (2) und Naturdenkmal Burtscheid (5). Die Linie 2–1–3, also St. Jakob–Dom–St. Peter, entspricht übrigens der Stonehenge-Linie. Alle drei Kirchen liegen auf dem Sonnenaufgangs-Strahl am Tag der Sommersonnenwende. Ein weiteres rechtwinkliges Dreieck entsteht bei der Verbindung Dom (1) – St. Peter (3) und St. Adalbert (4). Ein viertes Dreieck dieser Art mit dem rechten Winkel beim Quellbereich (8) bietet als weitere Eckpunkte St. Adalbert (4) und St. Salvator (6). In diesem Dreieck befindet sich ein weiteres mit den Eckpunkten Quellbereich (8) und St. Adalbert (4) und dem Punkt St. Nikolaus (9). Drei dieser Punkte, die in beiden Dreiecken auftauchen, liegen übrigens genau in Nord-Süd-Ausrichtung. Wieder ein rechtwinkliges Dreieck entsteht, mit dem rechten Winkel beim Grannusturm (7), zusammen mit den Eckpunkten St. Adalbert (4) und St. Salvator (6). Das siebente Dreieck ist St. Jakob (2) zum Naturdenkmal (5) und St. Johann in Burtscheid (10).

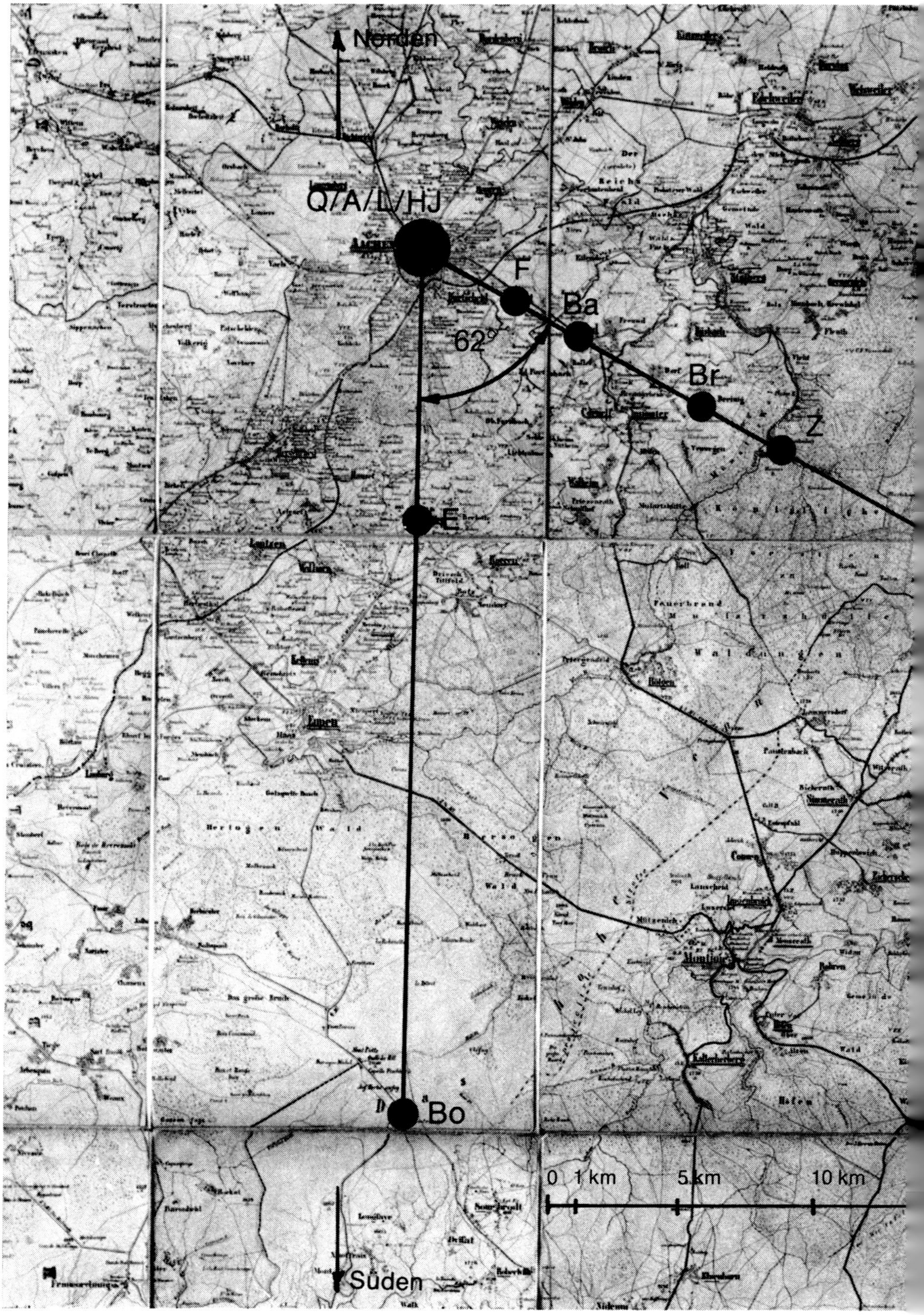
Norden
Q/A/L/HJ
F
Ba
62°
Br
Z
E
Bo
0
1 km
5 km
10 km
Süden

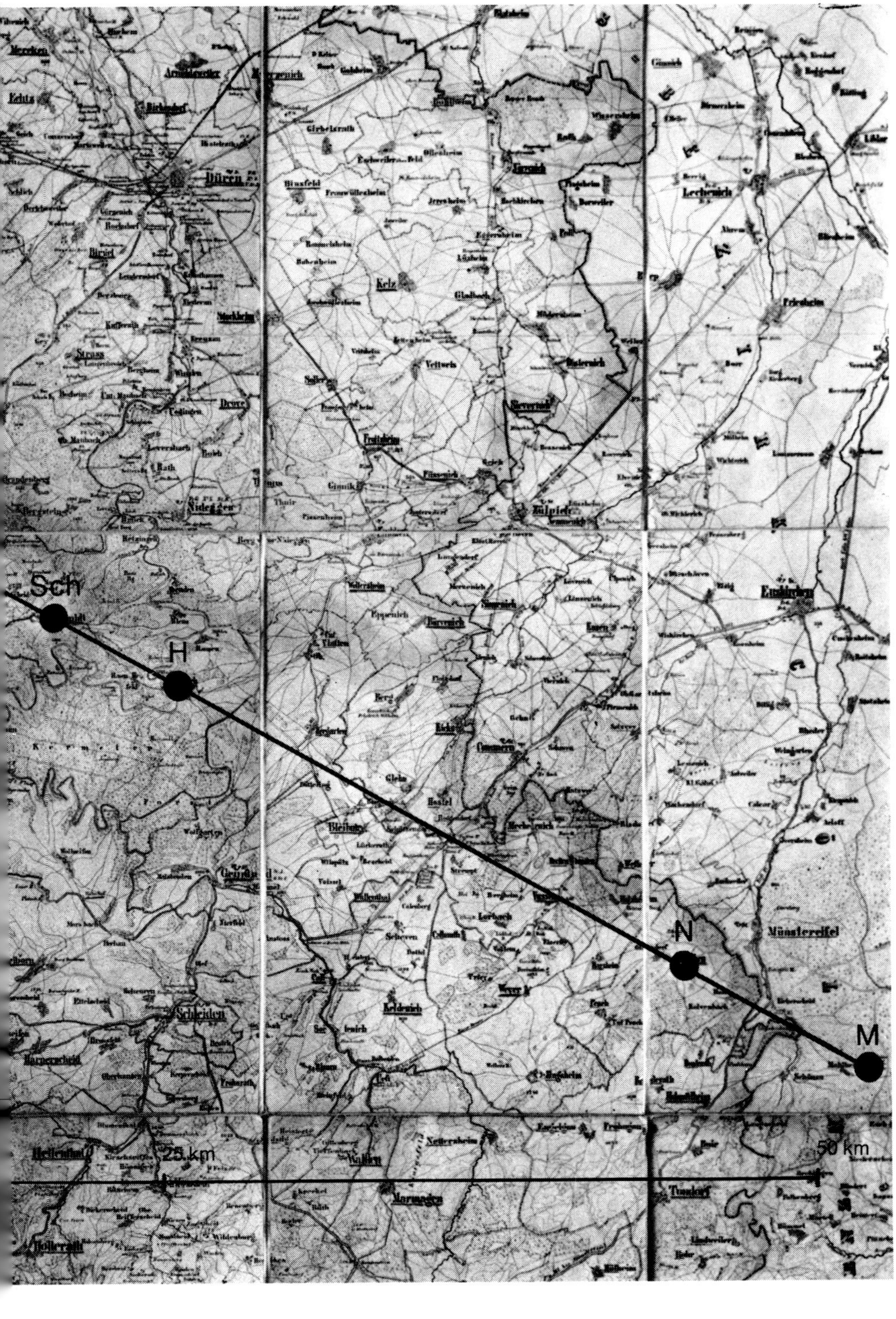
Düren
Sch
H
N
Münstereifel
M
Schleiden
25 km
50 km

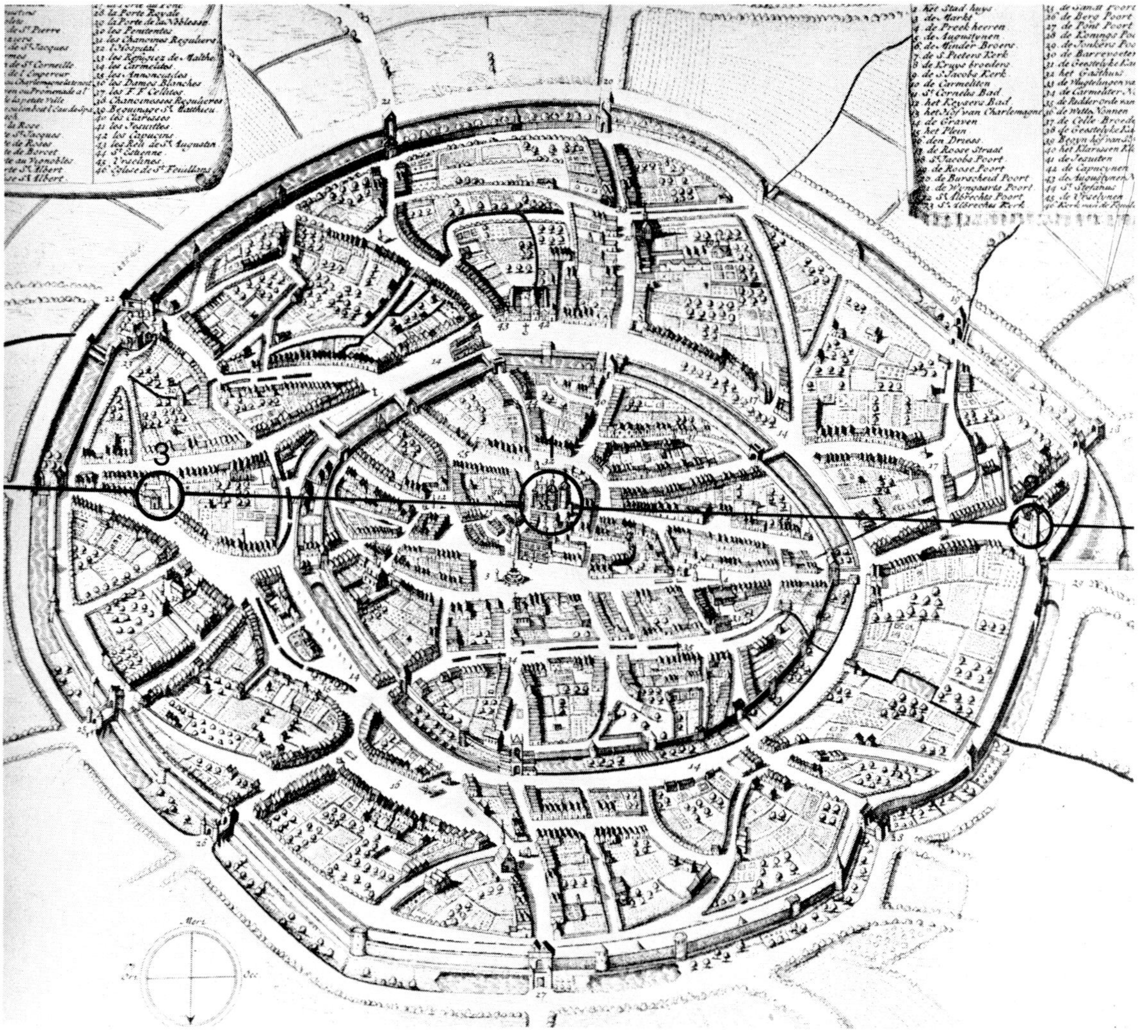

Abb. 31: St. Peter (3), Oktogon (1) und St. Jakob (2) auf einer Verbindungslinie auf einem Plan aus dem Jahre 1736 von Aachen.

◁ *Abb. 30:* Wie auf einer Schnur aufgereiht, die sich vom Quellbereich in Aachen bis zum Michelsberg in der Nähe von Münstereifel in der Eifel, einem ehemals keltischen Wodans-Heiligtum, zieht, liegen zehn Kirchen: Die ehemalige Algundiskapelle, das Kloster in der Lochnerstraße, Herz-Jesu, die Forster Kirche, die Kirche in Brand, die Kirche in Breinig, die Kirche in Zweifal, die Kirche in Schmidt und die Wallfahrtskirche in Heimbach. Quellbereich in Aachen und Michelsberg sind die Endpunkte dieser merkwürdigen Reihung im Aachener Raum. Der Winkel zwischen dieser und der Meridian-Linie, auf der die Kirche Eynaten und Botrogne, Belgiens höchste Punkte, liegen, beträgt 62°, der höchste Sonneneinfall für Aachen im Laufe eines Jahres.

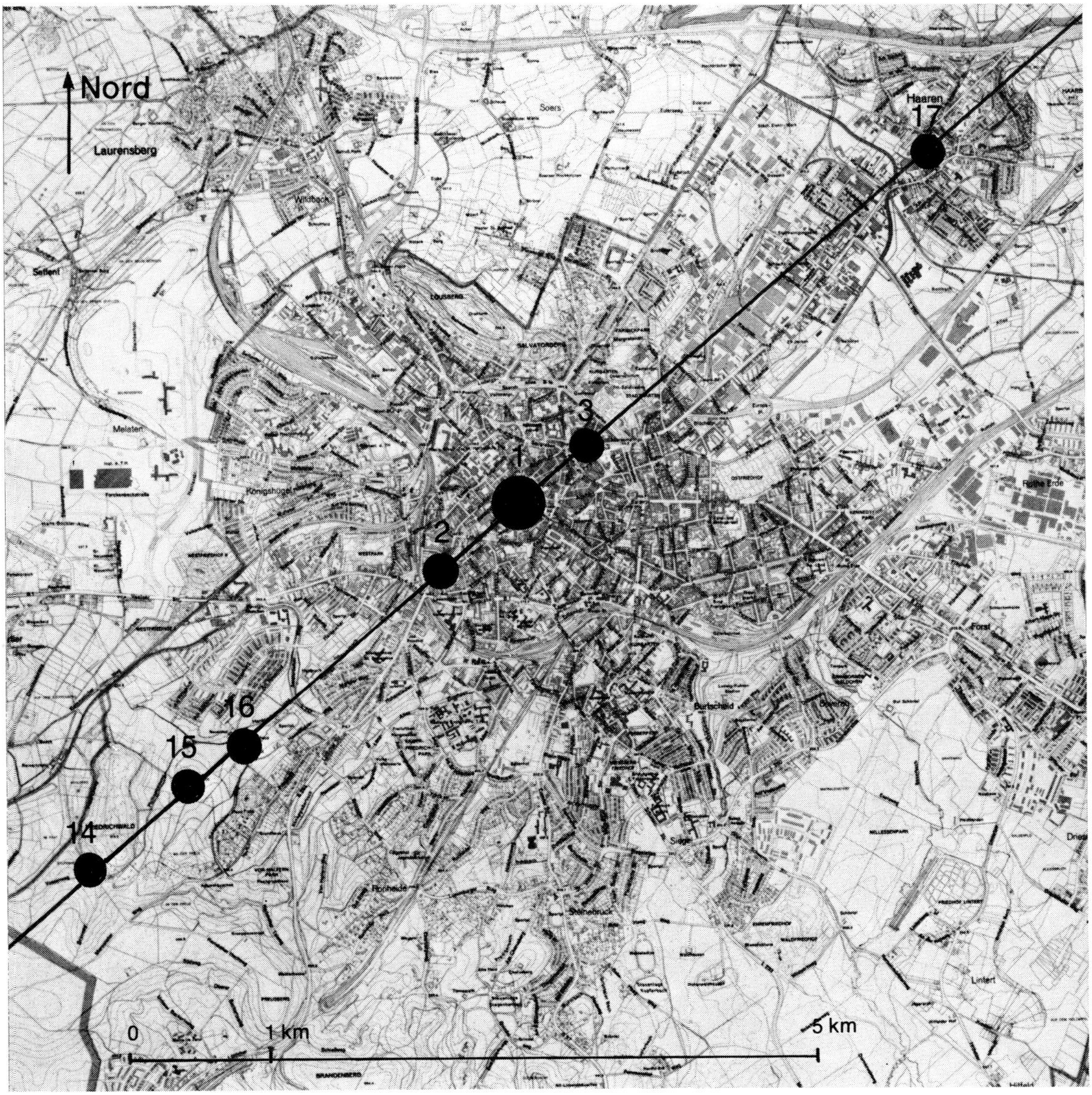

Abb. 32: Markante Aachener Punkte auf der Stonehenge-Linie: Hügelgräber (14), ein mutmaßlicher keltischer Grabhügel (15) und eine alte Quelle (16), St. Jakob (2), das Oktogon (1), St. Peter (3) und die Kirche in Haaren (17) liegen auf der Linie des Strahles, den die Sonne beim Aufgang am Tag der Sommersonnenwende über Aachen wirft bzw. beim Untergang zur Wintersonnenwende. Siehe Tafel 5, Seite 157.

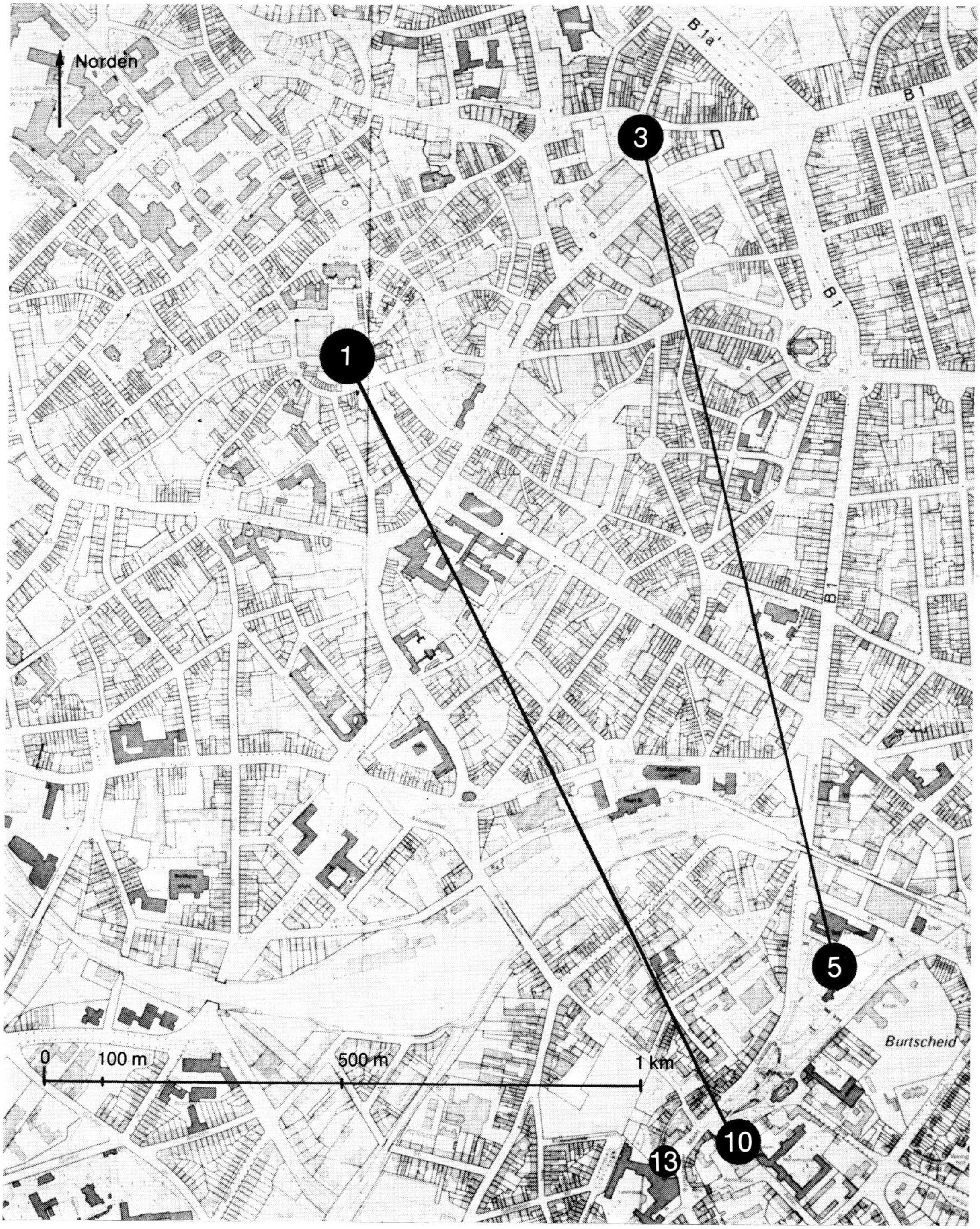
Norden
B 1a
B 1
B 1
B 1
1
3
5
10
13
Burtscheid
0
100 m
500 m
1 km

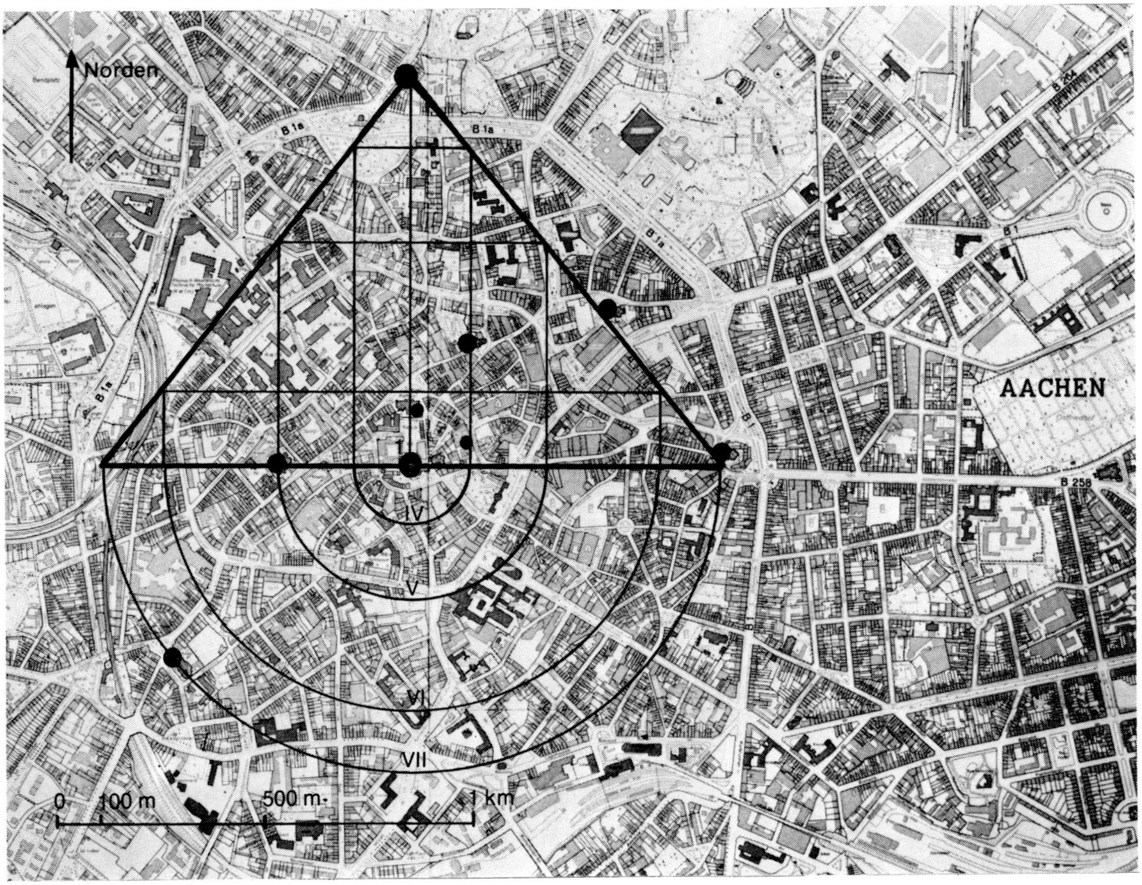

Abb. 34: Aus den sieben »Aachener Kreisen« läßt sich die geometrische Darstellung eines Kegels ableiten, der etwa den Schüttwinkel der Cheops-Pyramide besitzt, nämlich 51° an der Basis. Mit verblüffender Konsequenz entwickelt sich aus den Kreisen im Aachener Stadtgebiet ein Kegel, auf dessen Spitze der Dom, symbolisiert und realiter mit dem Kreis des 16ecks, des Oktogons und der abschließenden goldenen Kugel schwebt.

◁ *Abb. 33:* Eins der wichtigsten Maße des Aachener Oktogons, die »Aachener Säule« mit ihren 4 m, taucht im Aachener Raum wieder auf. Dom (1) und St. Johann (10) in Burtscheid, unweit der Kultstätte des keltischen Gottes Grannus, liegen 1460 m auseinander. Dieses Maß entspricht genau 365mal der Länge der »Aachener Säule« in der Oberkirche des Oktogons. Es ist die Anzahl der Tage in einem Jahr. Wieder einmal erweist sich die Bedeutung des Aachener Analemmas für den gesamten Raum Aachen als bedeutsam. Das Mondjahr mit seinen 354 Tagen (12 Umläufe mal 29,5 Tage) verbirgt sich in der Entfernung von St. Peter (3) zum Naturdenkmal im Burtscheider Naturpark (5): Beide sind ebenso viele »Aachener Säulen«, eben 354, voneinander entfernt. Punkt 13 weist auf die Fundstelle des Apollo-Grannus unmittelbar neben der Quellkammer des Schwertbades in Burtscheid. Im Jahre 1957 führten Ausgrabungen zu dieser Entdeckung.

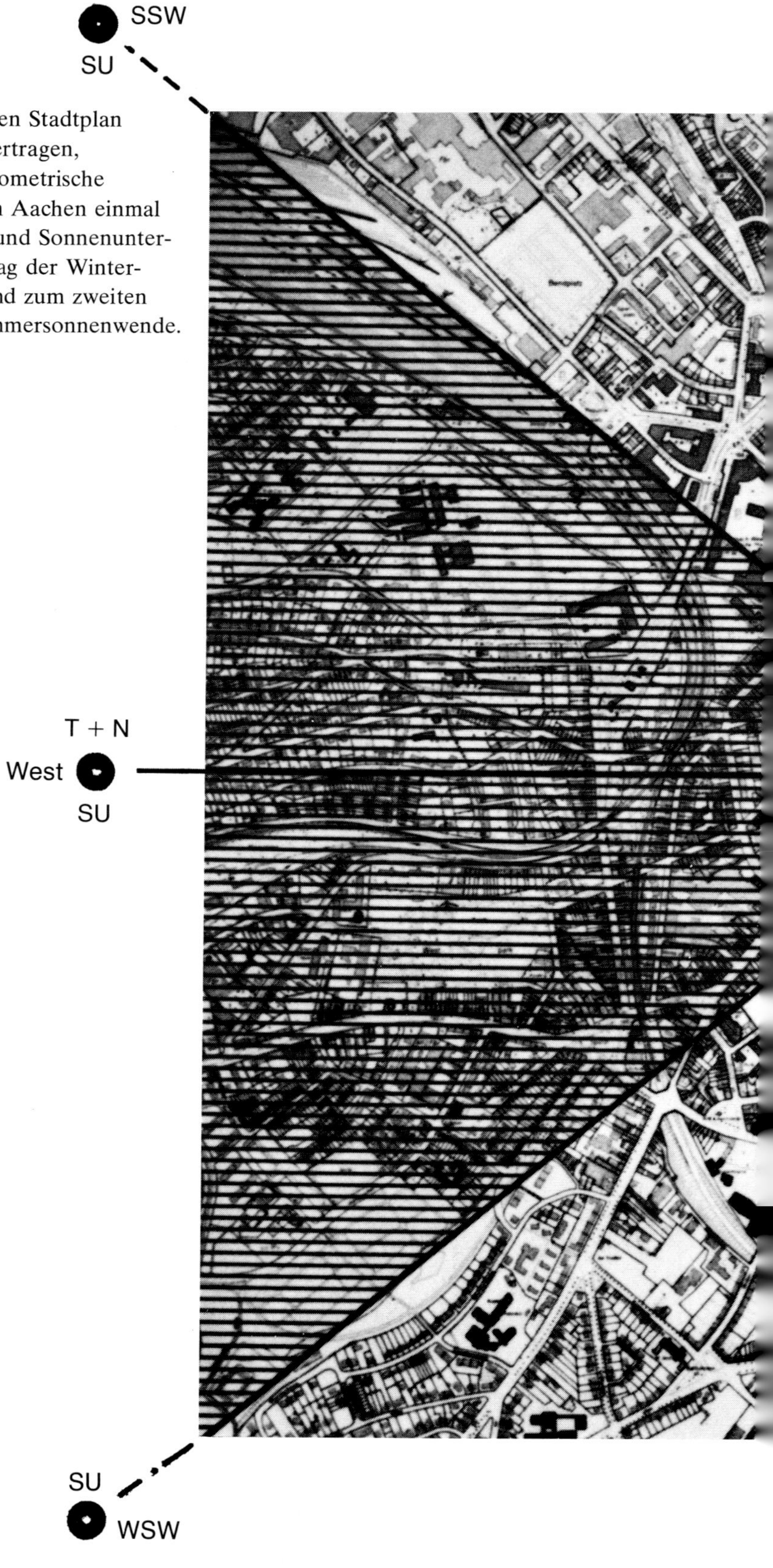

Abb. 43: Auf den Stadtplan von Aachen übertragen, erscheint der geometrische Breitenkreis von Aachen einmal als Sonnenauf- und Sonnenuntergangslinie am Tag der Wintersonnenwende und zum zweiten am Tag der Sommersonnenwende.

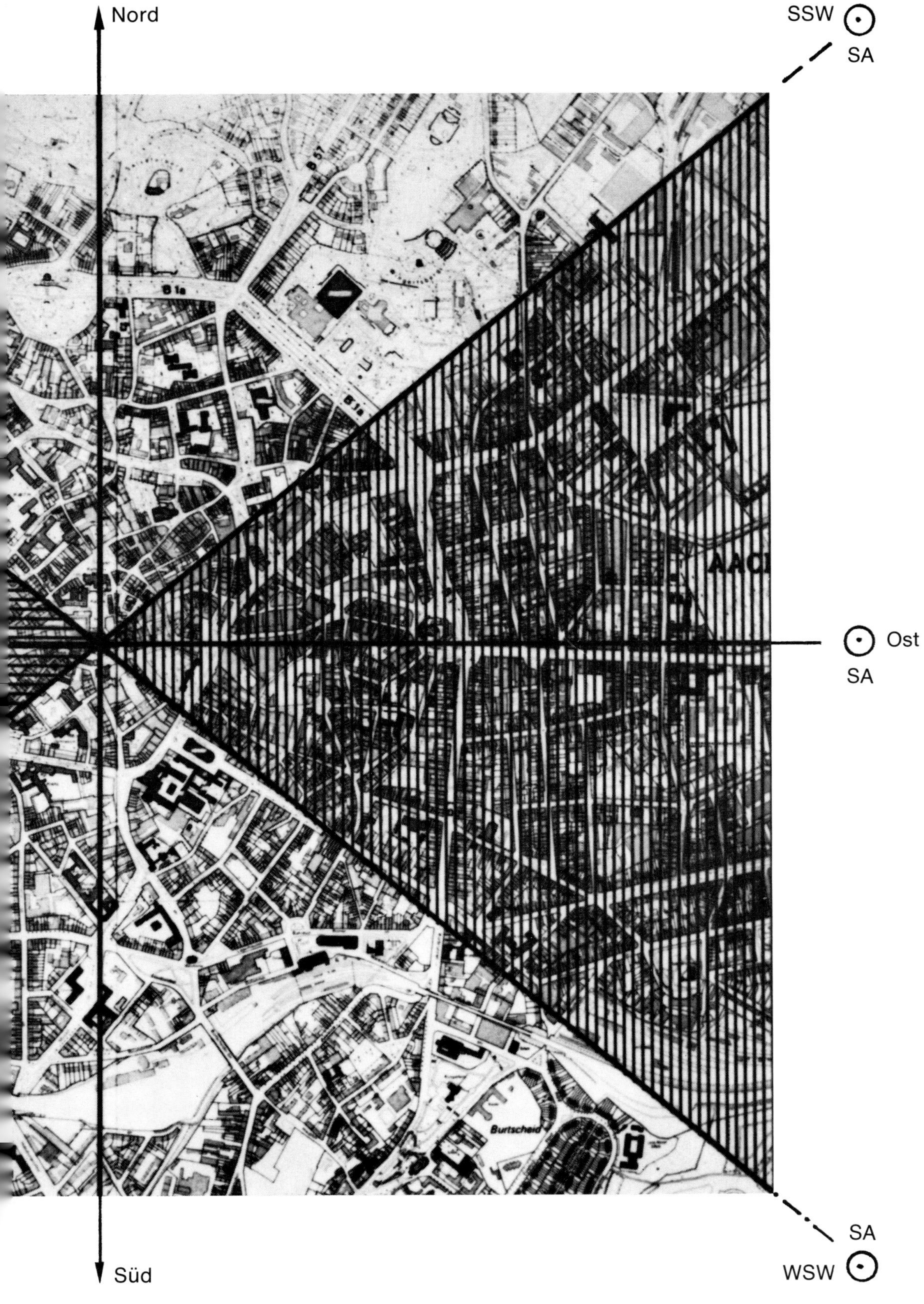
Nord
SSW
SA
B 57
B 1a
B 1a
Ost
SA
Burtscheid
SA
WSW
Süd

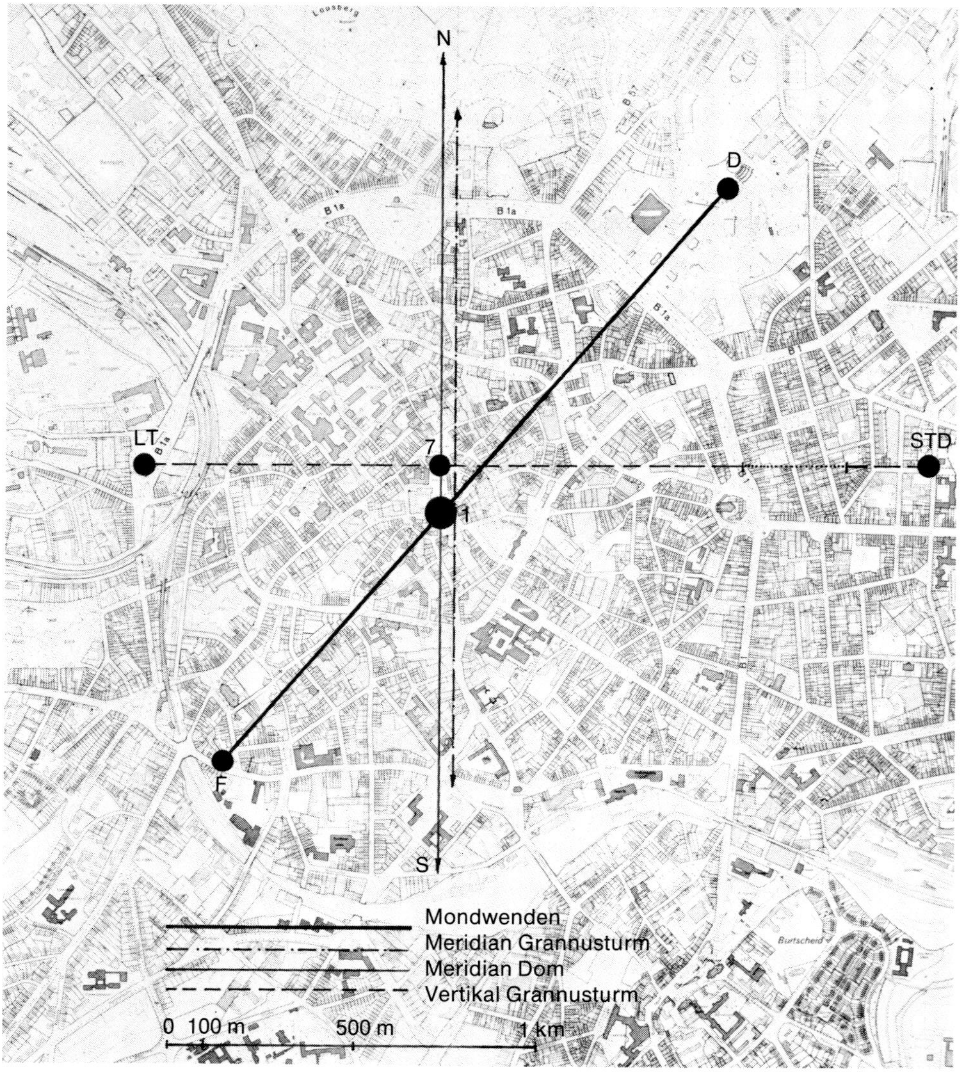

Abb. 46: Der Grannusturm (7) bildet mit dem Langen Turm *(LT)* und der fast 12 km entfernten Fernsehantenne auf dem Donnerberg in Stolberg *(ST D)* den mutmaßlichen Vertikal zur Sternwarte Karls des Großen (Ost-West-Richtung). Der Punkt *D*, ein ehemals kleiner, viereckiger Turm im Kurgartenbereich hinter dem heutigen Spielkasino, scheint der Stein *D* von Stonehenge zu sein, der die große nördliche Mondwende, von Karls Oktogon gesehen, anzeigte. Hierdurch war eine Bestimmung des antiken Sarus-Zyklus (18,6 Jahre) möglich, für Sonnen- und Mondfinsternisse. Der Lavenstein *(F)*, in die mittelalterliche Stadtbefestigung eingebaut, scheint der Gegenpol zu *D* zu sein. Er bestimmt, in 9½jährigen Zyklus versetzt, die große südliche Mondwende bei Untergang unseres Erdtrabanten. Die Meridian-Linien von Grannusturm und Oktogon sind in dieser Zeichnung bewußt überzogen, um die nicht exakte Nord-Süd-Richtung der Pfalz Karls des Großen zu zeigen.

Die Verquickung von Christlichem und Heidnischem, der Versuch der ersten Christen, die heidnische Tradition durch Überstülpen christlicher Symbolik vergessen zu machen, ist sattsam bekannt. Wo es nicht um Ideen und Weltanschauung ging, wohl aber um sie symbolisierende sichtbare Dinge wie Heiligtümer, Naturdenkmäler und Tempel, wurden nicht selten solche geweihten Orte durch christliche Kirchen überbaut. Daß etwas Derartiges auch im vormals keltischen Aachen geschehen ist, darf als sicher angenommen werden. Aachen war wahrscheinlich das Zentrum des keltischen Kultes zu Ehren des Sonnen- und Heilgottes Grannus, der dem Apollon entspricht. So wurde erst vor rund zehn Jahren bei Ausgrabungen unweit der Kirche St. Johann eine Darstellung des Apollo-Grannus gefunden, ein Zeichen dafür, daß das Christentum den keltischen Kult im wahrsten Sinn des Wortes zu überlagern versuchte.

So ganz scheint diese Überlagerung zu Karls Zeiten nicht immer gelungen zu sein. Oder wollte man nicht ganz vergessen, eingedenk der großen Bedeutung des Keltentums gerade in und um Aachen? Sieht man sich das um 800 von Hofmalern in Aachen gestaltete Krönungsevangeliar daraufhin näher an, drängt sich diese Ketzerei geradezu auf. Dieses Evangeliar zeigt unter T 38
anderem ein Bild des Evangelisten Markus, der eine Papyrus-Rolle mit dem S. 192
Bibeltext in Händen hält. Sein Haupt ist umkränzt mit einem goldenen Heiligenschein. Interessant ist aber vor allem der landschaftliche Hintergrund des Bildes: Rechts und links des Kopfes ragen zwei »Steinsetzungen« überdeutlich ins Bild, Steinklötze, die künstlich aufgehäuft sind und zweifellos Bedeutungsträger sind, nicht nur Zufallsprodukte der Natur, schon gar nicht in einem Heiligenbild.

Ist nicht gerade dieses Bild Ausdruck dafür, welche Bedeutung man zu Karls Zeiten heidnischen Sinnbildern noch zumaß? Weist es nicht zugleich darauf hin, wie sehr man immer noch die Kenntnisse der Alten von der Welt und der Natur schätzte?

So liegt auch der Gedanke nicht fern, dieses Bild des Evangelisten Markus mit seiner Symbolik mit der Wirklichkeit Aachens zu vergleichen. Setzt man den güldenen Heiligenschein mit der Sonne gleich, wie sie zur Sommersonnenwende in Aachen einfällt, und geht zugleich von der These aus, daß Markus, im Besitz der Heiligen Schrift und damit der Wahrheit, im Quellbereich (Quelle der Wahrheit) Aachens sitzt, dann entsprechen – in den Aachener A 29
Stadtplan übersetzt – die beiden Steinsetzungen im Bild etwa den heutigen S. 123

Kirchen St. Salvator (6) und St. Adalbert (4). Das hieße aber auch, daß die beiden Kirchen auf ehemals heidnisch bedeutungsvollem Boden erbaut worden wären – Kultbereiche damals wie heute, nur je anders interpretiert und von anderer Bedeutung.

Die Überprüfung von Maßen, Winkeln und Entfernungen im Aachener Stadtbild brachte mir schließlich noch eine weitere Überraschung ein, die in dieses Umfeld von sich überlagernden heidnischen und christlichen Kultstätten paßte und mich zugleich wieder auf ein wichtiges Maß im Dom verwies: A 33 S. 128 Die Entfernung zwischen Oktogon (1) und der Kirche St. Johann (10), wo – wie bereits erwähnt – erst vor einem Jahrzehnt eine Kultstätte des Grannus (13) entdeckt wurde, beträgt 1460 m. Die Zahl 1460 ist in der Astronomie keine unbekannte Größe: Die Sonnenpriester im ägyptischen Heliopolis kannten einen Jahreszyklus, der genau dieser Zahl entspricht, den Sothis- oder Hundsstern-Zyklus. Es handelt sich dabei um eine Periode von 1460 Jahren. In diesem Zeitraum durchläuft der Aufgang des Sirius (Hundsstern, ägyptisch Sothis) das altägyptische Kalenderjahr einmal. Angaben über Sirius-Aufgänge am Morgenhimmel lassen in ägyptischen Texten die genaue Datierung geschichtlicher Ereignisse zu.

Erinnert man sich freilich der Aachener Säule im Oktogon mit ihren vier Metern und der Bedeutung im Aachener Analemma, setzt man deswegen das Maß dieser Säule als Meßlatte an die Strecke Oktogon–St. Johann an, ergibt sich die Zahl 365! Die Distanz beträgt eben die Länge von 365 »Aachener Säulen«. Was liegt näher als der Gedanke an die Umlaufzeit der Erde um die Sonne mit ihren 365 Tagen? Vor dem Hintergrund aller bisher aufgetauchten Erkenntnisse scheint mir diese Interpretation einleuchtend, und sie hat vor allem einen Vorteil: Sie »paßt« ins Gesamtbild des karolingischen Aachen hinein.

Die größte Überraschung, die den Beweis dafür lieferte, daß Oktogon, Lothar-Kreuz und der Ort Aachen selbst aufeinander bezogen sind und eine unauflösbare Einheit bilden, stand mir freilich noch bevor. Am Anfang dieses Weges stand die Frage, ob die im Aachener Stadtplan wichtigen Kreisformationen zueinander in einer Beziehung stehen. Mit anderen Worten: ob auch sie wieder aufeinander in einer bestimmten Gesetzmäßigkeit bezogen sind.

An die Beantwortung dieser Frage machte ich mich, wie schon so oft, mit zeichnerischen Mitteln heran. Es galt, falls möglich, solche Beziehungen und Relationen optisch kenntlich und sichtbar zu machen.

Der erste Schritt auf diesem Weg: Ich brachte den Durchmesser des größten Aachener Kreises (Kreis VII) zu Papier. Schritt zwei: Im Winkel von 90° zeichnete ich vom Mittelpunkt dieser Linie aus eine Senkrechte. Schritt drei: Parallel zur vom Durchmesser des Kreises VII gebildeten Grundlinie zog ich eine Linie, die die Länge des Durchmessers des Kreises 3 besaß, und zwar in einer Entfernung von dieser Grundlinie, die maßstabgerecht dem Abstand der beiden Kreise entsprach. Zugleich durchschnitt die Senkrechte den Durchmesser in der Mitte. Mit den noch verbleibenden zwei Kreisen verfuhr ich auf gleiche Weise: Entsprechend ihrem Abstand voneinander und zu den anderen setzte ich ihre Durchmesser als Linien zeichnerisch in die Skizze um. A 34 S. 129

Entsprechend meinem Vorsatz, Außen- und Innenverhältnisse – immer auf den Dom bezogen – miteinander zu vergleichen und – wenn möglich – eine Gesetzmäßigkeit zu ermitteln, brachte ich nun an der Senkrechten außerdem die Durchmesser der Kreise an, die das 16eck und das Achteck bilden. Die sieben Kreise – die Anzahl dieser gefundenen und skizzierten Kreise – machte ich dadurch voll, daß ich symbolisch auf die Spitze die Goldkugel setzte, die einst unter Karl das Oktogon schmückte und nach oben abschloß. Sieben Kreise also, die in dieser ihrer Zahl an die Aufteilung der Woche denken lassen. Daß die Sieben zudem stets eine besondere Zahl war, sei hier nur erwähnt, die Schöpfungsgeschichte bietet dafür das beste Beispiel.

Das Ergebnis kann man sich auch anders, plastischer, vorstellen: Sieben kreisrunde Scheiben – den Kreisen im Aachener Stadtbild und im Dom entsprechend und nach Größen gestaffelt – hängen schwebend an einem Stab, der jeweils durch deren Mittelpunkt geht.

Doch zurück zur zweidimensionalen Darstellung, der Zeichnung. Denn was bis jetzt noch als Spielerei mit Maßen und Relationen anzusehen war, erhielt durch zwei Linien eine völlig neue, sensationelle Dimension. Es zeigte sich nämlich, daß sich die Endpunkte der die Durchmesser der Kreise bezeichnenden Linien in einer Geraden so verbinden ließen, daß ein Kegel entstand. Das kann nun wahrlich kein Zufall mehr sein: In Aachen war nicht nur innerhalb des Dombezirks fast alles und jedes aufeinander bezogen, sogar das Umfeld war in diese Beziehungen hineingenommen.

Ich muß gestehen, daß mir diese Stadt allmählich unheimlich wurde. Sollte in ihr alles nach mathematischen und astronomischen Gesetzen konzipiert worden sein? Es sprach einiges für diese These. Die größten Geister der Zeit

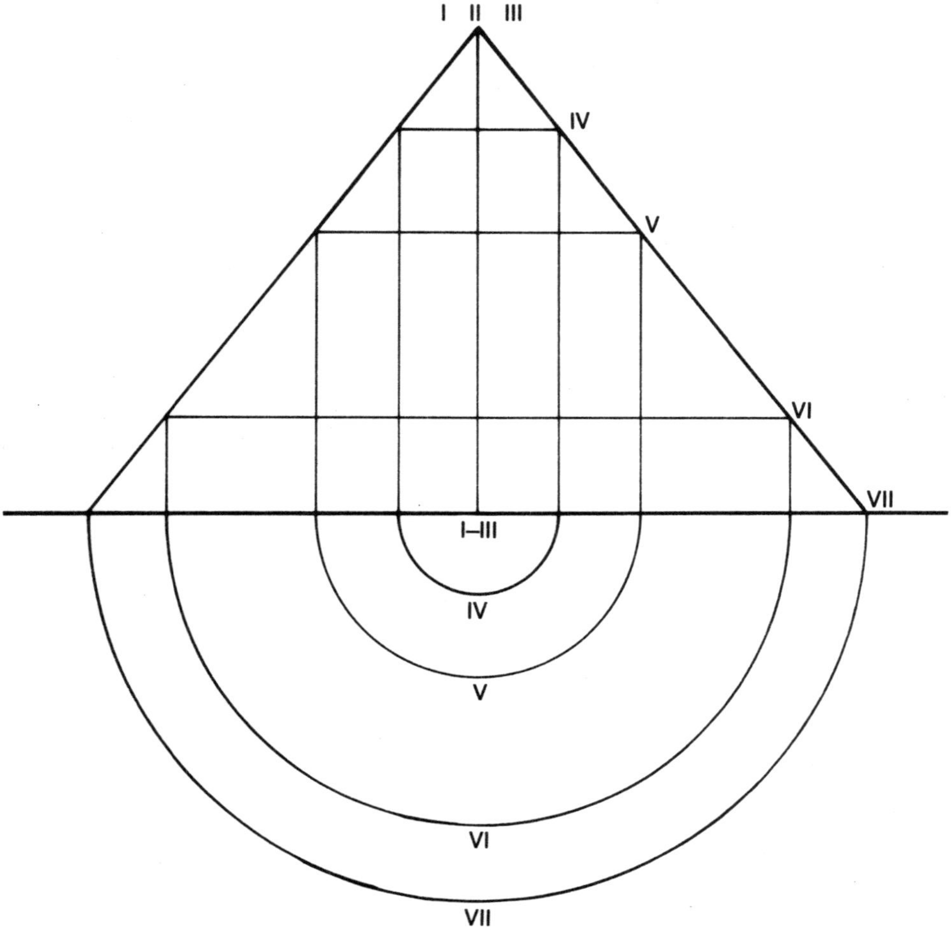

Abb. 35: Die grafische Darstellung des Aachener Kegels. Die sich geometrisch ergebende Gesamthöhe beträgt 922 m. Übersetzt in die Maßeinheit der »Aachener Säule« mit ihrer Länge von 4 m, ergibt das 230,5. Und dies wiederum ist das Maß für die Länge der Unterkante der Cheops-Pyramide, sprich deren Umfang an der Basis mit 922 m. Eine weitere verblüffende Maßeinheit bietet der Radius des Kreises IV von Aachen: Er ist eine achtel Bogenminute des Breitenkreises von Aachen und entspricht gleichzeitig der Höhe der Cheops-Pyramide mit 146,7 m. Der Kreisumfang von IV beträgt ebenfalls 922 m.

hatte Karl an seinen Hof geholt: Das hört man, akzeptiert man, schließlich ist es geschichtlich erwiesen. Für mich erhielt diese Aussage jetzt eine neue Wahrheit: Diese Geister hatten mit Karl ein Ordnungsnetz über Aachen geworfen, wie es in dieser Form wohl nie und nirgends in der Welt so umfassend entworfen und in die Realität übersetzt worden war. Jedenfalls wissen wir nichts von einer vergleichbaren Konzeption.

Gleichsam als Nebenprodukt warf der auf der Basis der in Aachen vorhandenen Kreise entstandene Kegel noch eine weitere Erkenntnis ab, die kaum noch überraschte, obgleich sie verblüffend genug war: Die Basiswinkel hatten ein Maß von 51° und symbolisierten damit ein weiteres Mal die Lage der Stadt und des Oktogons auf dem 51. Breitengrad. Daß auch die Cheops-Pyramide mit ihren Basiswinkeln von rund 51° die Maße dieses Aachener Kegels fast genau widerspiegelt, sei an dieser Stelle nur noch einmal erwähnt.

Wo dem Spiel mit Zahlen, ihren Relationen zueinander und den Zuordnungen von zeichnerischen Übersetzungen gefundener Maße bereits so viele Entdeckungen und neue Erkenntnisse entsprungen waren, konnte auch mein nächster Schritt nur als logische Fortsetzung verstanden werden: Ich wollte jetzt erfahren, ob diese Kegelform ihrerseits im Dom Erkenntnisse erbringen konnte oder ob – bescheidener – dieser Kegel, in den Dom versetzt, bisherige Erfahrungen abstützen konnte. Es sei vorweg gesagt: Er tat es in einem nicht erhofften Ausmaß – oder müßte ich, durch Erfahrung gewitzt, besser sagen: Er tat es in einem Maß, wie es nicht anders zu erwarten war?

Wie dem auch sei, wäre mir nicht der Zufall, wie schon einige Male zuvor, zu Hilfe gekommen, dann hätte der nun folgende Schritt nicht mit Erfolg gekrönt werden können. Am Beginn stand eine Banalität: In welchen Maßstab sollte ich die im Kegel vorhandenen Relationen bringen? Mit dem Maßstab 1 : 100, den ich ansonsten stets einhielt, besonders bei den Verhältnissen im Dom, kam ich bei den im Stadtgebiet Aachen auftauchenden Entfernungen und Distanzen nicht zurecht. Andererseits war ich bisher stets bemüht, Zeichnungen wie Fotos auf das mir als Fotografen vertraute Fotopapier mit der Größe 50 × 60 cm zu übertragen, um überschaubares Bildmaterial und zudem möglichst exakte Werte zu erhalten.

So war ich auch bei der Übertragung des Stadtplans von Aachen vorgegangen, den ich um das Sechsfache dessen vergrößert hatte, was mir an Kartenmaterial vorlag. Entsprechend war ich auf einen Maßstab gekommen, in dem 24 cm in der Karte 1000 m in der Natur entsprechen. Es waren rein technische Gründe, die mich zu dem Maßverhältnis brachten. Gleichwohl hatte ich ganz offensichtlich damit eine wichtige Relation getroffen, die bei den nächsten Schritten Tür und Tor zu neuen Überraschungen öffnete. Welche Bedeutung dahintersteckt, konnte ich bis heute nicht herausfinden. Manche Rätsel sind derzeit noch unlösbar.

Zunächst brachte ich das Aufmaß der Kegel – immer auf Pergamentpapier gezeichnet – so auf das Aufmaß des Doms, daß einmal die Kegelgrundfläche und die Grundfläche des Oktogons einander entsprachen, zudem die Kegelsenkrechte auf dem Dom-Mittelpunkt stand. Dem Betrachter fällt auf Anhieb auf, daß sowohl die die Aachener Kreise darstellenden Kegelschnitte als auch die sie außen verbindenden Linien, also der Mantel, wichtige Punkte treffen und entscheidende Maße wiedergeben.

1. Die Linie VI (dem zweitgrößten Aachener Kreis entsprechend) gibt exakt den Durchmesser des 16ecks wieder, von Innenkante zu Innenkante gemessen.

2. Die Linie V gibt den Durchmesser des Oktogons wieder, gemessen jeweils von Mauermitte zu Mauermitte. Hinzu kommt, daß diese Linie genau tangential entlang den Säulenbögen verläuft, die die »Aachener Säulen« miteinander verbinden.

3. Linie IV verläuft ihrerseits – eine Dometage höher – tangential entlang den großen Rundbögen, von denen es insgesamt acht im Oktogon gibt. Sie verbinden die acht Grundpfeiler in der Oberkirche miteinander.

4. Die Spitze des Kegels schließlich reicht bis in den oberen Teil des für Aachen so entscheidenden Tambour-Fensters hinein, genau bis zu der Stelle, von der ab sich das Fenster zum abschließenden Bogen verjüngt. Schlägt man um die Spitze einen Kreis mit dem Radius der Megalith-Elle 0,829 m, so schmiegt sich der Kreisbogen genau in diesen Fensterbogen.

5. Auffallend ist schließlich nicht zuletzt der Verlauf des Kegelmantels: Seine Linie trifft den Kaiserthron genau in der Mitte.

Verschiebt man den Kegel in die Oberkirche, läßt man seine Basis mit der Grundfläche der Oberkirche ineinanderfallen, ergeben sich nicht weniger auffallende Ergebnisse:

1. Kreis V verläuft fast genau in der Höhe der Unterkante des eben bereits erwähnten Tambour-Fensters und gibt damit die Höhe der Gnomon-Spitze an.

2. Am meisten verblüffte mich freilich die Tatsache, daß die Kegelspitze in dieser Konstellation exakt bis in die höchste Stelle des Kuppelgewölbes hineinreicht. Der gefundene Aachener Kegel hat genau die Höhe des Oktogons, stellt man sie auf den Boden der Oberkirche. Und sie, die Oberkirche, ist schließlich dem Hofstaat und hohen Gästen reserviert, kein Tummelplatz für das »gemeine Volk«.

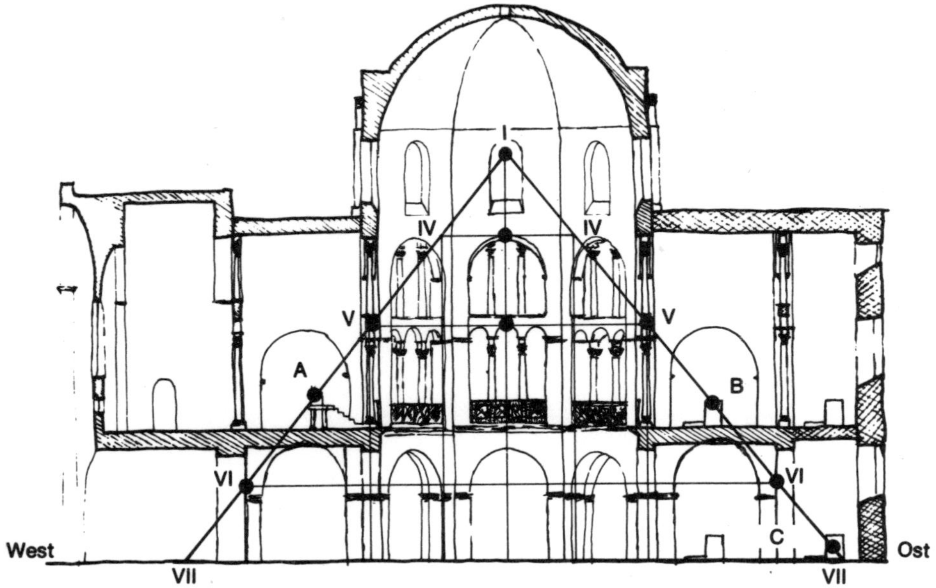

Abb. 36: Der »Aachener Kegel« ins Oktogon übertragen: Sowohl die die vier Aachener Kreise darstellenden Kegelschnitte als auch die sie außen verbindenden Linien, also der Kegelmantel, treffen wichtige Punkte im Dom und geben wichtige Maße wieder. Kreis VI, der zweitgrößte Aachener Kreis, entspricht genau dem Durchmesser des 16ecks, Kreis V entspricht bei dieser Relation dem Oktogon-Durchmesser, und Kreis IV verläuft genau tangential entlang den großen Rundbögen in der Oberkirche. Die Spitze dieses Kegels schließlich reicht bis in den oberen Teil des für Aachen und das Oktogon so wichtigen Tambour-Fensters. Auffallend ist zudem, daß der Kegelmantel in *A* den Krönungsstuhl, in *B* den Salvator-Altar in der Oberkirche und in *C* den ehemaligen Altar in der Unterkirche berührt.

Doch nicht genug der Überraschungen: Wichtig werden bei dieser Konstellation von Kegel und Oktogon zudem auch die Außenlinien, den Mantel des Kegels kennzeichnend. Diesmal verlaufen sie über die Unterkante des Tambour-Fensters, also wieder über die Gnomon-Spitze, und zudem ebenfalls über die Unterkante der Fenster im 16eck.

Kein Zweifel: Dieses karolingische Aachen ist ein mathematisch begründetes Kunstwerk von hohen Graden, in dem kaum etwas dem Zufall überlassen ist. Ob Kreuz oder Dom, heidnische oder christliche Umgebung, alles ist einbezogen in ein ausgeklügeltes System sich ergänzender und aufeinander verweisender Daten und Zahlen, und um dieses System, dieses Kunstwerk sichtbar zu machen, bedarf es mathematisch-astronomischer Kenntnisse.

Daß dieses Wissen um Aachens Einzigartigkeit verlorenging, läßt sich wohl nur damit erklären, daß es ursprünglich nur das Wissen Eingeweihter war, es nur wenigen überliefert war und schließlich mit ihnen untergegangen ist. In Wechselwirkung dazu mag stehen, daß das erstarkende christliche Mittelalter all das dem Vergessen überantwortete, was auch nur im entferntesten an heidnische Tradition erinnerte. Nicht Wissen schlechthin war gefordert, sondern christliche Wahrheit, eine Forderung, die so manches »weltliche« Wissen vergessen ließ.

Karl, seine Baumeister und Philosophen steckten noch nicht in dieser Zwangsjacke. Sie verbanden antikes Wissen ungeniert mit christlicher Gläubigkeit und konnten innerhalb dieses Spannungsverhältnisses noch Entwürfe in die Tat umsetzen, in der beides eine untrennbare Einheit einging, zum Ruhme der Wissenschaften und christlicher Gläubigkeit. Kirche und weltliches Gebäude zugleich ist dieses Kunstwerk. Man kann das eine nicht verstehen, ohne das andere zu kennen.

Man kann auch Dom und Lothar-Kreuz nicht ganz verstehen, wenn man beide nicht in ihre Umgebung einbindet, die Bezüge zueinander sieht. Das Kunstwerk sieht man nur ganz, wenn vom Oktogon nach innen und nach außen gesehen wird.

Was ist vollkommener als diese Aachener Bezüge? Der Vergleich des Doms mit der Beschreibung des Himmlischen Jerusalem in der Apokalypse ist oft gezogen worden. Zeigt sich in der Kegelform, in der Aachen und sein Dom in eine neue Dimension gehoben werden, nicht ein neues Himmlisches Jerusalem, ein Jerusalem in der dritten Dimension? Wagen wir die Behauptung: Karl dem Großen hat ein Plan dieser Art vorgeschwebt, und es ist ihm gelungen, diesen Plan in die Realität umzusetzen.

Karls Thron auf der Irminsul

»König Karl rückte weiter nach Sachsen, eroberte die Eresburg, gelangte bis zu dem Platze, welcher Ermensul genannt wird, und zündete jene Plätze an«, berichten die Annales Petaviani. In den Annales Laurissenses wird ebenfalls von der Zerstörung der »Ermensul« berichtet und von der Mitnahme von »Gold und Silber«. Zudem habe Karl dort »zwei bis drei Tage verbracht«. Einhard berichtet ebenfalls von einem Aufenthalt von drei Tagen nach der »Zerstörung der Irminsul«, die ein »Götzenbild« gewesen sei.

Drei fränkische Berichte stellen die Zerstörung eines Heiligtums heraus. Wichtig erscheint in diesem Zusammenhang auch der zweifache Hinweis, daß sich Karl dafür drei Tage Zeit nahm. Das läßt darauf schließen, daß es sich entweder um eine größere Anlage handelte oder daß der Frankenkönig sich intensiv mit diesem Heiligtum beschäftigte.

Die Externsteine hatten schon lange mein Interesse erregt. Nicht nur, weil sie T 59
vielleicht eine so große Bedeutung im Leben Karls des Großen hatten, son- S. 215
dern vor allem deswegen, weil sie auf fast dem gleichen Breitengrad wie
Aachen und Stonehenge liegen. Ich vermutete, daß sie ebenfalls Auskünfte
über Sonnenstände geben konnten. Mußte bereits der Breitengrad mein Interesse für die merkwürdigen Gebilde aus Stein wecken, so machte mich die
»älteste deutsche Großplastik«, entstanden um 1125, erst recht neugierig,
denn die Ähnlichkeit dieses riesigen Steinreliefs an der Nordostecke des ersten Felsens, der früher als eigentlicher Externstein angesehen wurde, mit T 62
dem Aachener Lothar-Kreuz ist verblüffend. S. 218/19

Die Ähnlichkeit beginnt mit der äußeren Form: Das Kreuz selbst ist ge- T 60
staucht. Am meisten überraschen müssen allerdings die Abbildungen der S. 216
weinenden Sonne über dem linken und des weinenden Mondes über dem
rechten Kreuzbalken. Haltung und Gestaltung der beiden Symbolfiguren er- T 45 e
innern bis ins Detail an die gleichen Figuren im Aachener Lothar-Kreuz. S. 199
Dem Aachener Goldkreuz entspricht außerdem die Darstellung der T 61
Schlange mit dem Widderkopf am Fuße der Großplastik. S. 217

Ganz rechts steht Johannes, der – man denke an die Bedeutung des Himmlischen Jerusalems für das Aachener Oktogon – in der linken Hand das Buch der Offenbarung hält, und ganz links Maria in einem zweiteiligen Mantel. Auffallend ist an den übrigen Figuren, an dem Christus tragenden Joseph von Arimathia und an dem sich auf das Kreuz stützenden Nikodemus, vor allem die sächsische Kleidung. Zeichen dafür, daß sich die Sachsen dem Gott der Christen gebeugt hatten?

Auffallendster Gegenstand ist freilich der Stuhl, auf dem Nikodemus steht: In Form und Gestaltung weist er überdeutlich auf die germanische Irminsul hin. Sie erscheint in »gestürzter«, geknickter Form: Lehne und hintere
T 64 Stütze entsprechen der Y-Gabelung an der Spitze einer Tiu-Säule. In der
S. 221 Mitte ist sie geknickt und neigt sich damit für den Sitzenden in eine waagerechte Form.

Irmin, ein anderer Name für Tiu, scheint vor seiner Verdrängung durch Odin aus dem germanischen Götterhimmel der Hauptgott der germanischen Stämme gewesen zu sein. Er gab der Säule seinen Namen. Wo sie einst stand, ist nach wie vor umstritten und ungeklärt. Es spricht einiges dafür, daß sie mit den Externsteinen in Westfalen in Verbindung zu bringen ist. Es gibt sogar gute Gründe für die Ansicht, daß beide, Externsteine und Irminsul, sehr eng zusammengehören.

Es gab offensichtlich viele heilige Bezirke, doch als größtes Heiligtum wurde die Irminsul verehrt, vielleicht eine Art Baumstamm mit Y-förmiger Gabelung der Spitze. Es ist naheliegend, diesen Ort religiöser Verehrung – kultische Handlungen wurden an Quellen und Bäumen, besonders aber an Felsen vorgenommen, wie eine Verordnung aus dem Jahre 802 verrät – mit einem Felsen in Verbindung zu bringen. So ist es ein leichtes, die Irminsul dort zu suchen, wo die charakteristischsten Felsen im alten sächsischen Raum zu finden sind: bei den Externsteinen in der Nähe von Detmold. Diese aber waren ganz offensichtlich eine Art Sonnenobservatorium, ein Ort, der den Priestern Auskünfte über Jahreszeiten und den Lauf der Sonne geben konnte.

Es verblüfft die Grundausrichtung der Externsteine, erinnert sie doch an Stonehenge: Der Tag der Sommersonnenwende ist deutlich fixierbar, die Hauptlinie des eigentlichen Observatoriums in dem »Felsen II« genannten Bereich geht in Richtung Nordosten. Sicher ist zudem, daß die Germanen einen eigenen Kalender hatten und die Tages- und Jahreszeiten bestimmen konnten. Allerdings gab es zwischen Nord- und Südgermanen erhebliche,

landschaftlich bedingte Unterschiede in der Jahreseinteilung und seinem Beginn.
Es gibt nicht wenige Fachleute und solche, die sich dafür halten, die eine kultische Bedeutung der Externsteine für die Germanen rundherum ablehnen. Für sie sind die Externsteine erst in christlicher Zeit zu Ruhm gelangt, und jeder Versuch, ihnen bereits für die heidnische Zeit Bedeutung zuzumessen, gilt ihnen als Frevel. Doch abgesehen von den Fakten und Befunden, die beweisen, daß an diesem Ort astronomische Daten ablesbar sind, wäre es verwunderlich, wenn die Menschen der Vorzeit dieses Naturwunder nicht dazu benutzt hätten, die Gestirne zu beobachten. Es ist auch unübersehbar, daß an den Externsteinen die Megalith-Elle auftritt, das Maß der Steinzeit-Astronomen.
Die Problematik ist vielschichtig, sicher, aber die Tatsache, daß bereits der Name Externstein die Möglichkeit einer Sternwarte an diesem Ort nicht ausschließt, weist im Zusammenhang mit vielen anderen Fakten darauf hin, daß die Germanen über Jahrhunderte hinweg von hier aus Ordnung in die Zeit brachten. Der Name Externsteine kann von Agalastra, Elster, kommen, und er kann auch abgeleitet sein vom niedersächsischen »Eecke«, was Eiche bedeutet.
Möglich ist freilich auch die Ableitung des Namens aus der ebenfalls altbezeugten Benennung Eggesterenstein, und das wiederum würde die Bedeutung der Felsen als Observatorium unterstreichen, denn es hieße nicht mehr und nicht weniger als »Sternstein an der Egge«. Noch heute tragen zwei Höhen in der Nähe der Steine die Namen Egge und Kleine Egge. Zudem ist Egge der Name des Höhenzuges, der südlich vom Lippischen Wald verläuft.
Eine Kaufurkunde aus dem Jahre 1093, in der die Benennung Agisterstein, also Elsternstein, erscheint, spricht zwar zunächst für diese Möglichkeit. Doch 1966 konnte erstmals nachgewiesen werden, daß Eggesterenstein die älteste überlieferte Namensgebung für die bizarren Felsen ist. Schließlich ist auch nicht auszuschließen, daß beide Namen mit ihren jeweiligen Bedeutungen nebeneinander existierten. Bedeutungswandel ist nicht selten. Und es bleibt auch noch die Möglichkeit, daß die ursprüngliche Bedeutung der Externsteine als »Sternsteine«, als Ort von Himmelsbeobachtungen, nach dem Abschlachten der sächsischen Intellektuellen durch Karl nicht mehr verstanden, vergessen wurde und sich wandelte.

Der erste, der in den Externsteinen ein »uraltes heidnisches Heiligtum« sah, das Karl der Große zu einem gottgeweihten und mit Apostelbildern geschmückten Altar gemacht habe, ist der westfälische Geschichtsschreiber und protestantische Theologe Hermann Hamelmann. Das war bereits 1564. Bei seiner Feststellung berief er sich auf eine Vorlage, die er leider nicht näher kennzeichnete.

Das größte Aufsehen in dieser Sache verursachte schließlich 1928 Wilhelm Teudt, als er nicht nur Hamelmanns Behauptung wiederaufgriff, sondern auch die Ansicht vertrat, daß die Irminsul an den Externsteinen gestanden habe. Viel bedeutsamer war freilich sein Hinweis darauf, daß der »Turm-
T 63 b zimmer« genannte Teil des Felsens ganz offensichtlich nach astronomischen
S. 220 Daten ausgerichtet ist.

Dieses Turmzimmer, das auf dem höchsten Felsen liegt und vormals ein geschlossener Raum war, besteht jetzt nur noch aus einer Art Altarnische. Sie und das kreisrunde Loch von etwa 37 cm an der Rückwand stützen allerdings die Behauptung, daß die Sachsen von hier aus tatsächlich Antworten auf astronomisch wichtige Fragen erhielten. Denn dieses Sonnenloch und die davorliegende Nische – der gesamte davorliegende, jetzt freie Raum – sind gen Nordosten gerichtet und erinnern den Stonehenge-Besucher sofort an die Ausrichtung des englischen Observatoriums: Konnte dort einst der Priester – noch heute für jeden Besucher nachvollziehbar – den Tag der Sonnenwende zur Zeit des Mittsommers bestimmen – am 21. Juni geht die Sonne, vom Altar im Zentrum der Anlage aus gesehen, genau über dem Fixpunkt Heel-Stein auf –, so war die gleiche Möglichkeit in diesem Turmzimmer gegeben. Steht man nämlich am Tag der Sommersonnenwende zu Tagesbeginn auf der alten Raumachse, so sieht man genau durch das Sonnenloch die Sonne aufgehen.

Auf diese Weise war es auch in germanischer Zeit möglich, das Grobraster für die Jahreseinteilung zu ermitteln. Daß diese Fähigkeit geistige Macht bedeutete, ist leicht zu verstehen: Für das Überleben des Menschen in einer Zeit des alles bestimmenden Ackerbaues ist nichts wichtiger als die Kenntnis der Naturgewalten und der Abläufe der Jahreszeiten. Aussaat und Ernte sind ohne Kenntnisse des Jahresablaufes und damit der jeweiligen Sonnenstände undenkbar.

War nun das kleine Sonnenfenster im Turmzimmer der Externsteine so etwas wie der Heel-Stein der germanischen Stämme? Es befindet sich an der

Nordostseite des Zimmers in der Apsis der Gesamtanlage. Diese Einbuchtung liegt 44 cm über der Basis des übrigen Raums. In der Apsis, unterhalb des Fensters, steht eine steinerne Säule. Was hat es mit dem Fenster auf sich? Zweifellos war es auch – zumindest nach dem Umbau des Heiligtums zu einer christlichen Kapelle – ein Fenster im Sinne des Wortes: Es ließ Licht ein und erhellte den Raum aufs notwendigste.

Gleichwohl deutet alles darauf hin, daß es nicht nur allgemein Licht einließ, sondern an einem ganz bestimmten Tag ein ganz bestimmtes Licht: Am Tag der Sommersonnenwende erscheint, von der der Apsis gegenüberliegenden Wand aus gesehen, die Sonne zur Zeit des Aufgangs in ihrer ganzen Rundung genau in dieser Öffnung. Geht man freilich davon aus, daß diese Beobachtung von der heutigen neuen Raumachse aus gemacht wurde, gelangt man zu einer geringen Abweichung: Diese immerhin rund 7° umfassende Verschiebung könnte schwerwiegende Bedenken gegen die Theorie aufkommen lassen, das Turmzimmer der Externsteine habe als Sonnenobservatorium der Germanen gedient. Denkbar wäre aber auch, daß man auf ihr die Stellung des Mittwintermonds fixierte: Dann betrüge die Abweichung nur gute 1,5°, und damit wäre – wie in Stonehenge – die Möglichkeit zur Bestimmung des Sarus-Zyklus gegeben.

Doch der Wenn und Aber bedarf es nicht mehr, wenn man der Frage nach einer anderen, einer alten Raumachse nachgeht. Denn zweifellos wies das Turmzimmer vor dem Umbau – zu einer christlichen Kapelle? – eine andere Raumdimension auf. Eingehende Untersuchungen haben ergeben, daß der Raum in frühgeschichtlicher Zeit etwas anders aussah: Die alte Achse verlief anders. Ausgangspunkt dieser neuen Ergebnisse ist eine frühere Gestaltung der Apsis, der Nordostnische. Kurz gesagt: Die alte Achse verlief im 90°-Winkel zur Grundlinie, die von der Rückwand der Apsis gebildet wird.

Die Möglichkeit, diese Linie als alte und damit in diesem Zusammenhang wichtige Raumachse zu definieren, wird noch durch eine weitere Feststellung gestützt: Die alte Achse verläuft durch die Mitte der steinernen Säule in der Apsis und zugleich durch den Mittelpunkt des Sonnenfensters und verbindet zwei wichtige, noch heute an der alten Stelle befindliche Fixpunkte miteinander. Fixpunkte deswegen, weil der Beobachter, der Priester, auf dieser Achse stehend, über Säule und Fenster wie über Kimme und Korn am Morgen der Sommersonnenwende tatsächlich das den Germanen heilige Gestirn voll und ganz im Rund der Apsis beobachten konnte.

Doch welche Funktion könnte in diesem Zusammenhang der Irminsul zugekommen sein? »Einen Holzpfosten von ansehnlicher Größe in die Höhe gerichtet«, nennt sie Rudolf von Fulda. »Colossus altissima columna« heißt sie in oberdeutschen Glossen und »ragendes Bildwerk« bei Saxo. Nun haben Ausgrabungen vor und außerhalb der Apsiswand, rund 1,5 m vor dem Felsen, einen Schacht von 2,5 m und rund 2 m Durchmesser ans Licht gebracht. Ein Brunnen kann es nicht gewesen sein, und auch die anderen Deutungen sind kaum befriedigend. Die einzige sinnvolle und vernünftige Erklärung ergibt sich, wenn man diese Ortung in einem Zusammenhang mit den gesamten Externsteinen sieht. Und diese Erklärung birgt zugleich die Antwort auf die Frage in sich, wo denn die von Karl gestürzte Irminsäule nun wirklich stand: Sie stand vor den Externsteinen und war der externe Ortungspunkt für den Tag der Sommersonnenwende!
Denn was die kleine steinerne Säule im Innern des Turmzimmers bewirkte – über sie hinweg war durch das Fenster hindurch der Sommersonnenwendtag zu orten –, ermöglichte die Irmin-Säule durch ihren Stand draußen vor diesem Sonnenfenster. Der Schacht, der bei den erwähnten Ausgrabungen gefunden wurde und der entsprechend seinen Ausmaßen einem riesigen Baumstamm hätte Halt geben können, liegt exakt in der Verlängerung der alten Raumlinie. Es ist jedenfalls denkbar, daß der Priester von der Säule aus durch das Fenster am 21. Juni die Sonne anpeilen konnte. An diesem Tag hätte die Sonnenscheibe beim Aufgang auf dem Widdergehörn der Säule liegen können. Rund 30 m hoch hätte sie in diesem Fall sein müssen. (Das ist übrigens etwa die Höhe des Oktogons in Aachen bis hinauf ins Kuppelgewölbe.)
Zur Herrschaft gehört zweifellos auch die Beherrschung der Zeit. Karl der Große war auf dem Wege, mit seinem Oktogon zu Aachen diesen Herrschaftsanspruch zu sichern und allenthalben sichtbar zu machen. Er war auf dem Weg, der von ihm beherrschten Welt den astronomisch bedingten richtigen Rhythmus zu geben. Aachen sollte auch in dieser Beziehung ein neues Rom werden.
Konnte er daneben ein »sächsisches Byzanz« dulden, das diesen Anspruch vielleicht in Zweifel ziehen konnte? Als christlicher Herrscher und Nachfolger römischer Kaiser sah er seine Aufgabe auch darin, der Welt seine – von Gott kraft seines Königtums gewollte – Ordnung zu geben. So ist zu vermuten, daß der Sturz der Irmin-Säule für ihn mehr war als nur die Zerstörung

eines heidnischen Symbols. Dahinter stand der Anspruch, auch der neue Zeit-Geber und -Beherrscher zu sein. Denn mit dem Sturz der Irminsul war nicht nur das Zentrum eines ihm feindlichen Kultes getroffen, in dem kein Platz für einen christlichen Gott-Kaiser war, sondern auch ein wichtiger Ordnungsfaktor symbolisch und faktisch zerstört.

Vor diesem Hintergrund wird die lange und harte Auseinandersetzung zwischen Franken und Sachsen verständlich: Die Sachsen verteidigten mit größter Zähigkeit einen Kernpunkt ihrer Existenz – Karl der Große kämpfte seinerseits mit größter Wut und Grausamkeit um den Anspruch, die Zeit zu beherrschen. Gleichzeitig ging es ihm darum, sein geplantes Oktogon von keiner anderen »Uhr« in Frage stellen zu lassen. Es ging nicht nur um die Bekehrung zum Christentum, sondern auch darum, einen fremden Ordnungsfaktor hinwegzufegen.

Karl zerstörte diese Säule, verbrannte sie wohl und setzte damit einem Symbol ein Ende. Dem Fall des Symbols im Jahre 772 folgte im Jahre 783 der Mord an den führenden Sachsen, ihren Druidenpriestern. Damit hatte der Frankenkönig dem letzten nordeuropäischen Zentrum – neben Aachen – den entscheidenden Todesstoß versetzt. Nun konnte er sicher sein, der einzig Wissende zu sein, der mit seinen an seinen Hof gebundenen Eingeweihten die einzige für Europa verbindliche Kalenderanlage in Aachen erbauen konnte.

In mehrfacher Hinsicht war Karl der Große damit uneingeschränkter Beherrscher seiner Welt geworden: weltlich und geistlich. Denn eins ist sicher: Der Frankenkönig war und fühlte sich als Fürst und Hohepriester zugleich. Alkuin nannte ihn »pontifex in praedicatione«. Karl als Vollstrecker göttlichen Willens – er führte die öffentliche Devotionsformel »gratia dei« ein –, als pontifex maximus, er konnte keinen anderen Gott neben sich dulden. So zerstörte und tötete er alte Welten, um sich sowohl auf deren Fürstenthron wie auch auf deren Priesterstuhl zu setzen.

Daß er auch heidnisches Denken übernahm, war unausbleiblich, setzte er sich doch bei dieser Usurpation auch auf Priesterstühle, die der Verehrung der Sonne dienten. In Aachen ist es Bild geworden: Auf seinem Thron, als Fürst und Priester über allen anderen thronend, saß nur er im Licht der aufgehenden Sonne, wurde von ihr herausgehoben und huldigte ihr zugleich, und zwar an den beiden wichtigsten Tagen: den Tagundnachtgleichen im Frühjahr und Herbst.

T 64 S. 221 Das Bild sei gewagt: Karl nimmt auf der gestürzten Irmin-Säule Platz, die sich ihm im überdimensionalen Steinrelief an den Externsteinen zu einem fürstlichen Stuhl geneigt und gebeugt hat.

T 65 S. 222 Sicher, der Kaiserthron auf der westlichen Empore des Aachener Oktogons ist nicht der Stuhl, auf dem einst Karl selbst Platz nahm. Genauso sicher ist freilich, daß Karls Thron gleichwohl an dieser Stelle stand. Bleibt die Frage: Was tut sich astronomisch am Thron und um den Thron herum?

Wie der Thronsitz durch die sieben Ebenen, die zu ihm hinaufführen, aus der Emporenbasis herausgehoben war und ist, so thronte natürlich auch der aus seiner Umwelt so herausgehobene Herrscher nicht nur über dem Volk, sondern auch über dem Hofstaat. War seine Stellung dem Priester in Stonehenge, dem Druiden der Externsteine und dem Salomons vergleichbar? War es ihm gegeben, aus dieser Position heraus in einer besonderen Konstellation zur Sonne zu stehen? Und das an einem besonderen Tag im Jahr?

A 37 S. 150 Um Antworten auf diese Fragen zu bekommen, nahm ich mir noch einmal die Zeichnung des Längsschnittes der Aachener Pfalzkirche vor. Dieser Längsschnitt gibt das Aussehen des Oktogons zur Zeit Karls wieder. Diese Feststellung ist in diesem Zusammenhang wichtig, weil die alte doppelstökkige karolingische Apsis der gotischen Chorhalle weichen mußte.

Was ich vermutete, was vor dem Hintergrund der bisher gemachten Entdekkungen kaum anders zu erwarten war, wurde auf einfache Art und Weise bestätigt: Der karolingische Herrscher konnte als einziger, auf der Thronebene stehend, an den Tagundnachtgleichen die aufgehende Sonne beobachten. Oder anders gesagt: Zum Frühlings- und Herbstanfang, am 21. März und am 23. September, erhob sich die Sonne so über den Horizont zu Tagesbeginn, daß die von ihr ausgehenden morgendlichen Strahlen durch das – nicht mehr vorhandene – Fenster der oberen Etage der östlichen Chorapsis fielen und nur das Haupt des stehenden Herrschers ins Licht tauchten. Der weltliche Herrscher Karl der Große hatte sichtbar den Platz der alten Priester-Astronomen eingenommen. So dokumentierte er auch auf diese Art und Weise seine Rolle als Priester und König zugleich.

Der einzige Unterschied zu den Astronomen der Sachsen wie denen der Stonehenge-Kultur bestand darin, daß sein Sonnenobservatorium eine neue Achse hatte. Beobachteten seine »Vorgänger« den Sonnenaufgang vor allem am Tag der Sommersonnenwende, so strahlte Karls Priesterkönigtum besonders hell an den Tagundnachtgleichen. Karls Fortschritt: Seine Achse entsprach in ihrer Ost-West-Ausrichtung der Äquatorlinie und alttestamentarischer Tradition.

Gleichwohl ging das alte heidnische Konzept nicht restlos verloren. Denn mag auch die neue Orientierung der Gesamtanlage nach Osten weisen, so hatte doch der alte und wichtige Tag der Sommersonnenwende weiterhin auch bei Karl seine Bedeutung: Wenn an diesem Tag die Sonne ihren exakten Ostpunkt erreicht, steht sie in einer Höhe von 30,5° über dem Horizont. Übersetzt auf die Pfalzkirche heißt das, daß sie durch das östliche Tambour-Fenster schräg nach unten in den Kirchenraum fiel und dabei den oberen Teil des Thrones und den Kopf des Herrschers voll beschien.

Das herauszufinden, bedurfte es ebenfalls des Längsschnittes durch das Oktogon, wie es sich in karolingischer Zeit darbot. Zwar ist dieses östliche Tambour-Fenster nicht wie das vorhin erwähnte Apsisfenster dem Anbau des gotischen Chors völlig zum Opfer gefallen, aber auch hier hat dieser Chor seine T 28
»Hand im Spiel«: Es ist zugebaut und Innenteil des neuen Chors geworden! S. 182
Bleibt festzuhalten, daß die Gotik wie zufällig eine wichtige Perspektive in doppeltem Sinne verbaute: Daß sich Karl als Priesterkönig und Sonnenfürst gesehen und auch sinnfällig dargestellt hatte, diese Tatsache baute das Mittelalter im wahrsten Wortsinn zu. Der der Sonne huldigende Christenkönig war verdrängt; es überlebte nur noch der Mann, der das Christentum in Europa festigte, ausbaute und nach Osten hin erweiterte.

Nun ergab sich bei meinen zeichnerischen Untersuchungen allerdings noch eine weitere Überraschung, die immerhin die Hypothese gestattet, Karl habe seinen eigenen Geburtstag in sein Oktogon mit steinernen Mitteln eingebaut. Ganz von der Hand zu weisen ist diese Möglichkeit grundsätzlich nicht, denn wir wissen auch vom Kaiser Augustus, daß seine Sonnenuhr als markanten Punkt den eigenen Geburtstag aufwies; und daß das Augusteische Sonnenobservatorium Eingang in Karls Pfalzkirche gefunden hatte, ist nach meinen bisherigen Untersuchungen kaum mehr zweifelhaft.

Um Karls Geburtstag im Dom zu finden, ist es wiederum nötig, sich den alten Zustand des Oktogons vor Augen zu führen: Die meisten Rekonstruktionen alter Pläne kommen zu dem Ergebnis, daß es in der oberen Apsis gegenüber dem Kaiserthron nicht nur das Fenster, durch das dem Herrscher zu den Tagundnachtgleichen der morgendliche Sonnenstrahl ins Gesicht schien, sondern außerdem darüber ein wesentlich kleineres Oberlicht gab. Durch dieses kleine Rundfenster, in seinen Dimensionen etwa dem Sonnenfenster im

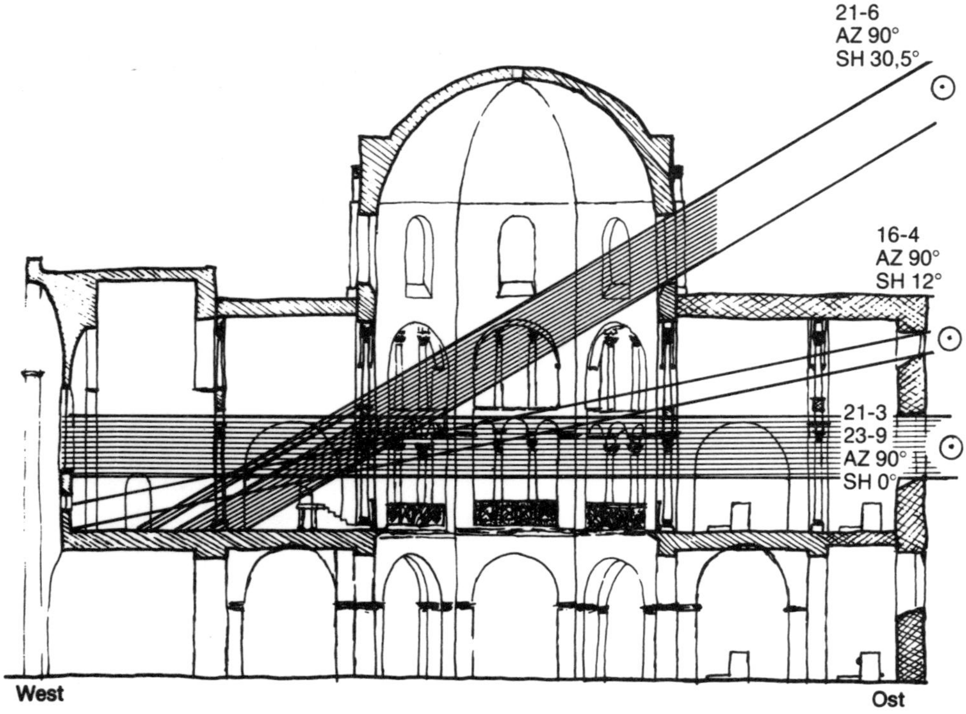

Abb. 37: Der Krönungsstuhl im Aachener Dom ist nicht nur durch die zu ihm hinaufführenden sieben Ebenen und seine erhöhte Position in der Oberkirche aus der Umwelt herausgehoben. Er ist auch und vor allem dadurch einmalig in der Welt, daß seine Plazierung ganz offensichtlich nach astronomischen Gesichtspunkten erfolgte: Auf der Thronebene stehend, konnte der Herrscher als einziger an den Tagundnachtgleichen die aufgehende Sonne beobachten: Am 21. März und am 23. September, an jenen Tagen, an denen die Sonne exakt im Osten aufgeht, fielen die ersten Sonnenstrahlen durch das – durch den gotischen Choranbau heute nicht mehr vorhandene! – untere Fenster der östlichen Chorapsis (parallellaufende Linien) auf den stehenden Herrscher.
Neben den Tagundnachtgleichen hatte auch der Tag der Sommersonnenwende seine große astronomische Bedeutung für den Priesterkönig auf dem Thron: Wenn an diesem Tag, dem 21. Juni, die Sonne ihren exakten Ostpunkt erreicht hatte, fielen ihre Strahlen in einem Winkel von 30,5° so durch das östliche Tambour-Fenster in die Oberkirche, daß das Haupt des Herrschers für kurze Zeit im gleißenden Licht erstrahlte (schräg von oben rechts nach unten links verlaufende Linien). Beide Fakten, der Sonneneinfall an den Tagundnachtgleichen wie am Tag der Sommersonnenwende, lassen sich heute nur zeichnerisch nachvollziehen, weil beide Visurfenster durch den Choranbau verschwunden sind.
Spekulation – wenn auch eine ernsthafte – muß der Versuch bleiben, die Frage nach Karls Geburtstag an Hand astronomischer Linien im Dom zu beantworten: Am 16. April fiel bei einem exakt östlichen Sonnenstand von 12° das Sonnenlicht so durch ein heute ebenfalls nicht mehr vorhandenes Rundfenster oberhalb des bereits erwähnten Fensters in der östlichen Chorapsis, daß der Thron ebenfalls getroffen wurde. Bekannt ist nur, daß Karl im April geboren wurde. Vielleicht eiferte er hier Augustus nach, der den Tag seiner Geburt in seine Uhr »eingebaut« hatte?

Turmzimmer der Externsteine vergleichbar, fiel nur an einem Tag im Jahr das Sonnenlicht so ein, daß es den Kopf des thronenden Herrschers auf dem Fürstenstuhl erfaßte. Das war etwa am 16. April eines jeden Jahres. Die heutigen Werte zugrunde gelegt, geschähe das an diesem Apriltag morgens um 6.07 Uhr MEZ, wenn der Einfall des Sonnenlichts etwa 12° beträgt. Verlängert man nun die Unterkante dieses Lichtstrahls über den Thron hinweg nach Westen, so trifft er genau in den Winkel zwischen Fußboden und Wand auf der Ebene der Königsloge. Vergleichbar ist diesem Phänomen die Tatsache, daß die Verlängerung des Lichtbandes, das zur Sommersonnenwende den König im Licht erstrahlen läßt, genau zum Eingangsfundament im Westen weist. Auch hier wird ein wichtiger Punkt im Dom getroffen, wenn das Sonnenlicht für den Herrscher günstig stand.

Daß Karl seinen Geburtstag astronomisch im Dom festhielt, ist kaum so unglaubwürdig, wie auf den ersten Blick vielleicht zu vermuten ist. Denn wo es – wie in diesem Bau – so von Zeichen und Symbolen wimmelt, wo so viele versteckte Hinweise auf astronomische Kenntnisse vorhanden sind, wäre es fast verwunderlich, wenn der Herrscher, dem all dies zu verdanken ist, sich nicht selbst auch persönlich in diesen Bau eingeschrieben hätte.

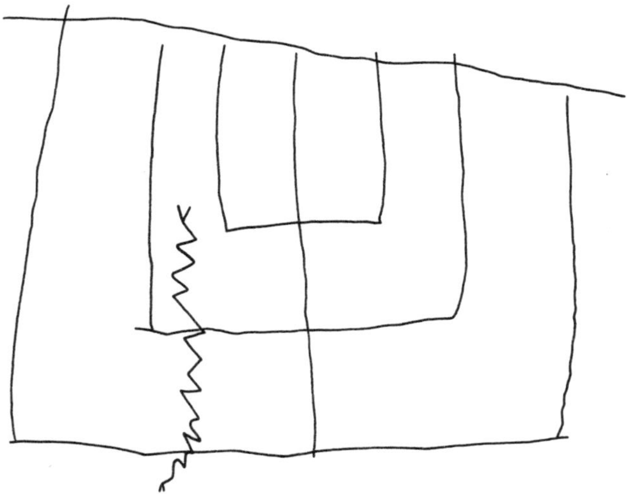

Abb. 38: Als »Mühlespiel« wurden diese Einritzungen am Krönungsthron bisher interpretiert. Spezialfilm, Ultraviolettlampen und Infrarotlicht lassen freilich ein Bild entstehen, das auch eine andere Deutung zuläßt: Es ist eine stilisierte Darstellung der Minora (mit Erdschlange links im Bild), des berühmten siebenarmigen Leuchters der Juden in seiner kosmischen Bedeutung der sieben Himmel und der sieben Planeten. Hinweis auf Salomons Königsstuhl im Tempel zu Jerusalem?

Es kommt noch ein Faktum hinzu, das diese Vermutung unterstützt: Die Frage des Geburtsmonats Karls des Großen ist zwar auch heute noch nicht schlüssig beantwortet, zahlreiche Hinweise lassen die Historiker jedoch vermuten, daß es der April war, in dem Karl im Jahre 742 das Licht der Welt erblickte.

Karls Oktogon, das kann man abschließend mit Fug und Recht behaupten, ist ein in jeder Hinsicht universeller Bau. Kirche und Kultstätte zugleich, faßt er das gesamte mathematisch-astronomische Wissen der Zeit nicht nur zusammen, sondern setzt ihn zudem um in Zeichen und Symbole. Gerade darin liegt die Leistung Karls: Sein Kalenderbau ist nicht nur ein wissenschaftliches Werk, sondern zugleich ein in vielen Facetten schillerndes Kunstwerk. Der Betrachter und Besucher kann es in vielfacher Hinsicht betrachten: Etwas wird er immer verstehen, etwas wird ihn immer ansprechen.

Seine ganze Bedeutung zu kennen, bietet freilich erst den höchsten Genuß, und dazu gehört eindeutig, in der der Maria geweihten Kirche auch den dem Sonnenkult geweihten Bau zu sehen, den Tempel der zu Stein gewordenen Astronomie und nicht zuletzt den Bau der Wissenschaft, in dem sich Karl ein Denkmal setzte. Ein Denkmal freilich mit tieferer Bedeutung als der, die ihm der tägliche Besucher beimißt, der in ihm nur eine christliche Kirche vermutet.

Nichts ist – so scheint es – an diesem Bauwerk Zufall, und deswegen spricht einiges dafür, daß es noch wesentlich mehr Geheimnisse Karls preiszugeben hat, als in diesem Rahmen dargestellt werden konnte. Eine Frage drängt sich nach den vielen Entdeckungen geradezu auf: Wo war das Grab Karls des Großen? Bis heute ist diese Frage noch nicht beantwortet, mußten die Antworten Vermutungen bleiben. Doch spricht nicht alles für die These, daß die Sonne, die für diesen Bau so große und entscheidende Bedeutung hat, auch diese Antwort weiß? Es wäre verwunderlich, wenn weitere Untersuchungen und Messungen auf mathematisch-astronomischer Basis auf diese Frage nicht die richtige Antwort brächten. Die Geschichte hält sie noch verborgen. Bringt die Sonne sie an den Tag?

Büstenreliquiar Karls d. Gr. Die 1349 in Aachen als Stiftung Karls IV. entstandene Büste enthält die Hirnschale Karls des Großen. Das Reliquiar ist in Silber getrieben und teilweise vergoldet. Die Krone gilt als böhmische Arbeit. Sie ist mit kostbaren Steinen verziert und abnehmbar. Wahrscheinlich machte Karl IV. sie nach seiner Krönung im Juli 1349 in Aachen der Krönungskirche zum Geschenk. Fortan wurde die Karlsbüste den zur Krönung in Aachen einziehenden Königen entgegengetragen. Zum Zeremoniell der Krönung gehörte ein Kuß auf die Schädeldecke durch den neuen Herrscher. Das Reliquiar befindet sich heute in der Schatzkammer des Aachener Doms.

Tafel 1

Tafel 2a: Der Proserpina-Sarkophag in Aachen, römisch, Marmor, 2. Jh. n. Chr. Nach der Überlieferung wurde Karl d. Gr. 814 in diesem heidnischen Sarkophag bestattet, ehe seine Gebeine 1215 in den Karlsschrein gelegt wurden. Die Vorderseite zeigt eine Szene aus der antiken Mythologie: Der Raub der Persephone (lat. Proserpina) durch Hades, den Gott der Unterwelt. Demeter, als Mutter Erde eine der am meisten verehrten griechischen Gottheiten, machte sich auf die Suche nach ihrer geraubten Tochter. In dieser Zeit ließ sie keine Saaten wachsen. Durch Vermittlung des Göttervaters Zeus kam schließlich ein Vertrag zustande, nach dem Persephone einen Teil des Jahres in der Unterwelt, den anderen auf der Erde verbringt: Mythisches Bild für den periodischen Wechsel in der Natur. Des Hermes Rosse stehen für die 4 Jahreszeiten. Der Sarkophag versinnbildlicht Tod und Auferstehung, den Kampf zwischen Licht und Schatten. – Das Foto entstand am 17. 4. 1977, an dem auch das Schattenspiel (Foto unten) festgehalten wurde. Beide Fotos wurden, zusammen mit Indianas Bild »Grinsender Mond«, zum auslösenden Faktor für das vorliegende Buch.

Tafel 2b: Schattenspiel in der Oberkirche des Aachener Oktogons: Das Nordostgitter wird vom Sonnenlicht, das durch das Südwestfenster einfällt, am 17. 4. um 14.45 Uhr MEZ so getroffen, daß es einen Schatten von genau 90° auf den Boden wirft. Das Polaroidfoto war schließlich Anlaß und Ausgangspunkt dieses Buches nach der Entdeckung am 17. 4. 1977, daß im Aachener Oktogon offensichtlich bestimmte Gesetzmäßigkeiten bei verschiedenen Sonnenlichteinfällen herrschen.

Tafel 3a (oben): Ausschnitt aus Tafel 2a: Hermes (lat. Merkur), der Götterbote, führt die Quadriga aus der Unterwelt. Er hat Persephone aus der Unterwelt zurückgeholt.

Tafel 3b: Ausschnitt aus Tafel 2a: Demeter auf einem von 2 Schlangen gezogenen Wagen, in der Hand lichtspendende Fackeln. Schlangen wie Fackeln gehören zur Göttin der Erde: Sie suchte 9 Tage lang mit 2 Fackeln nach ihrer Tochter. Athene, Artemis und eine weitere Göttin (rechts im Bild) weisen Demeter den Weg. Sie hatten mit Persephone am Meeresstrand gespielt, als diese von Hades entführt wurde.

Tafel 4 Ausschnitt aus dem Proserpina-Sarkophag: Hades, der Gott der Unterwelt, entführt Persephone, die Tochter der Demeter. Neben ihr, »mit glänzendem Kopfschmuck«, Hekate, die dienende Begleiterin der Demeter-Tochter.

Tafel 5 Vier Kirchen, vermutete Hügelgräber und Aachens warme Quellen liegen auf diesem Foto ▷ wie Perlen entlang einer geraden Linie. Zugleich entspricht diese in ihrer Ausrichtung der wichtigsten für Stonehenge geltenden Linie: Sonnenaufgang zur Sommersonnenwende und Sonnenuntergang zur Wintersonnenwende liegen hier wie dort auf einer Linie Nordosten–Südwesten. Foto Wintersonnenwende 1978, 15.25 Uhr MEZ.

Tafel 6 Das Aachener Oktogon mit 16eck im Zentrum seiner Anbauten. Blick auf die Südseite. Oben Mitte das Tambour-Fenster. Die Pfalzkapelle Karls d. Gr. ist astronomisch exakt nach den vier Haupthimmelsrichtungen hin orientiert.

7.50 Uhr MEZ

8.00 Uhr MEZ

8.10 Uhr MEZ

8.20 Uhr MEZ

8.30 Uhr MEZ

8.40 Uhr MEZ

8.50 Uhr MEZ

9.00 Uhr MEZ

Tafel 7

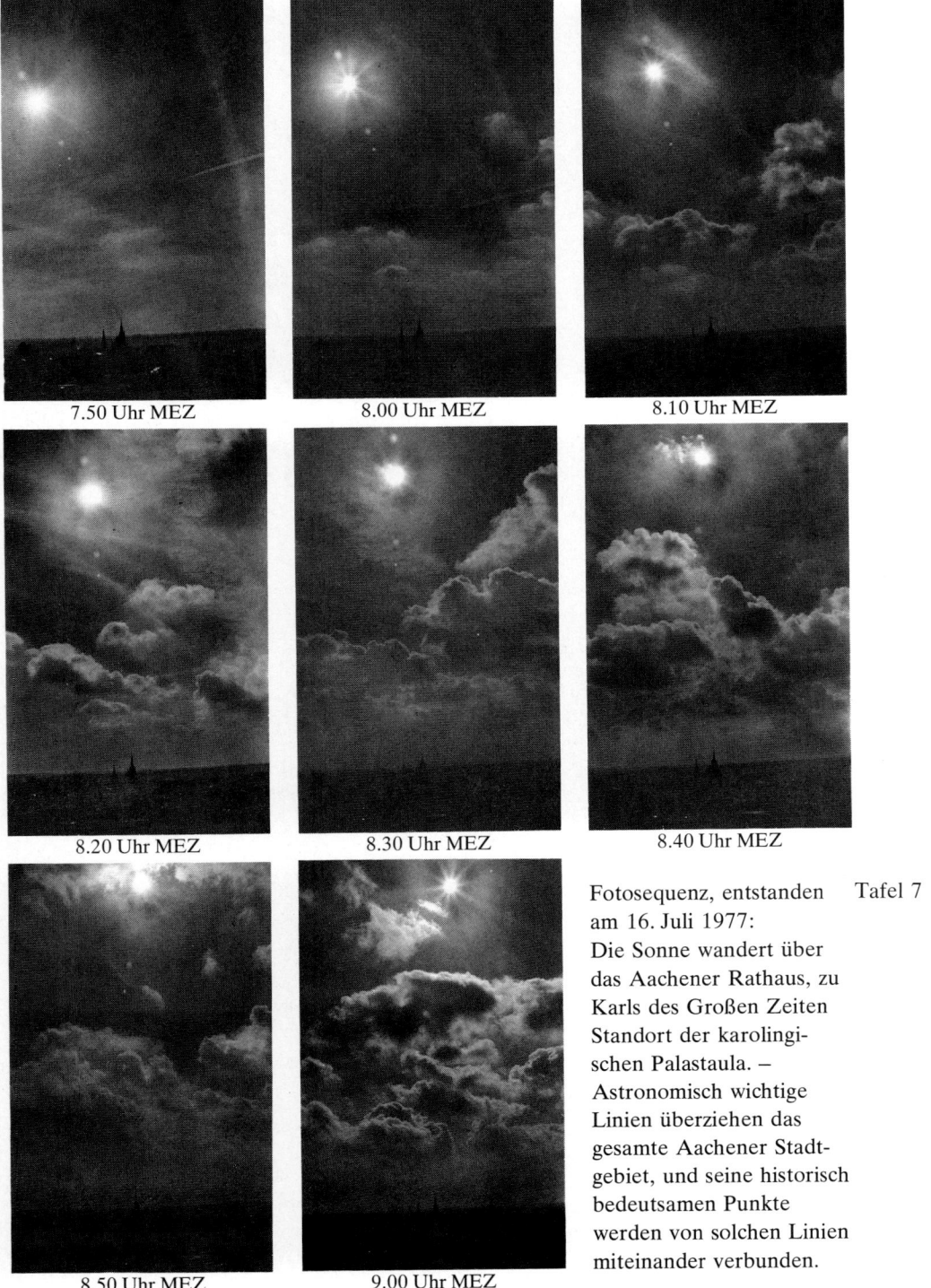

Fotosequenz, entstanden am 16. Juli 1977: Die Sonne wandert über das Aachener Rathaus, zu Karls des Großen Zeiten Standort der karolingischen Palastaula. – Astronomisch wichtige Linien überziehen das gesamte Aachener Stadtgebiet, und seine historisch bedeutsamen Punkte werden von solchen Linien miteinander verbunden.

Tafel 8 Die Sonne über der Kuppelspitze des Oktogons zur Zeit ihres mittäglichen Höchststandes vom Rathaus aus gesehen, wo einst die Palastaula Karls d. Gr. stand. Hier zeigt sich die planmäßige Zuordnung von Oktogon und Pfalz: Beim »Meridian-Durchgang« liegen beide nicht exakt auf einer Linie.

Tafel 9 Die Nordseite des Doms. Links der gotische Chor. Er verhindert die von Karl d. Gr. geplante Lichtwirkung. Rechts die Westseite mit dem neugotischen Turm. In der Bildmitte das karolingische Oktogon. Unten links vorgelagert die Hubertus- und darüber die Karlskapelle. Vor dem Turm liegen die Nikolaus- und oben die Michaelskapelle.

Blick auf den Dom über den Münsterplatz von Südosten. Im Vordergrund der gotische Chor, der mit einem ausgeklügelten Verankerungssystem an der Grabkirche befestigt wurde. Links im Vordergrund die Matthias- und dahinter die Annakapelle. Anschließend der barocke Anbau der Ungarischen Kapelle, eine Stiftung der Balkanwallfahrer an die Domkirche. Tafel 10

Tafel 11 Blick von Südosten auf das heutige Rathaus, zu Karls des Großen Zeit der Platz der Palastaula, der vordere Turm ist der Grannusturm, die mutmaßliche Sternwarte.

Blick vom Lousberg über das Zentrum von Aachen auf das Rathaus mit dem Dom und auf die Aachen umgebenden Höhenzüge. Tafel 12

Ein Modell der Pfalz Karls d. Gr.: Maßstabgerecht wurde mit Blitzlicht der Schatten nachvollzogen, den die Oktogon-Kuppel während ihres Höchststandes am Tag der Wintersonnenwende im Dezember auf die Pfalzanlage warf. Dieser Schatten traf die Pfalzaula an der Eingangstreppe, die rund 10 m von der Nord-Süd-Achse Dom–Königshalle entfernt lag. Modell: Dombaumeister Dr. Hugot.

Tafel 13

Tafel 14 In Burtscheid bei Aachen – hier ein Bild von Ludwig von Valkenborch aus dem 16. Jh. – gab es zur Zeit der Römerherrschaft eine Kultstätte des keltischen Sonnen- und Heilgottes Grannus. Der Quellbereich des heutigen Aachener Stadtteils ist ein wichtiger Punkt im astronomischen Gitternetz, das den ganzen Aachener Raum umfaßt und – übertragen auf Maße und Gesetzmäßigkeiten im Oktogon – von großer Bedeutung ist. Ausschnitt.

Je 1,7 t schwer sind die beiden Flügel der Bronzetür des Aachener Münsters, die Ende des 8. Jh.s am Ort gegossen wurden. Die Knaufe sind Löwenköpfe, umgeben von je 23 Akanthus-Blättern, Symbol jener 23°, um die die Sonne über dem Äquator zur Sommersonnenwende nördlich, zur Wintersonnenwende südlich des exakten Ostpunktes aufgeht und entsprechend auch untergeht. Die 23 ist eine astronomisch wichtige Zahl. Tafel 15

Tafel 16 Der Löwenknauf mit den 23 Akanthus-Blättern im Detail. In fast allen wissenschaftlichen Analysen war bisher von 24 Blättern die Rede.

Die bronzene Bärin, fälschlicherweise meist als Wölfin bezeichnet, steht in der Vorhalle zum Aachener Oktogon. Sie gilt als spätrömische Arbeit. Die Bärin ist in der keltischen Mythologie Votivtier der Artio, der »Bärengöttin«. Die zu Karls d. Gr. Zeit in Aachen aufgestellte Bärin verweist auch auf das wichtigste Sternzeichen der nördlichen Hemisphäre, auf den Großen Bären. Tafel 17

Tafel 18 Steht die Bärin-Wölfin als Symbol für das weltliche Rom, so gilt der Pinienzapfen als Zeichen der Fruchtbarkeit und des Paradieses. Die spätrömische (?) Arbeit steht ebenfalls in der Vorhalle des Doms.

Der Mithras-Stein, Städtisches Museum, Wiesbaden. Im Mittelpunkt der persische Lichtgott Mithras, der sich schnell die griechische und römische Welt eroberte, wie er einen Opferstier tötet. Die Mithras-Anhänger verstanden sich als Kämpfer gegen das Böse. Sie erwarteten ein Weiterleben nach ihrem Tod. Mithras wurde – und hier ist ein bewußter Bezug zum Pinienzapfen im Atrium des Aachener Doms – aus einem Pinienzapfen geboren. Seitlich des Gottes stehen die Wächter Kautes und Kautopates, die in Haltung und Stil an zwei Figuren des Weihwasserkesselchens im Aachener Dom erinnern (Tafel 21 a + b). Im Bogen über dem Bildzentrum Tierkreiszeichen, die 12 Monate des Jahres symbolisierend.

Tafel 19

Ausschnitt aus dem Weihwasserkesselchen (Tafel 22). Gleicht nicht der schlafende Wächter in seiner Haltung dem Kautopates und der wachende Krieger mit erhobener Lanze dem mithräischen Kautes? Alle anderen fränkischen Krieger auf diesem achteckigen Elfenbeinkunstwerk zeigen nicht diese typische Haltung. Siehe auch Tafel 63 a, Seite 220. Tafel 21 a + b

◁ (a + b) Kautopates mit der gesenkten Fackel ist der Diener bei Nacht. Der Begleiter des Mithras bei Tag ist der Fackelträger mit dem gehobenen Licht. Tafel 20
(c) In die Nähe von Hirten wurde in der antiken Welt die Geburt des Lichtträgers Mithras gelegt. Sie sahen ihn im Baum des Lebens aufsteigen, opferten ihm die besten Lämmer der Herde und beteten ihn an. Der Pinienzapfen, ein christlicher Lebensbaum, empfängt den Aachen-Besucher in der Domvorhalle.

Tafel 22 Lange Zeit als Evangelienpult genutzt wurde das 17,5 cm hohe und achteckige Weihwasserkesselchen im Dom zu Aachen. Kaiser, Papst und Petrus gruppieren sich in der oberen Reihe, Krieger in fränkischer Tracht darunter. Es ist um 1000 entstanden.

Weihestein des Gottes Apollo Grannus, gefunden 1956 in Aachen-Burtscheid. Sein Votivtier ist ein Schwan, der in Zusammenhang mit Apoll auch an der Ara Pacis des römischen Friedenskaisers Augustus in Rom auftaucht. Tafel 23

Tafel 24 21. 3. 1978, Tagundnachtgleiche, 12.43 Uhr MEZ, Sonnenhöchststand. Im Winkel von 39° fällt die Sonne durch das Südfenster der Oberkirche im Oktogon so auf das gegenüberliegende Nordgitter, daß zwischen dem Gitter und seinem Schatten ein rechter Winkel entsteht. Dieser Tag ist das »astronomische Neujahr«.

Tafel 25 Der Blick von Osten nach Westen im Oktogon: Im Zentrum steht der Kaiserthron, am markantesten und astronomisch wichtigsten Tag des Jahres im Zentrum einfallenden Sonnenlichts. Gleichzeitig hatte der hier thronende Kaiser einstmals freien Blick auf den heute nicht mehr vorhandenen karolingischen Altar in der Ober- und Unterkirche.

Tafel 26 Am 25. 8. 1977, um 10.28 Uhr MEZ: Die Sonnenstrahlen fallen im Winkel von 41° ins Oktogon ein und erzeugen am Nordwestgitter, wie berechnet, das 90°-Phänomen.

Tafel 27 Am gleichen Tag, 14.48 Uhr MEZ: Am Nordostgitter in der Oberkirche des Oktogons zeigt sich dasselbe 90°-Phänomen 65 Tage nach der Sommersonnenwende wie 65 Tage vor diesem Termin. Das lichtspendende Fenster im Hintergrund entspricht in seiner Form deutlich dem, auf das Christus in der »Apokalypse« von Tours mit seinem Stab hinweist (Tafel 34, Seite 188).

Tafel 28 Superweitwinkel aus der Perspektive des thronenden Herrschers in das Oktogon. Durch das heute seiner Funktion beraubte Fenster – der Anbau des gotischen Chors machte es zu einem Innenraumfenster (oben hinter der Kette des Barbarossa-Leuchters) – fiel am Tag der Sommersonnenwende, wenn die Sonne genau im Osten stand, das Licht so in das Oktogon, daß nur das Haupt des Herrschers in vollem Sonnenlicht erstrahlte. Bei Sonnenaufgang zu Frühlings- und Herbstanfang konnte der Herrscher außerdem von seinem Thron aus durch das heute nicht mehr vorhandene Ostfenster in der Apsis des karolingischen Chors – Chor und Fenster mußten ebenfalls dem gotischen Ausbau weichen – die aufgehende Sonne sehen.

Der Barbarossa-Leuchter mit der Weltkugel im Strahl des einfallenden Sonnenlichts – Foto mit Fischaugenobjektiv – zur Mittagszeit am Tag der Sommersonnenwende. Auf der Grundfläche des Oktogons (Mitte und jeweils unter dem linken und rechten Bogen) bildet das einfallende Sonnenlicht Lichtflecke, Ergebnis des »Triphos«, eines »Dreistrahls«: neben dem Südfenster lassen auch Südost- und Südwestfenster das Licht in den Dom fallen. Tafel 29

Tafel 30 Die Strahlenkranzmadonna im gotischen Chor. Vom Thron aus gesehen, hängt sie genau in der Linie, entlang der der Kaiser in karolingischer Zeit den Aufgang der Sonne an den Tagundnachtgleichen beobachten konnte.

Tafel 31 Der Barbarossa-Leuchter inmitten des Oktogons zur Zeit des mittäglichen Sonnenhöchststandes am 21. 6., am Tag des absoluten Höchststandes der Sonne in Aachen: Der durch das Oktogon-Südfenster fallende Sonnenstrahl trifft exakt die »Weltkugel«: eine »Uhr« inmitten eines Kalenderbauwerkes. Am Tag der Wintersonnenwende treffen die mittäglichen Sonnenstrahlen, die dann durch das Fenster des 16ecks fallen, diese Kugel ebenfalls. ▷

Tafel 32 Blick vom Boden hinauf durch den Barbarossa-Leuchter bis in die Kuppel des Aachener Oktogons. Foto Fischaugenobjektiv. Norden ist im Bild oben, Süden unten (Lichtpunkt), rechts (Strahlenkranzmadonna) Osten.

Am Tag der Wintersonnenwende, dem 21. 12., fällt das mittägliche Sonnenlicht durch das südliche Tambour-Fenster des Oktogons auf das Christus-Zeichen oberhalb des Nordfensters im 16eck. Das Mosaik wurde um die letzte Jahrhundertwende restauriert. Tafel 33

Tafel 34 Christus zeigt mit einem ehernen Stab auf ein Fenster, das in seinem Aussehen den »Tambour«-Fenstern in der Oberkirche des Oktogons entspricht. Es könnte sein, daß dies eine Anspielung auf das Südfenster ist, das für den Dom so große Bedeutung hat: Blick aus dem Mikrokosmos des Oktogons in den Makrokosmos der Sterne, Planeten und der Sonne, nach deren Gesetzmäßigkeiten Karl d. Gr. seine Kirche baute. Szene aus der »Apokalypse«, um 800 in Tours unter Aufsicht Alkuins gemalt.

Die 12 Sternbilder des Tierkreises (Zodiak-Kreis) umfassen die Phasen des Mondes (innen) und den Verlauf einer Sonnenfinsternis. Das Bild ist einem astronomischen Lehrbuch der Zeit um 800 entnommen. 810 ging dem Tod Karls d. Gr. eine fast totale Sonnenfinsternis voraus. Einem seiner Hofgelehrten hatte Karl den Auftrag gegeben, diese Finsternis genau zu beobachten und zu beschreiben. Das Lehrbuch befindet sich heute in der Österreichischen Nationalbibliothek in Wien.

Tafel 35

Tafel 36 (a) Die Symbolsprache der Apokalypse mit dem Mond links oben, der Sonne rechts oben und einem Stern Mitte unten. Der Stern senkt sich hier wie eine Lichterkrone vom Firmament herab. Malerisch vorausgegriffenes Konzept für die Lichterkrone und Uhr Barbarossas im Aachener Oktogon?

(b) Eins der wichtigsten Bilder in der Apokalypse. Die meisten Apokalypse-Forscher sehen in ihm astronomische Zeichen und Hinweise. Die Himmelskönigin steht auf Sonne und Mond, das Haupt von 12 Sternen umgeben, die auf die 12 Tierkreiszeichen hinweisen. Die 7köpfige geflügelte Schlange ist Symbol des Bösen, die Himmelskönigin verfolgend. Um das Schwanzende der Schlange (Sternbild Hydra) ist das Sternbild des Skorpions gruppiert.

(a) Detail aus einer karolingischen Handschrift von 818, die heute in der Bayerischen Staatsbibliothek in München aufbewahrt wird. In der Zeichnung sieht man deutlich die Schlange (Sternbild Hydra) und – von links nach rechts im Tierkreisausschnitt – Skorpion, Waage, Jungfrau, Löwe und Krebs. Tafel 37
(b) Ausschnitt aus der Apokalypse von Tours: Inmitten von Tierkreissymbolen, die auch für die vier Evangelisten stehen, findet sich der Doppelkreis (Zodiak) wieder – darin das Lamm Gottes –, der im Querbalken des Lothar-Kreuzes sowohl die Sonne wie den Mond umfaßt.

Das Ende in der Apokalypse des Johannes aus Tours: Der Engel zeigt dem Evangelisten das Himmlische Jerusalem mit seinen 12 Türmen. Daß das Aachener Oktogon dem Himmlischen Jerusalem nachempfunden ist, ist allenthalben unbestritten. Tafel 39

◁ Ausschnitt aus dem Aachener Krönungsevangeliar, gemalt um 800 in der Malerschule Karls d. Gr. in Aachen. Mit einer Papyrusrolle auf den Knien und von einem goldenen Heiligenschein umgeben, sitzt der Evangelist Markus inmitten von zwei ganz offensichtlich bewußt gesetzten »Steinsetzungen« rechts und links vom Heiligenschein. In den Aachener Stadtplan übertragen – Markus sitzt im Quellbereich –, entsprechen die beiden Steinsetzungen heute den Kirchen St. Salvator (links) und St. Adalbert. Gleichzeitig entspricht die Perspektive des Bildes der Sonnenaufgangslinie am Tag der Sommersonnenwende, der wichtigsten Linie von Stonehenge. Tafel 38

Tafel 40 Das goldene Antependium, die Pala d'Oro von Aachen, vermutlich ein Teil der Altarverkleidung aus der Zeit um 1000. Um das Mittelstück des heute 87 × 125 cm großen getriebenen Goldblechs, das Christus als Salvator Mundi, als Retter der Welt, zeigt, gruppieren sich 16 Einzelreliefs. In der Grabszene (Foto) entspricht der Dreistrahl (Triphos) dem Einfall des Sonnenlichts durch drei Fenster in der Oberkirche des Oktogons in Aachen. Dieser Triphos entstand zu allen Tageszeiten durch die oktogonale Form des Doms.

Abendmahlsszene der Pala d'Oro. Bemerkenswert ist, daß in einer solchen Szene Sonne (Kugel) und Mond Platz finden. Die Lage der Mondsichel entspricht zudem der an den Tagundnachtgleichen in unseren Breiten. Der Winkel des »Messers« rechts von der Mondsichel zur Grundlinie beträgt 62°. Diese 62° entsprechen dem Einfallswinkel, den die Sonne zur Sommersonnenwende in Aachen mittags, im Augenblick ihres Höchststands im Laufe eines ganzen Jahres überhaupt, erreicht. Darunter befindet sich eine Darstellung der Sonnenkugel mit den Haupthimmelsrichtungen eingraviert.

Tafel 41

Tafel 42 Detail aus der Pala d'Oro: In der Geißelungsszene steht Christus vor einer Säule, die der Säule mit dem »Aachener Maß« ähnlich sieht. Das sind Säulen, die in der Oberkirche das Oktogon begrenzen und deren Maß, 4 m oder 12 Karolingische Fuß, eine entscheidende Maßeinheit im Dom, in der Stadt und Umgebung von Aachen ist. In seinem niederländischen Tagebuch beschäftigt Dürer sich mit diesen Maßen und behauptet, daß sie dem römischen Architekten Vitruv entnommen sind. Dürer selbst hat Sonnenuhren konzipiert.

Tafel 43 Das Lothar-Kreuz ist kurz vor der Jahrtausendwende in Köln entstanden. Das kostbare Juwel ▷ aus Gold, Edelsteinen und Perlen auf der einen, Christus am Kreuz auf der anderen Seite, ist 49,9 cm hoch und 38,5 cm breit. Blickfang auf der Prunkseite ist das Profil des römischen Friedenskaisers Augustus. Mit seinen 144 Schmuckstücken erinnert die Prunkseite des Kreuzes an die 144 Ellen, die die Mauern des Himmlischen Jerusalem in der Apokalypse des Johannes in ihrer Länge messen.

Tafel 44 Die Kruzifix-Seite des Lothar-Kreuzes, die zahlreiche astronomisch wichtige Daten, Zahlen und Gradverhältnisse Aachens und des Oktogons in sich birgt.

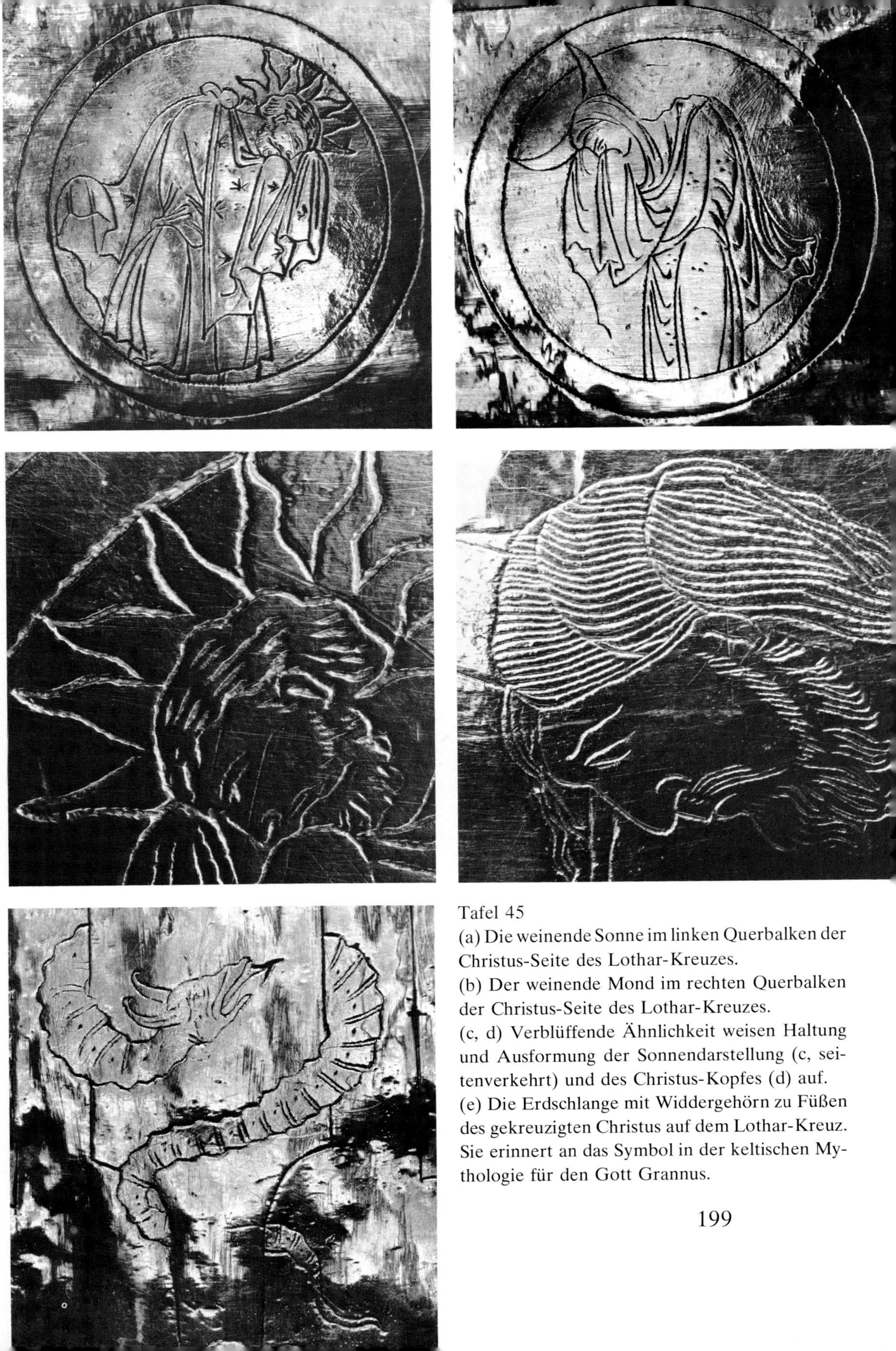

Tafel 45
(a) Die weinende Sonne im linken Querbalken der Christus-Seite des Lothar-Kreuzes.
(b) Der weinende Mond im rechten Querbalken der Christus-Seite des Lothar-Kreuzes.
(c, d) Verblüffende Ähnlichkeit weisen Haltung und Ausformung der Sonnendarstellung (c, seitenverkehrt) und des Christus-Kopfes (d) auf.
(e) Die Erdschlange mit Widdergehörn zu Füßen des gekreuzigten Christus auf dem Lothar-Kreuz. Sie erinnert an das Symbol in der keltischen Mythologie für den Gott Grannus.

Tafel 46 Der gebrochene Augustus-Kameo vom Lothar-Kreuz aus indischem Sardonyx. Für Edelsteinspezialisten gelten gebrochene Steine als zwei Steine. Die zwei Teile des Augustus-Sardonyx zusammen mit den anderen Juwelen ergeben die apokalyptische Symbolzahl 144.

Tafel 47 (a) Siegel Kaiser Lothars auf dem Aachener Kreuz. Ihm verdankt das Kreuz seinen Namen.
(b) Kameo mit drei nackten Mädchen auf der Prunkseite des Lothar-Kreuzes.
(c) Löwen-Kameo von der Prunkseite des Lothar-Kreuzes oberhalb des Augustus-Porträts. Der schwarze Onyx wird in der antiken Astrologie auch dem Sternzeichen des Löwen zugeordnet. Noch heute nennen die Römer den August Monat der Löwensonne.

Tafel 48 (a) Kette mit 17 der Steine, die aus dem Lothar-Kreuz zu Anfang unseres Jahrhunderts herausgebrochen und dort durch teilweise farbige hinterlegte Glassteine ersetzt wurden. Die echten Steine der Kette waren noch 1903 Bestandteile des Lothar-Kreuzes.
(b) Foto des Lothar-Kreuzes aus dem Jahr 1903. Untersuchungen ergaben, daß die in der Kette verarbeiteten Steine zu diesem Zeitpunkt noch nicht herausgebrochen worden waren.

Tafel 49 Die am meisten diskutierten Megalith-Bauten, die auch heute noch eine Reihe ungelöster Probleme bergen, stehen rund 80 km westlich von London: Stonehenge – die hängenden Steine. Viele Gelehrte, Astronomen, Künstler und Laien haben über Jahrhunderte versucht, diese vorzeitliche Steinsetzung zu enträtseln. Aachen und Stonehenge liegen unmittelbar am 51. Breitengrad und haben, hierdurch bedingt, fast die gleichen astronomischen Daten. Da die Maße des Aachener Doms und Stonehenges fast deckungsgleich sind (Abb. 9, Seite 77, und Abb. 10, Seite 78), stellt sich die Frage, ob die angelsächsischen Berater Karls d. Gr., speziell Alkuin, Dicuil und Dungal, um das Geheimnis wußten. Das Bild zeigt einen Teil des Hufeisens der Trilithen – Dreisteine. Der mittlere Menhir zeigt deutlich den Zapfen, an dem die Menschen vor rund 3500 Jahren die hängenden Steine verankerten. ▷

Tafel 51: Einer der wichtigsten Steine im Kreis der Kalenderbauwerke der Welt, der Fersenstein (Heel-Stone) von Stonehenge: Von der Mitte des Stonehenge-Hufeisens, vom Altar aus, geht über ihn die Linie hinweg, der entlang die ersten Sonnenstrahlen des Sommersonnenwendtages fallen. Diese Stonehenge-Linie findet sich auch im astronomischen Gitternetz wieder, das über ganz Aachen gezogen ist. ▷

◁ Tafel 50 a: Die 4 m hohen Sarsen von Stonehenge. Im Zusammenspiel mit den Trilithen boten sie exakte Beobachtungsmöglichkeiten astronomischer Vorgänge wie Sonnen- und Mondfinsternisse. Vor allem aber hatten sie, zusammen mit den Trilithen, kalendarische Funktion im Jahresablauf.

▽ Tafel 50 b: Die Gesamtanlage von Stonehenge von Südwesten her gesehen, in die Richtung, aus der – über den Heel-Stone – am Morgen des Sommersonnenwendtages die ersten Strahlen der Sonne kommen.

Tafel 52 Eins der bedeutendsten Kalenderbauwerke menschlicher Geschichte: Stonehenge im Südwesten Englands kurz vor Sonnenuntergang. Beziehungen zum Aachener Oktogon sind unübersehbar: Der Durchmesser des von 30 Steinen gebildeten Sarsen-Kreises entspricht genau dem des Aachener 16ecks, der des Trilithen-Hufeisens (Dreistein) dem des zentralen Achtecks: Astronomische Verbindungen über fast 4000 Jahre.

Tafel 53 Eine von vielen möglichen Durchsichten in Stonehenge, mit deren Hilfe exakte Beobachtungen über den Gang von Sonne, Mond und Sternen möglich waren.

Tafel 54 Der Obelisk aus dem ägyptischen Heliopolis auf der Piazza Montecherino vor dem Parlamentsgebäude in Rom. Einst war er Schattenwerfer, Zeiger für die Sonnenuhr des Kaisers. ▷

Tafel 55 Das Mausoleum des Augustus auf dem Marsfeld in Rom. Es stand in einer direkten Verbindung zur Sonnenuhr. Durchmesser und Umfang des Mausoleums entsprechen den Maßen der Aubrey-Löcher in Stonehenge. ▷

P

Tafel 56 Die Ara Pacis, der Friedensaltar des Augustus am Rande des Marsfeldes. An den Tagen der Tagundnachtgleichen fiel der abendliche Schatten, von dem Obelisken der Sonnenuhr verursacht, genau durch das Eingangstor auf den Altar des Friedens.

Ausschnitt aus der Ara Pacis mit Anspielungen auf das Leben des Kaisers Augustus. Links oben das Votivtier des Lichtgottes Apollon, der Schwan. Das Motiv des Hakenkreuzbandes findet sich hier wie am Barbarossa-Leuchter im Aachener Oktogon.

Tafel 57

Tafel 58 (a) Prof. Dr. Edmund Buchner, der Direktor des Deutschen Archäologischen Instituts, bei Vermessungsarbeiten am Obelisken in Rom. Der Obelisk war aus dem ägyptischen Heliopolis als Zeichen des Sieges nach Rom gebracht worden. Buchner entriß der Augustus-Sonnenuhr erst in den letzten Jahren ihr Geheimnis.
(b) 8 m unter der Erdoberfläche Roms suchen deutsche Archäologen mit Prof. Buchner an der Spitze nach dem antiken Zifferblatt der Augusteischen Sonnenuhr.

Die Externsteine bei Detmold in Westfalen. Die im unteren Bilddrittel sichtbaren »Fenster«-Öffnungen, orientiert in Richtung des Sonnenaufgangs zur Sommersonnenwende, lassen – entsprechend den Fenstern in Aachen – an diesem astronomisch bedeutsamen Tag einen dreifachen Strahl, einen Triphos, in das dahinter liegende Grotteninnere fallen. Auf dem linken Felsen befindet sich das Turmzimmer mit einer sächsischen Sonnenvisur, die zur Bestimmung der Jahreszeiten und zur Aufstellung eines Kalenders befähigte. Tafel 59

Die widdergehörnte Schlange zu Füßen des Kreuzes an den Externsteinen entspricht dem Detail zu Füßen des Lothar-Kreuzes. Tafel 61

◁ Die älteste deutsche Großplastik (aus dem Mittelalter), das Kreuzabnahmerelief an den Externsteinen. Es ist dem Lothar-Kreuz verblüffend ähnlich. Das Kreuz ist »gestaucht« wie in Aachen und zeigt zudem links und rechts des Querbalkens stilisiert die weinenden Gestirne Sonne und Mond. Haltung wie künstlerische Gestaltung erinnern bis ins Detail an das Aachener Juwel. Tafel 60

Tafel 62 Das Lothar-Kreuz in zehnfacher Vergrößerung: 5 m hoch ist das Kreuzabnahmerelief an den Externsteinen. Gut sichtbar sind der weinende Mond und die weinende Sonne, wichtige Kennzeichen auch am Lothar-Kreuz. Außerdem Johannes mit der Apokalypse (rechts) und Nikodemus, stehend auf einem Stuhl, der einer umgestürzten Irmin-Säule gleicht. Das höchste Heiligtum der Sachsen, die Irmin-Säule, die Weltesche, stürzte Karl d. Gr. auf seinem ersten Sachsenfeldzug und zerstörte damit symbolisch und faktisch den Nabel sächsischen Glaubens. Die Sachsen haben sich davon nie mehr erholt. Karl war nun auch Herrscher im Osten.

Tafel 63 (a) Der Wächter unterhalb der Herrscherfigur, ein »christianisierter Kautes«, weist mit seiner Lanze auf Säulen mit Kapitellen aus stilisierten Widderköpfen. Die gebogenen Hörner stehen auch symbolisch für die sächsische Irmin-Säule, deren Sturz Karl die Herrschaft über eins der wichtigsten Heiligtümer der germanischen Welt brachte und zugleich die Herrschaft über die Zeit. Siehe Tafel 21b, Seite 175.

Detail aus dem insgesamt 5 m hohen Kreuzabnahmerelief an den Externsteinen: Form und Gestaltung des Stuhls, auf dem Nikodemus steht, erinnern überdeutlich an die germanische Irmin-Säule. In der Darstellung stilisiert, erscheint sie in gestürzter, geknickter Form. Lehne und hintere Stütze entsprechen der Y-Gabelung an der Spitze einer Irmin-Säule. In der Mitte ist sie gebogen und neigt sich damit für den Sitzenden in eine waagerechte Form. Eine Verbindung zwischen diesem Sessel und dem Thron zu Aachen liegt angesichts der anderen unübersehbaren Parallelen des Reliefs zum Aachener Lothar-Kreuz nahe: Die geknickte Irmin-Säule der Sachsen wird zum Herrschaftsthron eines Imperators. Tafel 64

◁ (b) Stonehenge en miniature im Turmzimmer der Externsteine: Auf der Raumachse stehend, konnte der sächsische Priester über Säule und Rundfenster wie über Kimme und Korn am Morgen des Tages der Sommersonnenwende das den Germanen heilige Gestirn der Sonne im Fensterrund beobachten. Karl d. Gr. ließ dieses Kalenderwerk genau untersuchen. Drei Tage lang hielt er sich selbst während dieser Untersuchung dort auf. Tafel 63

Tafel 65 Der Krönungsstuhl im Oktogon von Süden her gesehen. In sieben Jahrhunderten nahmen auf ihm 34 Herrscher Platz, die in Aachen gekrönt wurden.

Tafel 66 Der Kaiserthron zu Aachen, Mittelpunkt der karolingischen Welt und Ausdruck der Herrschaft in Religion, Wissenschaft und Zeit. ▷

Tafel 67 Das Gemälde eines unbekannten Malers zeigt Napoleon während seines Aachen-Besuchs auf den Stufen zum Aachener Kaiserstuhl. Des Kaisers Schatten läuft eine Linie entlang, die zu den wichtigsten im Aachener Oktogon gehört: Zur Sommersonnenwende fielen zu Karls Zeiten die Strahlen der Sonne – durch das heute zugebaute Fenster der Chor-Apsis – auf Stufen und Thron beim Sonnendurchgang durch den exakten Ostpunkt. Ausschnitt.

Anhang

Aachener Rechenkunststücke

Auf der langen Suche nach den Geheimnissen von Aachen war ich in der Literatur über astronomische Navigation für Segler auf eine interessante Formel gestoßen, auf die Formel des Breitenparallels oder Breitenkreises: $r = R \times \cos$.

Durch Plinius, aber nicht nur durch ihn wußten die Karolinger von der Kugelgestalt der Erde. Davon ausgehend, habe ich Aachen als geometrischen Punkt auf der Erdkugel betrachtet. Auf der abgedruckten Zeichnung ist die Erde als Kreis dargestellt. Vom Mittelpunkt der Erde (A ist der Erdachsenmittelpunkt) zog ich eine Linie mit dem Winkel 51° zum Äquator und erhielt die Strecke $A–B$, die dem Erdradius von 6378 km entspricht. Vom Punkt B aus, der auf der Erdkugel etwa die Lage von Aachen und Stonehenge skizziert, fällte ich eine Senkrechte auf die Äquatorlinie und fand so den Punkt C. Die sich dabei ergebende Strecke $A–C$ auf der Äquatorebene entspricht der Strecke $C'–B$ und ist der von mir gesuchte Radius des Breitenkreises.

Nun hatte ich drei Werte, um den Radius r des Breitenkreises zu bestimmen. Einmal den Erdradius R, zum zweiten den rechten Winkel in Punkt C und außerdem vom Erdmittelpunkt A aus den Winkel für den 51. Breitengrad, sprich 51°. Ich suchte nun die Ankathede, den Radius des Breitenkreises r.

Das Spiel mit dem Taschenrechner konnte beginnen. Zunächst suchte ich den Cosinus zu 51°: 0,629320391. Bei der Multiplikation dieses Wertes mit dem des Erdradius (6378 km) erhielt ich für r einen Wert von 4013,8054 km. Das Ergebnis: Aachen liegt von der rotierenden Erdachse aus ungefähr 4013,8 km entfernt. Um den Umfang des Kreises, der sich in der Höhe von Aachen parallel zum Äquator um den Erdball spannt, herauszufinden, hatte ich diese 4013,8 km mit 2 zu multiplizieren. Ich erhielt den Wert 8027,61 km. Hinzu kommt, um die Formel des Kreisumfangs zu vervollständigen, die Zahl π. Bei diesem Rechenspiel, der Multiplikation des Wertes π (3,141592654) mit 8027,61, ergibt sich die Größenordnung von 25 219,48 km. Das heißt: Aachen, auf diesem Kreis gelegen, legt an einem

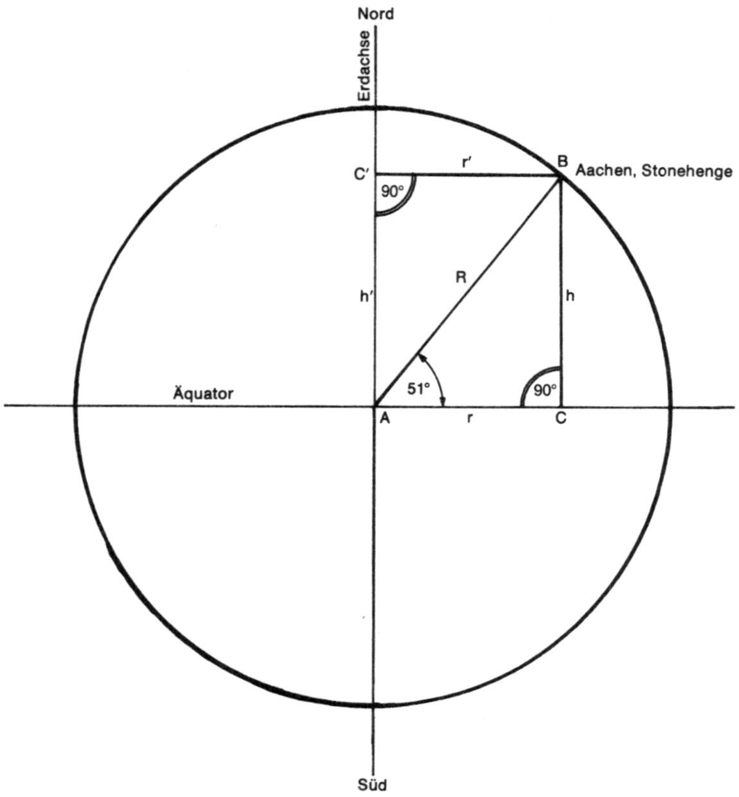

Abb. 39: Schematische Darstellung des Breitenkreises von Aachen und Stonehenge. Um den Radius *r* des Breitenkreises zu bestimmen, stehen drei Werte zur Verfügung: Der Winkel von 51° (Breitengrad) in *A* (Erdmittelpunkt), der Erdradius *R* und der rechte Winkel im Punkt *C*.

Tag mit der Erdrotation 25 219 km zurück. Bei der Division dieses Kreisumfanges durch 24 (= Stunden) ergibt sich eine Rotationsgeschwindigkeit von 1050,8 km/h. Eine vergleichbare Geschwindigkeit haben Verkehrsflugzeuge, die im Schnitt rund 200 km/h langsamer um unseren Planeten fliegen. Ich machte schließlich einen weiteren Divisionsschritt und teilte die Stundengeschwindigkeit der Rotation von Aachen durch 60 (= Minuten) = 17,513 km/min. Noch einmal geteilt durch 60 (= Sekunden) zeigt sich, daß die Rotationsgeschwindigkeit des Punktes Aachen auf der Erdkugel bei 292 m/sec liegt. Nun ergab sich für mich eine große Überraschung: Dividiert man diese Geschwindigkeit, sprich 292, durch 8 (= Oktogon), erhält man den Wert 36,5. Die Frage, die sich mir nun stellte – die Zahl 365 symbolisiert das Sonnenjahr mit seinen 365 Tagen – war: Zufall oder Absicht?

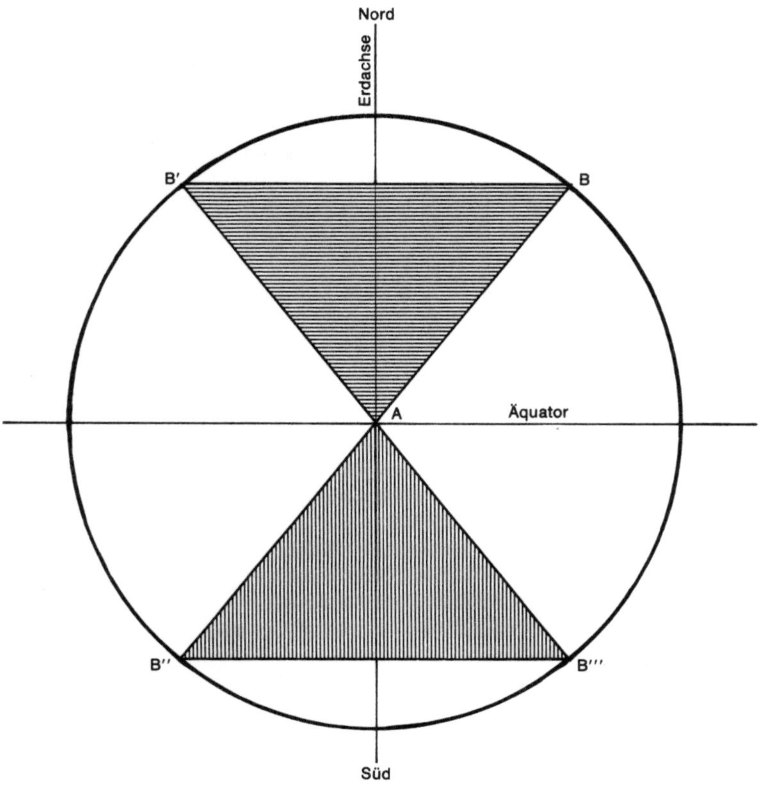

Abb. 40: Die Rotationskegel mit dem Winkel von 51° (Breitengrad von Aachen und Stonehenge) in der Erdkugel. Sie entsprechen in ihren Winkelverhältnissen ziemlich genau der Cheops-Pyramide.

Die errechneten 292 m sind 876 Karolingische Fuß. Die Division dieser Zahl durch 24 (Stunden des Tages) ergibt erneut 36,5. Doppelter Zufall?
Das gleiche Rechenspiel fordert die Babylonische Elle heraus, wenn man die 292 m in deren Maß übersetzt = 584 Babylonische Ellen geteilt durch 16 (= 16eck). Das Ergebnis ist wieder 36,5.
Dehnt man dieses Spiel mit dem Breitenkreis aus, zeichnet man es nämlich in den die Erde symbolisierenden Kreis hinein, so ergibt sich ein kegelförmiges Gebilde, das zum Erdmittelpunkt hin auf dem Kopf steht. Die spiegelbildliche Übernahme dieses Kegels auf die Südhalbkugel ergibt einen Doppelkegel, dessen Spitzen identisch sind mit dem Punkt der Erdmitte.
In diesem Zusammenhang ist an die Tatsache zu erinnern, daß sich im Aachener Dom zwei auf dem Kopf stehende Kegel oder kleine Cheops-

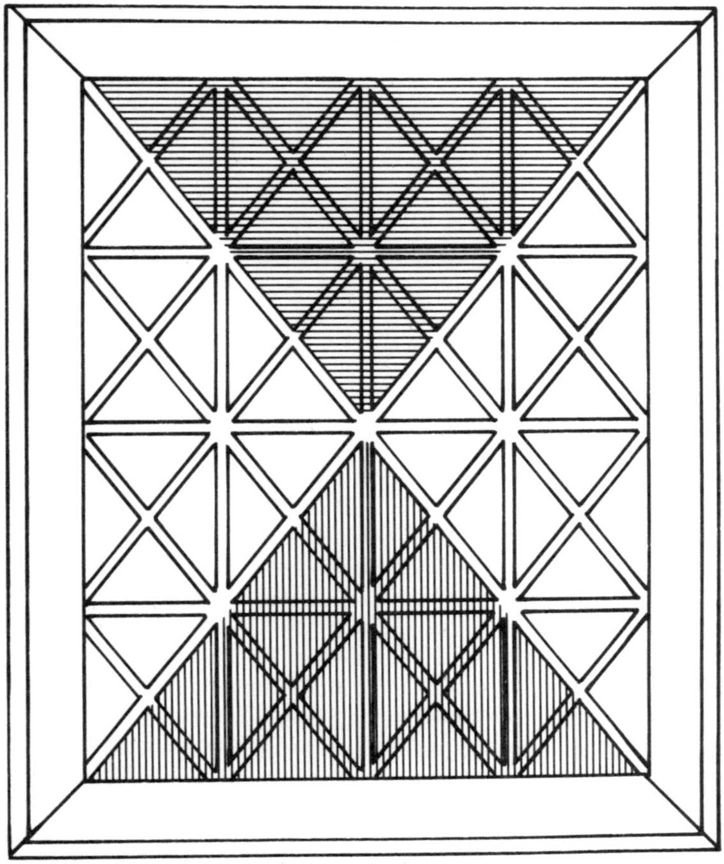

Abb. 41: Aachens Rotationskegel und die Werte der Cheops-Pyramide in Bronze gegossen: Die karolingischen Gitter im Norden und Süden der Oberkirche, die das 16eck zum Oktogon hin abschließen, bieten dieselben Winkelverhältnisse: 51° an der Basis und je 39° an der Spitze. Dieses Dreieck befindet sich ebenfalls im Lothar-Kreuz. Siehe A 15, S. 100.

Pyramiden optisch unterbringen lassen. Cheops-Pyramide deshalb, weil die beiden Kegel deren Winkelmaßen ungefähr entsprechen.
Mit dieser Feststellung gab ich mich allerdings noch nicht zufrieden: Mit der Zeichnung, die den Rotationskegel von Aachen verkleinert wiedergibt, begab ich mich schließlich ein weiteres Mal in den Dom, und zwar in der Hoffnung, diesem Gebilde in Karls Oktogon irgendwo zu begegnen. Meine Suche nach einem Symbol erstreckte sich vor allem auf die Dinge, die noch aus karolingischer Zeit vorhanden sind. Mein Hauptaugenmerk galt bei diesen Nachforschungen zunächst vor allem dem von mir gefundenen Äquinok-

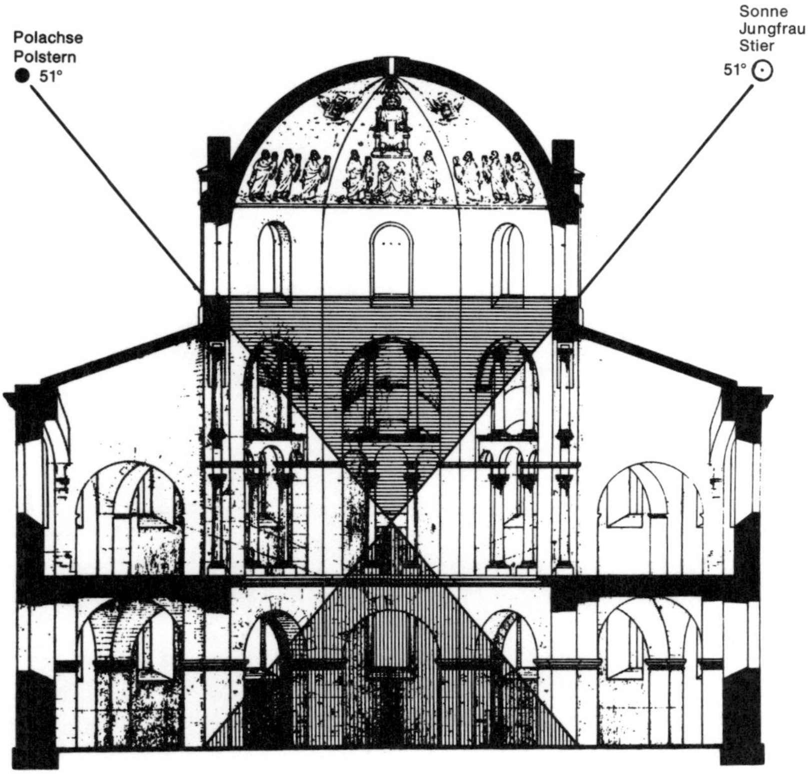

Abb. 42: Zwei Rotationskegel mit den für Aachen bestimmenden astronomischen Daten ins Oktogon versetzt: Auf den Boden des Oktogons gestellt, reichen sie genau bis zur Unterkante der Tambour-Fenster. Auf der Zeichnung entspricht die von links oben nach rechts unten durchgehende Linie dem Einfallswinkel der Polachse, die entsprechende Linie von rechts oben nach links unten dem mittäglichen Sonneneinfall zu Beginn der Sternzeichen Jungfrau bzw. Stier.

tial-Gitter, dem Nordgitter in der Oberkirche, das in seiner Gestaltung mit dem gegenüberliegenden Südgitter identisch ist. Bei einer eingehenden Untersuchung beider Gitter stellte ich fest, daß die gefundenen Kegelmaße von Aachen tatsächlich in einer Art Chiffre in Bronze gegossen sind: Beide Gitter bieten je vier »Bilderrahmen« in Bronze. Die eigentliche »Bildfläche« wird von einem 16rastrigen Liniennetz ausgefüllt.
Ich maß die exakten Werte dieser Rahmen und speicherte sie in den Taschencomputer ein. Die Sensation war perfekt: Der Winkel im Kegel des Gitters beträgt 51°, der Gegenwinkel 39°: Die Werte der Cheops-Pyramide

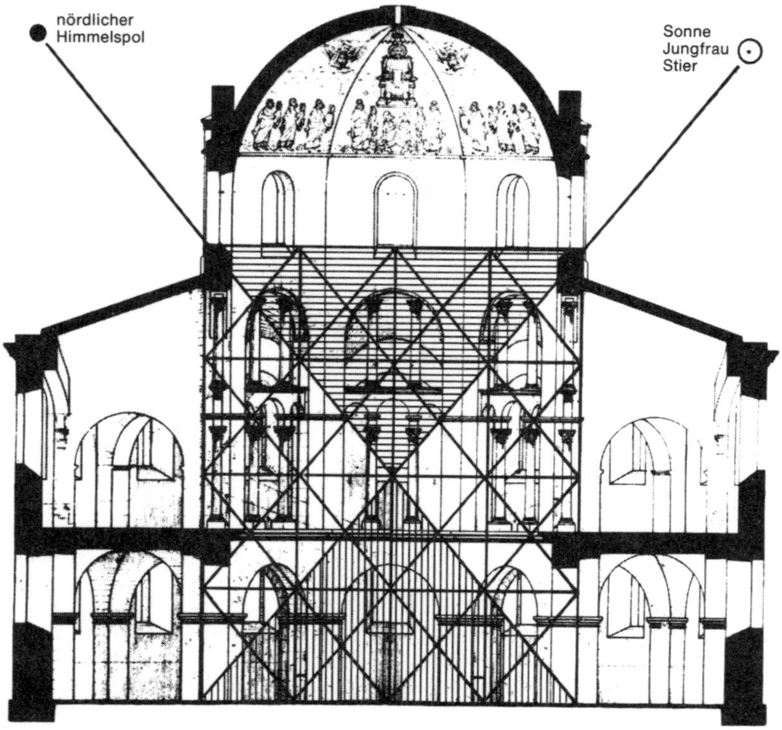

Abb. 44: Rund 30mal paßt das karolingische Rastergitter, zeichnerisch in den Dom übertragen, ins Oktogon Karls des Großen hinein.

und die von Aachen sind recht genau von den Karolingern in die Oktogon-Gitter übertragen worden.

A 43
S. 130/31

Denkt man sich zudem den Aachener Dom in das Zentrum dieses Gitterrahmens hinein, so ergibt die linke Seite die Himmelsrichtung Nord, die rechte Seite Süd, oben Osten und unten Westen. Auf die Landkarte Aachens projiziert heißt das: Die Tage der Sommer- und Wintersonnenwende sind astronomisch mit den Momenten der Sonnenauf- und -untergänge fixiert. Sie fallen genau in die Ecken des Rastergitters. Die beiden Extremstandpunkte der Sonne im Laufe eines Kalenderjahres sind ebenfalls in diesem Gitter verborgen: Vitruvs Analemma ist, bezogen auf die Lage Aachens, auf geschickte Art in die Bronzen des Domes eingefügt.

Bei dieser Übertragung dieser Rastergitter auf die Zeichnungen des Doms stellte sich zudem heraus, daß sie ungefähr 30mal in den oktogonalen Raum bis zur Gnomon-Höhe (Höhe Tambour-Fenster) hineinpassen. Die Zahl 30,

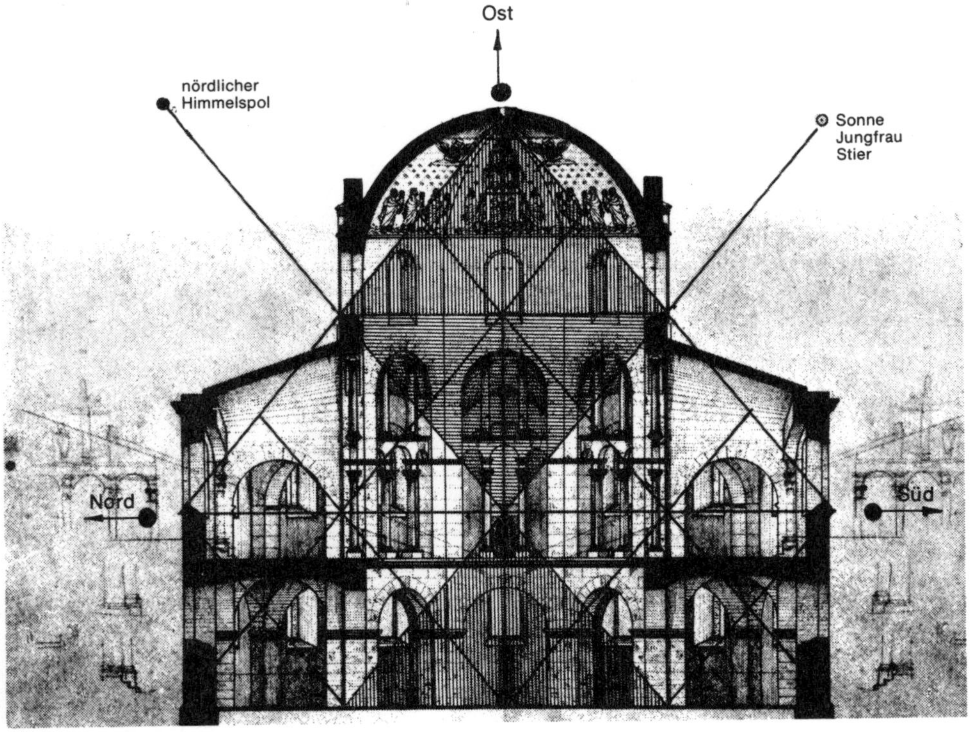

Abb. 45: Das Raster des karolingischen Gitters und die Rotationskegel im Dom: Details und Gesamtkunstwerk stehen in einem ausgewogenen Verhältnis zueinander und weisen jeweils aufeinander hin. Alle Maße, auf astronomischen Erkenntnissen und Berechnungen beruhend, tauchen in allen Erscheinungsformen des Oktogons in Variationen wieder auf.

übrigens die Anzahl der Steine des Sarsen-Kreises in Stonehenge, symbolisiert den annähernden Umlauf des Mondes mit den vier Phasen in 30 Tagen. Die Zahl 30 findet sich übrigens noch auf eine andere Art, und zwar in Zusammenhang mit der Beantwortung der Frage nach der Entfernung des Breitenkreises Aachen vom Erdmittelpunkt.

Teilt man diese Entfernung zum Erdmittelpunkt durch den Radius des Breitenkreises, erhält man 1,234. Drückt man daraufhin die Funktionstaste Arkus Tangens des Taschenrechners, erhält man den Wert 51°.

Im Rahmen der Zahlensymbolik, die schon bei den Pythagoräern sehr gepflegt wurde, hatte die Zahlenfolge 1, 2, 3, 4 eine sehr hohe Bedeutung. Addiert man 1 + 2 + 3 + 4, erhält man die Zahl 10. Addiert man die Quadraturen dieser Zahlen, ergeben 1 + 4 + 9 + 16 = 30. Die Symbolkraft der Zahl 30 läßt sich auch im Äquinoktial-Gitter wiederfinden. Dividiert man das Maß der Rahmenhöhe durch das der Rahmenbreite, erhält man 1,234.

Eine weitere Spielerei mit dem Taschenrechner:
Eines Tages drückte ich die Zahl Pi 3,141592654 und multiplizierte sie mit 2 = 6,283185308. Diese Zahl ist notwendig, um sowohl den Kreisumfang als auch die Kugelfläche zu bestimmen. Diese geheimnisvolle Zahl faszinierte mich. Ich multiplizierte sie mit 0,1 = 0,628318531 und drückte zum Scherz die Funktionstaste für arc. cos. = ungefähr 51,0°. Drücke ich die Funktionstaste für arc. sin., so erhalte ich 38,9°, aufgerundet 39°.
51° und 39°: Aachens Lage auf der Erdkugel, zum Erdmittelpunkt bezogen. Zum anderen entstehen diese beiden Winkel bei der Tagundnachtgleiche, wenn die Sonne den Mittagsmeridian durchschreitet. Die Frage stellt sich: Errechneten die Megalith-Menschen von Stonehenge oder die Karolinger aus den Werten, die die Schattensäule zu den Äquinoktien vermittelte, die Zahl 2 Pi und widmeten sie diese beiden großen Kultstätten jener imaginären Zahl? Vielleicht arbeiteten die Karolinger sogar mit einer Art trigonometrischer Funktion, die sich aus dem Spiel der Sonne mit dem Gnomon ergibt.
Auf dem Zeichenbrett startete ich den Versuch, die Zahl 2 Pi mit dem Gnomon zu ermitteln. Eine Zeichnung in dem Maßverhältnis 1 : 10 wurde erstellt und die Gnomon-Höhe, die Aachener Salomons-Säule, mit 40 cm angenommen, den Winkel von 39° und 51° je zu dem rechten Winkel angenommen. Dabei ergab sich für den einfallenden Sonnenstrahl eine Länge von ungefähr 63,6 bzw. 63,7 cm. Den 10. Teil dieser Strecke legte ich in den Gnomon, und es zeigte sich, daß 6 Einheiten dort hineinpaßten und ein Rest übrigblieb. Den verbleibenden Rest mit dem Faktor 10 multiplizieren und wiederum den 10. Teil des Sonnenstrahls dort abmessen. Der Wert betrug 2, und wiederum verblieb ein recht großer Rest. Diesen Rest multiplizierte ich nochmals mit 10 und teilte diese Meßstrecke mit dem 10. Teil des Sonnenstrahls. Es zeigte sich bei drei Versuchszeichnungen, daß der Wert 7,8 und einmal 9 herauskam. Zieht man jetzt diese Werte zusammen, so kommt man zu der Zahl 6,28 = 2 Pi.
Stonehenge hat mich in diesem Zusammenhang ebenfalls zum Spiel mit dem Taschenrechner verleitet. Dabei bin ich auf folgende Spur gestoßen: Der Durchmesser des berühmten Sarsen-Kreises wird in der Literatur mit 29,56 m angegeben. Der gedachte Kreis des Hufeisens der Trilithen ergibt seinerseits einen Durchmesser von 15,45 m. 29,56 : 15,45 = 1,913. Betätigt man nun die Funktionstaste Arkus Tangens, ergibt sich ein Wert von 62,40.

Das ist auf ein Zehntel Grad genau der Sonnenhöchststand zur Sommersonnenwende in Stonehenge.
Dasselbe Spiel dehnte ich schließlich auch auf die Radien der beiden Bluestone-Kreise aus: 12,5 m : 6,5 m. Auch hier ergibt die Teilung des äußeren Radius durch den inneren Radius 1,923. Ein Druck auf die Funktionstaste Arkus Tangens gibt ebenfalls 62,5 an. Ein unglaublich exakter Wert, den die Steinzeitmenschen vor mehr als 3700 Jahren den Schattenwerfern entlockten. Oder sollte auch das nur reiner Zufall sein?
Der Sarsen-Kreisdurchmesser wird mit 29,56 m angegeben. Die schweren Steine selbst haben ihrerseits einen Durchmesser von 1,14 m, so daß also der äußere Kreis, der die Sarsen-Steine umschließt, fast 31,84 m ausmacht. Genau innerhalb dieser beiden Kreise liegt ein gedachter Kreis mit dem Durchmesser von 30,30 m. Dividiert man diesen Wert durch den der Megalith-Elle, also durch 0,829 m, so erhält man erneut die spektakuläre Zahl 36,5, Symbol für das Sonnenjahr mit seinen 365 Tagen.
Die Höhe der Kuppel über dem Erdboden im Aachener Oktogon, die in der Fachliteratur zwischen 29,5 m und 32,0 m schwankt, veranlaßte mich, eine exakte Vermessung der Kuppelhöhe zu versuchen. Der jetzige Dombaumeister, Dr. Hugot, war bei der Meßaktion freundlicherweise behilflich, da auch ihm die exakten Werte unbekannt waren. Dabei ergab sich eine Höhe von 30,49 m.
Meine Überlegung war nun: Ist in dieser Distanz, ähnlich wie im südlichen Tambour-Fenster, die Megalith-Elle verborgen? Die Umrechnung von 30,49 m in die Megalith-Elle brachte einen Wert von 36,6 bis 36,7 zutage. Annähernd ist also auch hier wieder der Wert des zehnten Teils des Sternjahres erreicht.
Noch interessanter und wichtiger wurden aber die Rechenbeispiele mit dem Durchmesser des Oktogons, der 15,27 m beträgt. Teilt man diesen Wert durch die Megalith-Elle, durch 0,829, so erhält man als Ergebnis 18,4. Das ist annähernd der Sarus-Zyklus. In anderen Worten: In 18,6 Jahren wiederholen sich Sonnen- und Mondfinsternisse in einem gleichmäßigen Rhythmus, dem Sarus-Zyklus. In Stonehenge war dieser Wert bereits 1800 v. Chr. bekannt, die Steinsetzungen waren entsprechend ausgerichtet.
Interessant ist die Publikation Walter Bökelmanns über die Aachener Pfalzkapelle. Er gibt den Karolingischen Fuß mit 33,29 cm an und findet einen ursprünglichen Modul, der 25 Karolingische Fuß beträgt. Das sind 8,323 m

oder ungefähr zehn Megalith-Ellen. Die Behauptung sei gewagt, daß auch die Megalith-Elle in den Maßen des Aachener Domes bewußt Eingang gefunden hat. Der Radius des Tambour-Fensters beträgt 0,825 m.
Dieses Maß deutet im übrigen auf ein spanisches Maß, die Verra, hin, und es ist durchaus möglich, daß die Bauhüttenleute, die eigentlichen Bauarbeiter des Aachener Doms, aus dem arabisch besiedelten Teil Spaniens stammten. Daß es einen lebhaften Austausch zwischen den Moslems Spaniens und dem Hof Karls des Großen gab, ist schon bei Einhard erwähnt: Die Herrscher von Barcelona besuchten Karl den Großen während einer Synode in Paderborn.
Es gibt auch andere Anhaltspunkte für die Vermutung, daß die Karolinger den Sarus-Zyklus kannten: Karl der Große beauftragte Dungal, die Finsternis von 810 zu beschreiben.
Ob Karl den Sarus-Zyklus von seiner Pfalz aus bestimmen konnte? Es gibt Anhaltspunkte dafür, daß er dazu sehr wohl in der Lage war. Es war übrigens ein griechischer Astronom, der diesem Zyklus seinen Namen gab. Er kam zu der Erkenntnis, daß sich Sonnen- und Mondfinsternisse in einem Turnus von 18,6 Jahren wiederholen.
A 46 S. 132 Es war wieder einmal eine Fotoreportage, die mich dem Geheimnis Karls des Großen einen Schritt näherbrachte. Im Kurgarten fiel mir während der Arbeit eine kleine viereckige Ruine ins Auge, die genau nach Osten ausgerichtet ist. Merkwürdig erschien mir die Tatsache, daß dieses Gebäude in keiner Aachen-Karte eingezeichnet ist und auch beim Vermessungsamt und im Stadtarchiv unbekannt war.
Ich ließ das Türmchen vermessen. Das Ergebnis brachte wieder einmal eine Überraschung ans Tageslicht: Eine Gerade verbindet es mit dem Grannusturm und der dahinter liegenden Kirche St. Jakob. Dabei blieb es nicht: Der rechte Winkel, von diesem Ort aus in Richtung Südosten gefällt, weist genau auf die Friedhofskirche im Aachener Ortsteil Kornelimünster. Hier befindet sich nicht nur ein karolingischer Turm, hier befand sich zur Zeit der Kelten auch ein Kultheiligtum, das – wie Ausgrabungen zu Ende des vergangenen Jahrhunderts erwiesen – der Göttin Sirona geweiht war.
Aus der Literatur über das englische Stonehenge wußte ich um die Bedeutung der Steine D und F in dieser Anlage. Es sind jene Punkte, die es den Menschen der Megalith-Zeit ermöglichten, Sonnen- und Mondfinsternisse zu bestimmen.

Einhard wiederum spricht davon, daß sich der Tod Karls des Großen durch eine Anhäufung von Sonnen- und Mondfinsternissen angekündigt habe. Daß die Zeit vor des Herrschers Tod tatsächlich eine ungewöhnliche Fülle solcher Finsternisse bot, wurde mir von Herrn Herrmann von der Volkssternwarte Recklinghausen bestätigt.

Demnach gab es am 20. 6. 810 in Aachen eine totale Mondfinsternis, verhüllte 14 Tage später, am 5. 7. 810, die Sonne teilweise ihr Haupt und bot der 30. 11. 810 – also sechs Mondumläufe später – das seltene Schauspiel einer fast totalen Sonnenfinsternis über der Kaiserstadt. Alles spricht dafür, daß es diese Sonnenfinsternis war, die Dungal im Auftrag Karls beobachtete, erläuterte und beschrieb.

Doch nicht genug: Weitere 14 Tage später, am 14. 12. 810, war es wiederum der Mond, der sich total verfinsterte, und wieder fünf Monate später, am 14. 5. 811, folgte eine totale Sonnenfinsternis, deren Kernschatten über dem Mittelmeer lag. Wiederum partiell wurde schließlich am 23. 10. des gleichen Jahres der Mond verdunkelt. Es waren Jahre voll interessanter astronomischer Ereignisse, und das in einer Häufung, die ungewöhnlich war und sicher nicht nur Wissenschaftler beschäftigte.

Doch zurück zur Entdeckung des Türmchens und zum Oktogon. Bei der Zuordnung dieser beiden Punkte zueinander im Stadtbild erwies es sich, daß sie auf der Azimut-Linie liegen, die für Aachen 41° beträgt. Noch erstaunlicher war in diesem Zusammenhang meine Entdeckung eines im Südwesten liegenden Turms in der Stadtbefestigung mit Namen »Lavenstein«. Über diesen »Stein« hinweg verläuft der Strahl weiter. In Klarschrift: Als Visur für den Mondaufgang der »großen nördlichen Mondwende« bietet sich das Türmchen an, als Visur für den Monduntergang der großen südlichen Mondwende der Lavenstein.

Für die zweite Vermutung spricht außerdem die Überlegung, daß sich im Wort Laven-Stein möglicherweise das Wort »lavieren« verbirgt, das schon in der antiken Nautik nicht mehr und nicht weniger als die »Wende« des Segelschiffes bedeutet.

Ich las im Laufe der Zeit viel Literatur über die Kaiserstadt. Dabei stieß ich eines Tages in einem alten Lexikon aus dem Jahr 1890 auf den Begriff »Aachener Masse«. Dabei handelt es sich, wie ich schließlich erfuhr, um einen 3 1/3 t schweren Eisenblock, den man bei Ausgrabungen im Jahr 1762 an der Büchel-Therme gefunden hatte. Bei der Eröffnung der Rheinisch-Westfälischen-Hochschule Aachen schenkte die Stadt ihrer Hochschule diesen »Stein«, der auch als »Meteorstein« bezeichnet wurde.

Strittig war und ist – heute ist diese »Masse« nicht mehr aufzufinden –, ob es sich bei diesem Fund um eine geschmolzene Statue des Königs Theoderich I. handelt oder ob die Eisensilikatmasse ein Abfallprodukt vorgeschichtlicher Hochofenschlacke ist. Meine Überlegungen gingen zunächst in den Orient: Mekka ist berühmt durch die Kaaba, das höchste Kultheiligtum des Islam. Es ist ein Meteorit aus schwarzem Stein. Ebenfalls einen Meteoriten barg das höchste Heiligtum der Griechen, der Omphalos von Delphi, der »Nabel der Welt«.

Ob es Zufall ist, daß an den Quellen des berühmten keltischen Heil- und Sonnengottes Grannus an den Aachener Quellen ebenfalls ein solcher Meteorit verehrt wurde? War es das Kultheiligtum der Eburonen, jenes keltischen Volksstammes, der Cäsar eine vernichtende Niederlage beibrachte, ehe der römische Herrscher dieses Volk drei Jahre später von der europäischen Landkarte vertilgte?

Meine Vermutung, daß es sich beim vorfränkischen Aachen um so etwas wie ein keltisches Delphi handelte, scheint mir nicht so ganz abwegig, zumal uns Notker einige interessante Informationen über heidnische Bräuche an den Aachener Quellen bietet.

Noch etwas spricht für die große heidnische Bedeutung des Ortes an den Büchel-Thermen: Nach Notkers Aufzeichnungen »säuberte« Karls Vater, König Pippin, die Aachener Quellen von »Unrat« und ging mit dem Schwert gegen einen imaginären Schatten vor, der angeblich sein Unwesen im Quellbereich trieb. War dieser »schwarze Schatten« vielleicht jener mutmaßliche »schwarze Stein aus dem Weltall«, der Kultgegenstand eines keltischen Volkes?

Zu Beginn des Buches habe ich den Versuch beschrieben, den genauen Ost-
A 46 punkt über der Pfalz zu finden, und zwar vom Langen Turm *(LT)* aus, dem
S. 132 höchsten Punkt der mittelalterlichen Aachener Stadtbefestigung. Daß ich mich damals fast genau auf der Ost-West-Linie des Grannusturms befunden habe, einer wichtigen astronomischen Visur, dem Vertikal, wußte ich noch nicht.

Die Überraschungen, aus dem Spiel mit dem Taschenrechner geboren, könnte man mit einigem Geschick sicher noch vermehren. Zwei weitere sollen hier genügen, um zu zeigen, was Aachen und sein karolingisches Wun-

derwerk an erstaunlichen Fakten zu bieten haben. Sie weisen auch noch einmal eindringlich auf die Zuordnung von Oktogon (1) und Grannusturm (7) hin. A 28 S. 122
Freundlicherweise wurden mir vom Vermessungsamt der Stadt Aachen die genauen geografischen Daten für die Oktogonmitte gegeben.
Nördliche Breite: 50°, 46′, 34″, im Dezimalsystem: 50,7761111°.
Östliche Länge: 0,6°, 0,5′, 0,4″, im Dezimalsystem 6,0844444°.
Bei der Arbeit an diesem Buch habe ich gelernt, für meinen Taschencomputer eigene Programme speziell für meine Probleme zu erstellen. Eines davon gilt dem Breitenkreis für jeden Ort der Erde und seine Einteilung sowohl in 360°, 60 Bogenminuten und 60 Bogensekunden als auch die Einteilung in 24 Std., 60′ und 60″.
Die exakten Werte für die Pfalzkapelle gab ich in mein Programm ein, und es zeigte für 1 Bogenminute 1,173 km. In der Literatur über die Cheops-Pyramide ist zu lesen, daß die alten Ägypter 1/8 Äquator-Bogenminute der Grundkante des Superbaues zugrunde legten. Diesem Gedanken entsprechend teilte ich die Aachener Bogenminute durch 8. 146,63 m beträgt die exakte Bogenminute für den Dom – eine anscheinend unwichtige Zahl, aber bei genauerem Hinsehen ein verblüffender Meßwert!
146,47 m ist die Entfernung Oktogon-Mitte und Grannusturm-Mitte im Pfalzbezirk Karls des Großen. Fast unglaublich jedoch ein weiteres Maß, und zwar an der Cheops-Pyramide nach der Vermaßung von Cole. Die Höhe beträgt 146,73 m. Ist das noch Zufall?
3 Meßwerte:
1. 1/8 Bogenminute für die Pfalzkapelle: ein astronomisches Maß.
2. Oktogon-Mitte zur Grannusturm-Mitte: ein vermessungskundliches Maß.
3. Höhe der Cheops-Pyramide: ein antikes Baumaß aus einem Kalenderbauwerk.
Diese drei Werte sind annähernd deckungsgleich. Hier stellt sich die Frage, wie groß das Wissen z. Zt. Karls des Großen über astronomische und vermessungskundliche Maße war. Aus der Literatur ist nichts bekannt, aber die Fakten sprechen dafür, daß die Karolinger sowohl den Erdradius in einer unglaublichen Annäherung kannten und daß ihnen ebenfalls die Zahl Pi nicht unbekannt war.
Die 1/8 Aachener Bogenminute, 146,63 m, birgt in sich noch ein weiteres Phänomen. Der Kreis 4 in dem von mir erdachten Cheops-Kegel, jenem

Kreis, der mit dem Radius Domkuppel, besser Oktogonkuppel/Grannusturm geschlagen ist, trifft gleichzeitig den Thermenbereich am Büchel. Der Umfang dieses Kreises nach der Formel U = 2 Pi × R = 921,27 m. Durch 4 geteilt, ergibt einen Wert von 230,32 m. Die Grundkante der Cheops-Pyramide oder, um es anders auszudrücken, der Kreis Oktogon–Grannusturm ist identisch mit dem Umfang der Cheops-Pyramide, und der 4. Teil entspricht der Grundkante des Baues des Grabmals von Cheops.

Eine der großen Fragen, die in diesem Buch aufgeworfen werden, die nach der ursprünglichen Grablege Karls des Großen, ist damit freilich immer noch nicht beantwortet. Es deutet alles darauf hin, daß Karl nach einem kosmischen Konzept in seiner Grabkirche beerdigt wurde. Wenn Einhard in seinem Buch über das Leben Karls des Großen schreibt, daß man bei seinem Tode ratlos gewesen sei und ihn noch am gleichen Tag beerdigt habe, so lese ich daraus, daß er Verschleierungstaktik betreibt, um das Grab Karls vor Schändungen zu schützen. Es gibt jedoch einige Linien im Dom, die die Möglichkeiten einer Grablege andeuten.

Antike Grundlagen für den Bau des Oktogons

Beim Durchblättern der Werke des Vitruv fand ich im 1. Buch im 6. Absatz des 5. Kapitels die exakte Beschreibung dafür, wie man das Straßennetz der Städte unter besonderer Berücksichtigung der Windströme anlegt. Ich habe diese auf die acht Hauptwindrichtungen hinzielende Zeichnung für den Aachener Dom rekonstruiert und versucht, dem Seilspanner, in der Antike schlechthin der »Kopf der Bauhütte«, über die Schulter zu schauen. Zuvor hatte ich bereits herausgefunden, daß der eigentliche Schattenstab, die »Salomonische Säule von Aachen«, im Oktogon die Länge von 4 m hat. Das sind acht Babylonische Ellen oder auch zwölf Karolingische Fuß.
In einer Zeichnung im Maßstab 1 : 100 stellte ich den Gnomon *A–X* in die Mitte. Für den Seilspanner war außerdem eine Grundvoraussetzung, der Apokalypse folgend, einen Kreis um *A* herum zu legen, der einen Umfang von exakt 144 Karolingischen Fuß haben sollte. Dieser Kreis hat nach meinen Berechnungen einen Radius von etwas mehr als 25 Englischen Fuß. Der Seilspanner hatte durch Erfahrungswerte oder vorherige Versuche nun je-

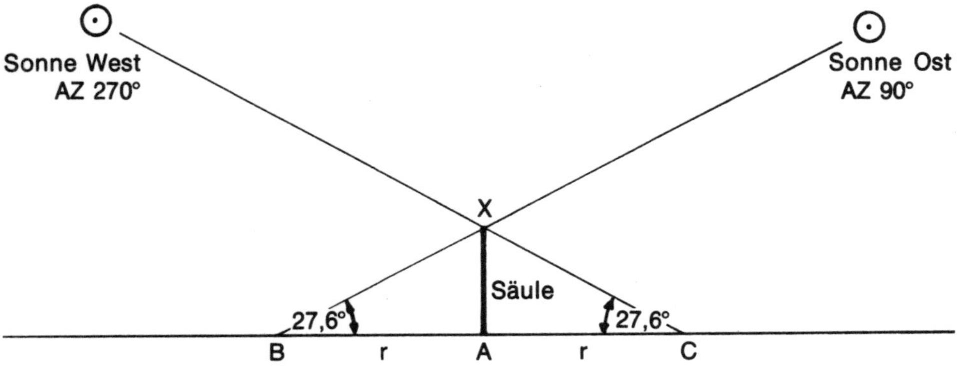

Abb. 47: Der erste Schritt auf dem Weg, die Konstruktion des Aachener 8- und 16ecks zu rekapitulieren. *A–X* ist die Höhe des 4-m-Gnomons von Aachen (Säulenschaft und Kapitell der Säulen in der Oberkirche). *A–B* ist der Radius des Oktogons, der Sonnenstrahl mit dem Einfallswinkel 27,6°.

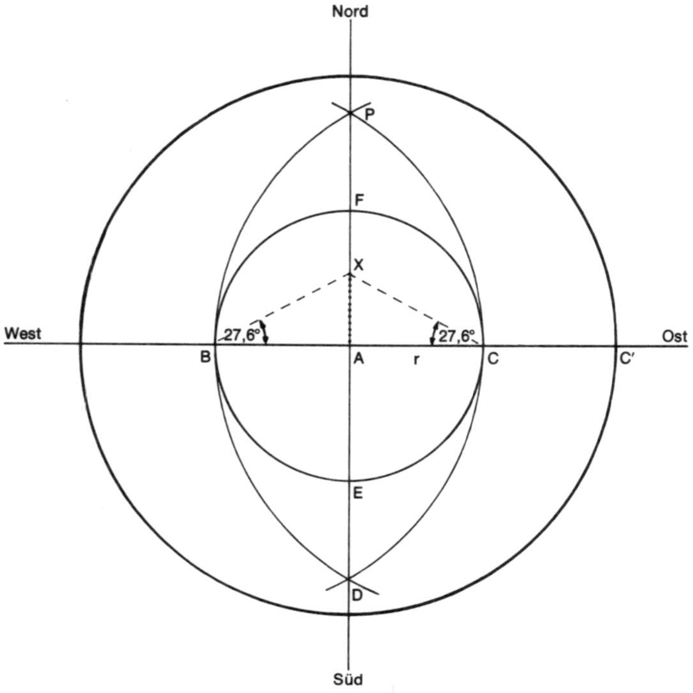

Abb. 48: Über die Höhe der »Aachener Säule« *(A–X)* und den Sonneneinfallswinkel von 27,6° beim Durchgang durch den Ostpunkt am 17. Juli *(B–X)* entsteht der Durchmesser des Achtecks *(A–B)* und der Radius des 16ecks *(B–C = A–C')*. Die Schnittpunkte *D* und *P*, entstanden durch Kreise um *B* und *C* mit dem Radius *B–C*, geben die exakten Nord- und Südausrichtungen der Anlage an.

nen Tag im Jahr herauszufinden, an dem der Schatten, geworfen durch die 4-Meter-Säule, genau beim Durchgang der Sonne durch den Ostpunkt den Kreis in *B* berührt und über die Mittagsstunde hinweg am Abend beim exakten Durchgang der Sonne durch Westen den Schatten auf den Kreis in Punkt *C* warf.

Nun wird mit einem Seil von der Länge *B–C* sowohl von *B* als auch von *C* aus ein Halbkreis gezogen. Beide Halbkreise schneiden sich in den Punkten *D* und *P*. Damit sind Süden und Norden der Anlage astronomisch exakt markiert. Ein Kreis mit dem Radius *B–C* um den Mittelpunkt *A* ergibt seinerseits den Radius des Innendurchmessers des 16ecks.

Die genaue Süd-Nord-Ausrichtung, durch *D–P* markiert, trifft den Kreis mit dem Umfang von 144 Karolingischen Fuß in den Punkten *E* und *F*. Von

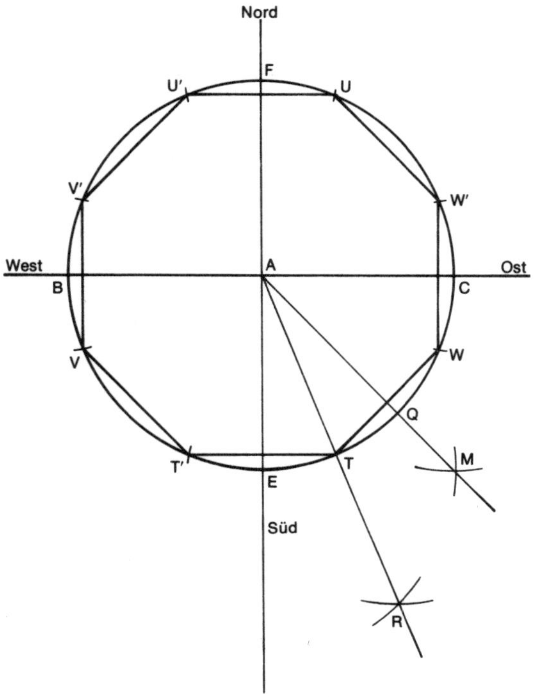

Abb. 49: Die Einteilung des Oktogon-Kreises in die Kreissegmente mit ihren Himmelsausrichtungen Nord, Süd, Ost und West und den dazwischenliegenden Segmenten werden geometrisch ermittelt. Arbeitsfolge im Text. Der römische Architekt und Naturforscher Vitruv stand auch hier Pate.

den Punkten *E* und *C* aus wird das Kreissegment halbiert durch die Verbindung der Punkte *M* und *A* durch den Punkt *Q*. Eine abermalige Halbierung des Kreissegments *EQ* geht auf dieselbe Art vonstatten. Hier ist nun in *ET* der 16. Teil des Kreises markiert. Durch die Verdoppelung des Segments *ET* über die Süd-Nord-Linie hinaus mit dem Schnittpunkt in *T 1* ist schließlich die erste Seite des Achtecks fixiert. Alle anderen Seiten werden auf die gleiche Weise geometrisch ermittelt und das Achteck in seinen exakten Himmelsrichtungen bestimmt.

Der karolingische Seilspanner hat nun das gesamte Bauwerk über diese geometrische Figur, also über den Kreis, nach außen hin erweitert. Die Pfeiler des Achtecks und das Mauerwerk des 16ecks sind über den Kreisbogen konstruiert.

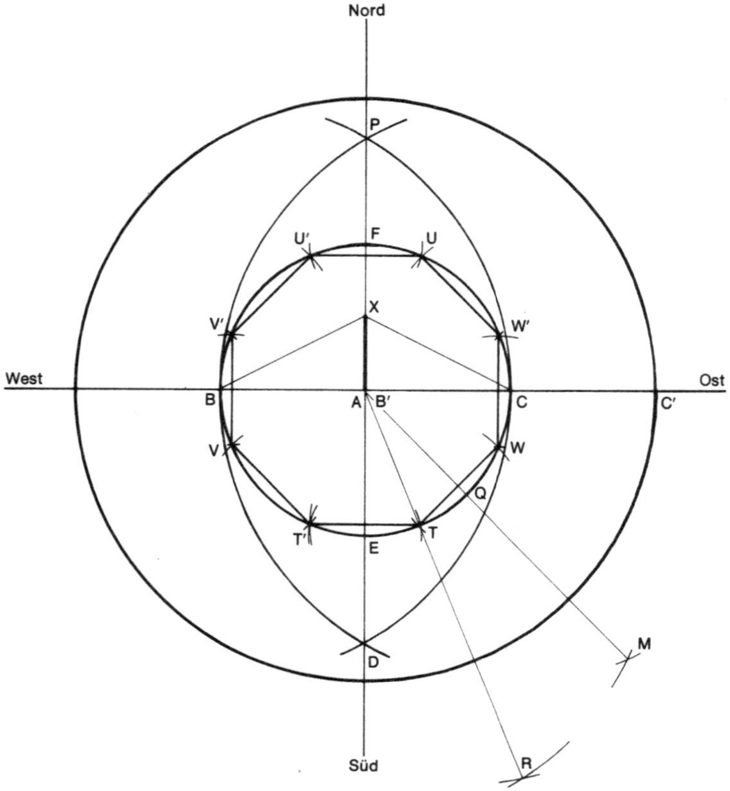

Abb. 50: Über die Konstruktion des Achtecks hinweg wird das 16eck mit dem Radius *A–C'* geometrisch konstruiert.

Das große Vorbild für diese geometrische Form ist der Turm der Winde in Athen, der unterhalb der Akropolis steht. Vitruv beschreibt ihn in seinem Werk so: »Unter diesen hat sich Andronikos aus Pyros zumeist hervorgetan, welcher zugleich in Athen als vorbildliches Werk ein achteckiges Türmchen aus Marmor erbaute und an den jeweiligen Seiten seines Türmchenoktogons das klassische Abbild des der betreffenden Himmelsrichtung zugehörigen Windes aufmeißeln ließ. Während er auf dem Dache des Türmchens einen marmornen Aufsatz anbrachte, über welchen sich ein aus Erz gegossener, mit der Rechten einen Stab ausstreckender Triton erhebt, welches Figürchen künstlich so hergerichtet ist, daß dasselbe von jedem Windhauch umgedreht wurde, aber in entgegengesetzter Richtung des Luftzuges stillstehend

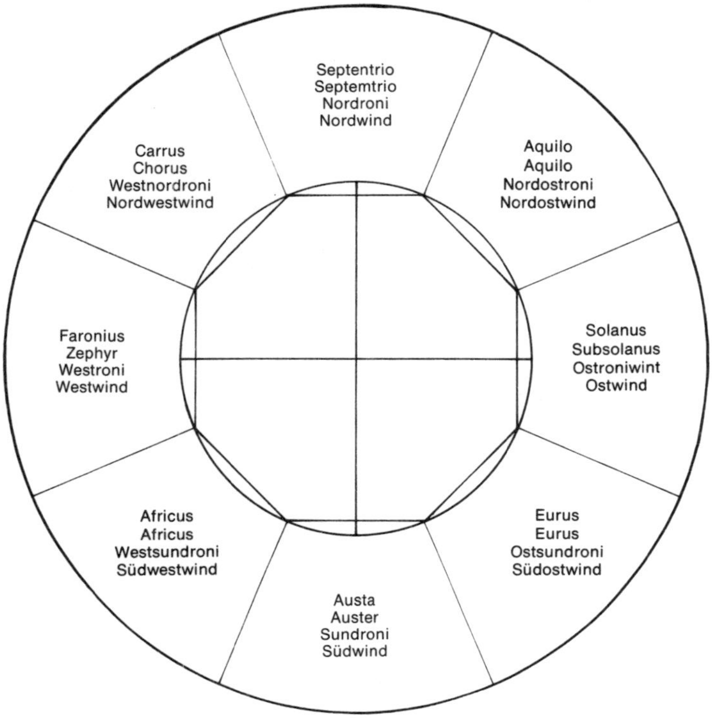

Abb. 51: Das Oktogon um die den acht Himmelsrichtungen zugeordneten acht Windrichtungen, wie sie nach Vitruv im Turm der Winde in Athen auftauchen. Namensgeber der Winde (jeweils von oben) sind Vitruv und das Mittelalter, zudem Karl (ins Fränkische übersetzt) und die Moderne.

über dem Bilde des jeweilig wehenden Windes den Stab als Wetterfahne hält.«

In der Literatur ist der Turm der Winde als Horologion des Andronikus bekannt; das Innere dieses Oktogons beherbergte eine Wasseruhr. Auch von Karl dem Großen wissen wir, daß er vom Kalifen Harun al-Raschid eine Wasseruhr geschenkt bekam. Interessant ist für Athen, daß unterhalb der Figuren auf allen acht Seiten des Turmes Sonnenuhren angebracht waren. John Travlos nimmt an, daß der interessanteste Teil des Bauwerkes zweifellos das Innere mit dem kunstvollen Mechanismus einer Tag und Nacht funktionierenden Wasseruhr und vielleicht sogar mit einem vom Wasser angetriebenen Planetarium war.

Daß Karl der Große – wie Einhard erwähnt – den lateinischen Windrichtungen fränkische Namen gab, ist in der Vita Karoli belegt: die Namen

Vitruv	*Einhard (Lat.)*	*Einhard (Fränk.)*	*Deutsch*
Solanus	Subsolanus	Ostroniwint	Ostwind
Eurus	Eurus	Ostsundroni	Südostwind
	Euroauster	Sundostroni	Südostwind
Austa	Auster	Sundroni	Südwind
	Austroafricus	Sundwestroni	Südsüdwestwind
Africus	Africus	Westsundroni	Südwestwind
Faronius	Zephyr	Westroni	Westwind
Carrus	Chorus	Westnordroni	Nordwestwind
	Circius	Nordwestroni	Westnordwestwind
Septentrio	Septemtrio	Nordroni	Nordwind
Aquilo	Aquilo	Nordostroni	Nordostwind
	Vulturnus	Ostnordroni	Ostnordostwind

Ich habe nun den Wert für Athen – 38° Nord – und somit den für den Turm der Winde in meinen Taschenrechner eingegeben, und zwar speziell in mein Programm, das die Rotationsgeschwindigkeit für den Breitenkreis errechnet. Es ergaben sich folgende Werte:

Radius des Breitenkreises Athen	5025,9 km
Umfang des Breitenkreises	31578,9 km
Stundengeschwindigkeit	1315,8 km/h
Minutengeschwindigkeit	21,930 km/min
Sekundengeschwindigkeit	365,50 m/sec

Dieses Ergebnis ist verblüffend, bietet es doch eine unglaubliche Annäherung an die Umlaufzeit der Erde um die Sonne. Daß ähnliche Werte in Aachen zu finden sind, ist jedoch mehr als erstaunlich. Welches System mag diesen Maßen der Vergangenheit zugrunde liegen?
Der Dom läßt sich also nach dem System des Vitruv einfach rekonstruieren. Aber gibt es auch einen Hinweis, wann die Grundsteinlegung für den Aachener Dom stattgefunden haben könnte? Der Taschenrechner wird ein weiteres Mal befragt nach den Werten des Dreiecks *X–A–B,* das gleich ist dem

Dreieck *X–A–C,* also nach jenem rechtwinkligen Dreieck, das aus der Gnomon-Höhe, dem genau einfallenden Winkel aus Ost und West, entsteht und der daraus bekannten Größe des Radius von 7,64 m. Die Gnomon-Höhe beträgt 4 m. Der Hp 67 wirft nun folgende Werte aus: A 47 S. 241

Seite 1	4,00 m (Schattenstab-Höhe)
Winkel 1	90° (Senkrechte)
Seite 2	7,64 m (Radius des Oktogons)
Winkel am Boden	27,63°
Seite 3	8,62 m (Hypothenuse)
Winkel 3	62,37°

Winkel 3 ist der des einfallenden Sonnenstrahls über der Gnomon-Spitze. Er ist mit 62,37° in Annäherung der Winkel, mit dem am Tag der Sommersonnenwende die Sonne mittags in den Dom fällt. Dieses Dreieck scheint also für die Sommersonnenwende auf dem Kopf zu stehen. Ich habe nun mit dem programmierbaren Taschenrechner jene Tage im Jahr abgerufen, an denen beim Ost- bzw. Westdurchgang exakt jener Winkel von 27,6° entsteht. Es ist vor der Sommersonnenwende der 26. Mai, nach der Sommersonnenwende der 17. Juli.

Ich stellte mir nun die Frage, ob sich vielleicht für diese Tage wichtige kirchliche Feste ergeben. Die Antwort war überraschend: Zwar blieb die Frage nach dem Mai-Datum ohne Befund, doch – und das schien mir des Rätsels Lösung – der 17. Juli ist seit dem Mittelalter als Kirchweihfest des Aachener Doms literarisch überliefert! Und zwar wird seit Beginn der Aachener Heiligtumsfahrten alle sieben Jahre – eben am Kirchweihfest, dem 17. Juli – der Marienschrein geöffnet, um die berühmten vier Heiligtümer zu zeigen. Mit Hilfe Vitruvs und eines modernen Taschenrechners kann man – so scheint es – den Karolingern auf die astronomisch-architektonischen Schliche kommen.

Dieses Datum, der 17. Juli, zeigt noch einmal eine Parallele zur Antike auf. Im alten Ägypten war nämlich zur Zeit des Pharaos Cheops der 17. Juli ein hoher Festtag: Es war der Neujahrstag. Anlaß für diesen Neubeginn war die Tatsache, daß sich an diesem Tag der Sirius wieder am Morgenhimmel (heliakischer Aufgang) kurz vor Sonnenaufgang zeigte und zudem die Fruchtbarkeit bringende Nil-Überschwemmung ankündigte. Diese Überflutungen waren für das Wohlergehen der Menschen am Nil von nicht zu unterschät-

zender Bedeutung. Das Erscheinen des Sirius, eines der hellsten Fixsterne, war damals zugleich Zeichen für die bald beginnende Schneeschmelze und die starken Regenfälle im Innern Afrikas.
Man muß wohl davon ausgehen, daß das Spiel mit dem Gnomon und der Zeichnung der Grundaufrisse mindestens vier, wenn nicht fünf Jahre vor Einsetzen der Bronzegitter begonnen hat. Die Grundsteinlegung müßte demnach in den Juli 793 oder 794 fallen. Für dieses mutmaßliche Datum fällt Einhard freilich als Seilspanner aus. Bei näherer Betrachtung der Wissenschaftler, die Karl um diese Zeit um sich geschart hatte, fällt das Augenmerk auf einen Mönch aus St. Vandrine in der Normandie. Demnach scheint es, daß Ansegenis, bei den Karolingern durch seine Bautätigkeit berühmt, dieser Seilspanner und wahre Architekt und Konzeptionist der Bauhütte gewesen ist.

Anmerkungen

Um das Rechnen nicht zu komplizieren, habe ich mit ganzen Zahlen operiert, wenn eben möglich. Den Karolingischen Fuß habe ich mit 33,33 cm angenommen; es ist nicht der Rahmen dieses Buches, herauszufinden, ob nun 33,25 cm oder 33,35 cm das ideale Maß ist. Die Winkelmaße sind ins Dezimalsystem umgerechnet, um das Rechnen mit dem Taschencomputer zu vereinfachen.
Die Pläne, die diesem Buch als Arbeitsunterlage dienen, sind alle mit dem Hasselblad-Reproadapter fotografiert, der bis auf eine Bogenminute genau arbeitet. Sie sind auf 1 : 100 vergrößert, um als Arbeitsunterlage zu dienen. Der größte Teil der wichtigen Goldschmiedearbeiten ist nach demselben Prinzip fotografiert.
Als Taschenrechner diente ein programmierbarer, mit Magnetkarten arbeitender Taschencomputer. Die von mir verwendeten Programme sind der astronomischen Navigation entnommen. Die Bestimmung der Himmelsrichtungen geht von 0° (Norden) aus, im Uhrzeigersinn bis 360° den Kreis schließend (90° Ost, 180° Süd, 270° West). Das Umrechnen in die verschiedenen Maßsysteme der Antike und der Jetztzeit ist mit einem selbstgefertigten Programm der zehn wichtigsten Werte erstellt worden.
Ein Teil der Zeichnungen ist fototechnisch zusammenkopiert worden, wodurch sich leider einige Ungenauigkeiten eingeschlichen haben, die aber für das Gesamtkonzept von untergeordneter Bedeutung sind. Bei den Maßen der Kirchen und Naturdenkmäler, die mir freundlicherweise vom Vermessungsamt der Stadt Aachen zur Verfügung gestellt worden sind, gehe ich von der Voraussetzung aus, daß die derzeitigen Vermessungspunkte nicht unbedingt identisch sind mit den Kultstätten der Vergangenheit. Ich habe diese Punkte mit einem Radius von 25 m belegt, in der Annahme, daß diese Maße eine echte Annäherung liefern.
In den Bombennächten des 2. Weltkrieges hing der Barbarossa-Leuchter in der Nordnische des 16ecks. Leider hängt er heute nicht mehr, seinem kosmischen Konzept entsprechend, genau geostet. Vielleicht läßt sich dieser Schönheitsfehler gelegentlich beheben.
Für Skeptiker, die wissen, daß sich die Erdachse im Laufe der Zeit verändert (Präzision) und daher meine Überlegungen ablehnen: Pro 100 Jahre findet eine Achsenbewegung von 0,78 Bogenminuten statt. In den vergangenen 12 Jahrhunderten liegt der Wert bei 0,16°, ein Wert, der im Rahmen dieses Buches vernachlässigt werden kann.
Die Zeitunterschiede, die dem wachen Leser beim Meridian-Durchgang auffallen, sind unter dem Namen Zeitgleichung in der Astronomie bekannt. Durch die Ellipsenform der Erdbahn um die Sonne treten wechselnde Geschwindigkeiten auf, die eine Zeitdifferenz von maximal + oder − 1 Minute ausmachen. Die wahre Ortszeit für Aachen beträgt 12.36 Uhr MEZ.
Zur Schreibweise des keltischen Sonnen- und Heilgottes »Grannus«. Überliefert ist der Name mit nn; in dem Text dieses Buches ist daher, entgegen der jetzigen Schreibweise, die antike Fassung gewählt worden.

Danksagung

Dieses Buch wäre nicht zustande gekommen ohne die liebenswürdige und freundliche Unterstützung vieler Wissenschaftler und Freunde. Bei ihnen allen möchte ich mich herzlich bedanken, insbesondere bei:
Herrn Hans Adam, Herrn Jeff Brouwers, Herrn Bruno Brenke, Herrn Prof. Dr. Edmund Buchner, Herrn Helmut Falter, Herrn Dr. theol. Johannes Floß, Herrn Jacques Geulen, Herrn Victor Gielen, Herrn Joachim Herrmann, Herrn Dr. Leo Hugot, Herrn Dr. Günther Jost, Herrn Christian Jungbecker, Herrn Günther Kerpen, Herrn Dr. Felix Kreusch, Herrn Dr. Otto-Eugen Mayer, Herrn Walter Queck, Herrn Christian Rau, Herrn Albert Sous, Herrn Domkapitular Prälat Dr.-Ing. h.c. Erich Stephany, Herrn Walter Stercken und der Firma Ruppenthal, Idar-Oberstein.

Literaturnachweis

ALCUIN: Beati Flacci Albini, Ep. 83, Monumenta Germanicae Historica 789.
ATKINSON, R. J. C.: Stonehenge, London 1956.
BANDMANN, G.: Mittelalterliche Architektur als Bedeutungsträger, Münster 1978.
BASSERMANN-JORDAN, E. VON: Die Geschichte der Zeitmessung und der Uhren, Berlin/Leipzig 1920.
BERGSTRÖM, T., und VATCHER, L.: Stonehenge, London/New York 1977.
BLEWITT, M.: Praktisches Navigieren nach Gestirnen, Bielefeld 1975.
BOCK, C. P.: Bericht über die baulichen Altertümer des Aachener Domes, Aachen o. J. (ca. 1840).
BOCK, F.: Pfalzkapelle und ihre Kunstschätze, Bd. 1 und 2, Aachen 1866.
BOECKELMANN, W.: Von den Ursprüngen der Aachener Pfalzkapelle, Köln 1954.
BÖHNER / ELMERS / WEIDEMANN: Das frühe Mittelalter, Mainz 1970.
BOESCHER, O.: Die Johannes-Apokalypse, Darmstadt 1975.
BOLLACK, J.: Das frühe Mittelalter, Frankfurt 1968.
BONZEN, FR. ZUR: Leitfaden der Geschichte VII, Düsseldorf 1921.
BRAUNFELS, W.: Die Welt der Karolinger und ihre Kunst, München 1968.
–: Karl der Große, München 1972.
–: Karolingische Kunst, Düsseldorf 1966.
BUCHNER, E.: Solarium Augusti und Ara pacis, Mainz 1976.
BULLOGH, D.: Karl der Große, London 1965.
CAESAR, J.: Gallischer Krieg, München 1962.
CALVERT, H. R.: Astronomy, London 1967.
CAPT, E. R.: King Salomon's Temple, Harpenden (Hertfordshire) 1975.
CHARPENTIER, L.: Die Geheimnisse der Kathedrale von Chartres, Köln 1972.
CHRIST, H.: Die Kapelle des pipinischen Königshofes in Aachen, Aachen 1964.
CLEMEN, P.: Kunstdenkmäler der Rheinprovinz, Düsseldorf 1916.
DE BAYAC, J.: Karl der Große, Berlin 1976.
DE GUBERNATIS, A.: Die Tiere in der indogermanischen Mythologie, Leipzig 1874.
DERICK / PARLER, J.: Universum der Astrologie, Hamburg 1972.
DEVEREUX, P., und THOMSONS, I.: The Ley Hunters' Companion, London 1979.
DE VRIES, J.: Keltische Religion, Dillingen a. d. Donau 1961.
DIELS, H.: Antike Technik, Berlin 1920.
DILLON / CHADWICK: Die Kelten, Zürich 1966.
DÖBEL, G.: Die Sonne, Stuttgart 1975.
DÖBLER, H. F.: Die Germanen, Gütersloh/Wien/München/Berlin 1975.
DUNGALI SCOTTI: Epistolae 1, M G H, 810.
EDWARDS, I. E. S.: Die Ägyptischen Pyramiden, Wiesbaden 1967.

Einhard, Notker: Leben und Taten Karls des Großen, München 1968. Übersetzt von O. Abel und W. Wattenbach.
Ekrut, J. W.: Der Kalender im Wandel der Zeiten, Stuttgart 1972.
Fleckenstein, J.: Karl der Große, Göttingen 1962.
Foerster, W.: Erforschung des Weltalls aus »Weltall und Menschheit« Bd. 3, Berlin o. J.
Frank, J.: Das Geheimnis der Menhire. Gollenstein und Spillstein, Becksbach 1970.
Gielen, V.: Im Banne des Kaiserdoms, Aachen 1978.
Gottschalk, H.: Mythologie, Berlin 1973.
Grimme, E. G.: Der Aachener Domschatz, Düsseldorf 1973².
Grinsell, L. von: Barrow, Pyramid and Tomb, London 1975.
Gsänger, H.: Die Externsteine, Freiburg 1968.
Gutnick, P.: Die Wunder des Himmels, Berlin 1910.
Hachmann, R.: Die Germanen, Zürich 1971.
Hadingham, E.: Circles and Standing Stones, New York 1975.
Hatt, J. J.: Kelten und Galloromanen, Genf 1970.
Hawkins, G. S.: Stonehenge decoded, London 1965.
Heer, F.: Karl der Große und seine Welt, München 1975.
Herm, G.: Die Kelten, Düsseldorf/Wien 1975.
Hermanns, W.: 4000 Jahre Aachen, Aachen 1939.
–: Erzstuhl des Reiches, Ratingen 1951.
Herrmann, J.: Astronomie, die uns angeht, Berlin 1973.
–: Der große Augenblick in der Astronomie, Bayreuth 1972.
–: Großes Lexikon der Astronomie, München 1980.
Hogben, L.: Die Welt der Mathematik, London 1960.
Hunke, S.: Kamele auf dem Kaisermantel, Frankfurt a. M. 1978.
Huyskens, A.: Aachener Heimatgeschichte, Aachen 1924.
–: Aachen, Berlin 1928.
Jobé, J.: Die Sonne, Licht und Leben, Freiburg/Wien/Basel 1975.
Kemmerer, W.: Geschichtliches Aachen, Aachen 1975.
Kern, H.: Kalenderbauten, München 1976.
Knappisch, W.: Geschichte der Astrologie, Frankfurt/M. 1976.
Kraemer, H.: Weltall und Menschheit, Bd. 3 und Bd. 5, Leipzig/Berlin o. J.
Krause, A., und Fischer: Himmelskunde für Jedermann, Stuttgart 1954.
Kreusch, F.: Dom zu Aachen, Düsseldorf 1965.
Krupp, E. C.: Astronomen, Priester, Pyramiden, München 1980.
Kruta, V.: Die Kelten, Freiburg 1978.
Kümmel, W. G.: Einleitung in das Neue Testament, Heidelberg 1973.
Lancaster Brown, P.: Megaliths and Masterminds, London 1979.
Laroche, L.: Mesopotamien, Wiesbaden 1971.
Lohmeyer, E.: Die Offenbarung des Johannes, Tübingen 1970.
Mackensen, L. von: Die erste Sternwarte Europas mit ihren Instrumenten und Uhren, München 1979.
Manitius / Rudel / Schwahn: Illustrierte Weltgeschichte, Bd. 1 und Bd. 2, Berlin o. J.
Messerer, W.: Karolingische Kunst, Köln 1973.
Mitton, S.: Cambridge Enzyklopädie der Astronomie, Gütersloh 1978.
Moreau, J.: Die Welt der Kelten, Stuttgart 1957.

MORETTI, G.: Die Ara pacis Augustae, Rom 1967.
MÜLLER, O.: Der Dom zu Aachen, Königstein/Taunus 1972.
–: Der Aachener Domschatz, Königstein/Taunus 1976.
MÜLLER, R.: Der Himmel über dem Menschen der Steinzeit, Berlin 1970.
NESSELHAUF, H., und PETRIKOVITS, H. VON: Ein Weihaltar für Apollo aus Aachen Burtscheid, Bonn 1969.
NEUBURGER, A.: Die Erforschung und Verwertung der Naturkräfte, »Weltall und Menschheit« Band V, Berlin o. J.
NEWALL, S. R.: Stonehenge, London 1959.
NEWHAM: Stonehenge, London 1972.
NIEL, F.: Auf den Spuren der großen Steine, Paris 1974.
OPPOLZER, H. VON: Kanon der Finsternisse, Berlin 1887.
OBERMÜLLERS, W.: Deutsch-Keltisches Wörterbuch, Wiesbaden 1967.
PAKRADUNY, T.: Die Welt der geheimen Mächte, Wiesbaden o. J.
PARRINDER, G.: Die Religionen der Welt, Wiesbaden 1977.
PASSMANN, F. A.: Licht in dunkle Vorzeit, Bonn 1972.
–: Der Durchbruch durch die Völkerwanderung, Bonn 1968.
PENNICK, N.: The Ancient Science of Geomancy, London 1979.
PEROWNE, S.: Römische Mythologie, Verona 1969.
PICK, R.: Aus Aachener Vergangenheit, Aachen 1895.
PIPER, F.: Karls des Großen Kalendarium und Ostertafel, Berlin 1858.
PLINIUS: Naturkunde, Riehen/Basel/Linz 1974.
POLL, B.: Geschichte Aachens in Daten, Aachen 1965.
RANKE-GRAVES, R. VON: Griechische Mythologie, Bd. 1 und Bd. 2, Hamburg 1960.
REBER, F. VON: Der karolingische Palastbau. Der Palastbau zu Aachen, München 1892.
REDEN, S. VON: Die Megalith-Kulturen, Köln 1960.
REUSCH, W.: Frühchristliche Zeugnisse, Trier 1965.
RHOEN, C.: Zur Baugeschichte der Karolingischen Pfalz zu Aachen, Aachen 1897.
–: Der Krönungssaal im Münster zu Aachen, Aachen 1889.
–: Die Karolingische Pfalz, Aachen 1898.
RING, T.: Astrologie ohne Aberglaube, Düsseldorf 1972.
SAVELSBERG, H.: Aachen und Umgebung, Aachen 1908.
SCHERER, V.: Dürer. Klassiker der Kunst Bd. 4, Stuttgart/Leipzig o. J.
SCHIFFERS, H.: Kulturgeschichte der Aachener Heiligtumsfahrt, Köln 1930.
SCHLOSSER, W.: Sterne und Steine. Urtümliche Formen der Astronomie und Zeitbestimmung von der Steinzeit bis heute, Mannheim 1975/76.
SCHOPPA, H.: Das Mithraeum, Wiesbaden 1959.
SCHRÖTER, G.: Kann ein Wissenschaftler der Bibel glauben? Wuppertal 1974.
SELIGMANN, K.: Das Weltreich der Magie, New York 1948.
SHERRARD, P.: Byzanz, Hamburg 1972.
SHULMANN, S.: Geschichte der Astrologie, Eltville a. R. 1978.
SIMON, E.: Ara Pacis Augustae, Tübingen 1967.
SIMONS, G.: Die Geburt Europas, Weert (NL) 1968.
STEIN, W.: Das kleine Sternenbuch, Bielefeld 1975.
–: Astronomische Navigation, Bielefeld 1977.
STEPHANY, E.: Der Dom zu Aachen, Aachen 1975.

STRZYGOWSKI, J.: Der Dom zu Aachen und seine Entstellung, Leipzig 1904.
TEUDT, W.: Germanische Heiligtümer, Jena 1936.
THOM, A.: Megalithic Sites in Britain, Oxford 1967.
THOMPKINS, P.: Cheops, München 1973.
–: Die Wiege der Sonne, München 1976.
TRAVLOS: Horlogion des Andronikos, Athen o. J.
UNDERWOOD, G.: The Pattern of the Past, London 1972.
VITRUV: Architektur, Baden-Baden 1974. Übersetzt von J. Prestel.
WATKINS, A.: The old Straight Track, Aylesbury, Bucks 1974.
–: The Ley Hunters' Manual, Bristol 1977.
WEISWEILER, H., und RICHTER, W.: Kunststadt Aachen, Köln 1978.
WEISWEILER, H., und CROUS, H. A.: Aachen, Köln 1960.
WERNICK, R.: Steinerne Zeugen früherer Kulturen, Hamburg 1977.
WINSTON, R.: Karl der Große, Reutlingen 1968.
WISTINGHAUS, K. / VON JUNGE, W.: Mithras, Stuttgart 1972.

Zeitschriften

FALKENSTEIN, L.: Zwischenbilanz zur Aachener Pfalzenforschung, aus: »Zeitschrift des Aachener Geschichtsvereins«, Bd. 80, Jahrgang 1970.
HUGOT, L.: Die Pfalz Karls des Großen in Aachen, aus: »Beiträge zur Baugeschichte«, Düsseldorf 1965.
JAHRBUCH: Aachen zum Jahre 1951, Neuss 1951.
KARLSVEREIN: Zur Wiederherstellung des Aachener Domes im 120. Jahre seines Bestehens, Aachen 1968.
–: Zur Wiederherstellung des Aachener Domes, Bericht 1973/74, Aachen 1977.
KÖNIG, M. E. P., und ERHARD, E. O.: Weltbilder, aus: »du«, November 1977.
KREUSCH, F.: Der Barbarossaleuchter, aus: »Aachener Kunstblätter«, Heft 22, Aachen 1961.
SCHMITZ, P.: Der Augustus-Kameo und der Grazienstein des Aachener Lotharkreuzes, aus: »Gymnasium«, Heft 3, Juli 1952.

Fotonachweis

Die folgenden Fotos sind vom Autor:

Aachen, Dom: Tafel 2b, 15, 16, 17, 18, 24, 25, 26, 27, 28, 29, 30, 31, 32, 33, 40, 41, 42, 65, 66.

Aachen, Domschatzkammer: Tafel 1, 2a, 3a und b, 4, 22, 43, 44, 45a–e, 46, 47a–c, 63a.

Aachen, Dom-Archiv: Tafel 48a und b.

Aachen, Rathaus (Modell: Dombaumeister L. Hugot 1965): Tafel 13.

Aachen, Stadtarchiv: Tafel 67 Detail (nur noch als Foto erhalten).

Bonn, Rheinisches Landesmuseum: Tafel 23 (Kopie Schwertbad Aachen-Burtscheid).

Trier, Stadtbibliothek: Tafel 34, 36a und b, 37b, 39.

Wiesbaden, Städtisches Museum: Tafel 19, 20a–c.

Folgende Museen stellten freundlicherweise Fotos zur Verfügung:

Tafel 14: Musée de Beaux-Arts Brüssel, Kopie (Sammlung Krückel).

Tafel 35, 38: Österreichische Nationalbibliothek Wien.

Tafel 37a: Bayerische Staatsbibliothek München.

Mit freundlicher Genehmigung des Greven Verlages, Köln, wurden aus den Bildbänden des Autors folgende Fotos entnommen:

Tafel 2a, 2b Detail, 25: Kunststadt Aachen, Text Wolfgang Richter.

Tafel 30: Aachen, Text Helmut A. Crous.

Zeichnungsnachweis

Alle Zeichnungen sind vom Autor oder wurden vom Autor neu gestaltet. Folgende Vorlagen wurden dankbar benutzt:

Abb. 1, 28, 29, 32, 33, 34, 43, 44: Karten des Vermessungsamtes der Stadt Aachen.

Abb. 2: A. Dürer 1520, Britisches Museum London.

Abb. 3: L. Hugot 1977.

Abb. 4: Faymonville I, p. 68, Tafel 2.

Abb. 6: nach H. Kern, Kalenderbauten, München 1976, p. 80.

Abb. 7: nach R. J. C. Atkinson, London 1956, Fig. 1.

Abb. 8: nach G. S. Hawkins, R. Müller, Der Himmel über dem Menschen der Steinzeit, Berlin 1970, Abb. 28–29.

Abb. 11: nach Merian 1647, in Helmut A. Crous, Alte Aachener Stadtansichten, Aachen o. J., Abb. 77 (Detail, Hintergrund wurde genordet).

Abb. 22: nach Vitruv, in E. Buchner, Solarium Augusti und Ara Pacis, Mainz 1976, Abb. 3.

Abb. 23, 24: Domaufriß: F. Kreusch, Kirche, Atrium und Portikus der Aachener Pfalz, Düsseldorf 1965, Fig. 6.

Abb. 25, 42, 44, 45: Domaufriß: B-C Schnitt; Dombauhütte Aachen 1883.

Abb. 25: Obelisk: nach E. Buchner, Solarium Augusti und Ara Pacis, Mainz 1976, Abb. 1.

Abb. 30: topografisch-statistische Karte des Regierungsbezirkes Aachen: F. v. Rappard o. J. (Sammlung Krückel).

Abb. 31: Karte P. Mortier 1736, aus Helmut A. Crous, Alte Aachener Stadtansichten, Aachen o. J., Abb. 5.

Abb. 48, 49, 50: Vitruv, übersetzt von J. Prestel, Baden-Baden 1974, I, Tafel II.

Register

Stichwörter, die gar zu häufig vorkommen, wie z. B. Aachen, Karl d. Gr., wurden nicht aufgenommen. *Kursive Ziffern* weisen auf Zeichnungen im Text oder auf Abbildungen auf Kunstdrucktafeln hin.